U0035447

科學方法與周易新解

運用科學方法 破解周易謎團

翁樂天 著

目錄CONTENTS

自序

　　就讀高中時，第一次接觸到《周易》，就被神秘的卦畫符號及玄妙的文字所吸引，雖然很想了解其中之奧義，只可惜翻閱了不少白話文譯本，結果只能是似懂非懂，發覺其中存在著許多謎團。當時是一九六〇年代末期，沒有手機，不能上網，也沒有筆電，與朋友聯絡主要靠寫信，要不就打公共電話，家用電話還不十分普及。

　　歲月如梭，匆匆走過半個世紀，見證了一般手機乃至智慧型手機的興起，眼看著個人電腦、網際網路、自動提款機、虛擬實境電玩、人工智慧機器人、遠端遙控無人機等科技產品相繼問世，而元宇宙、物聯網、電動車、飛天車、磁浮列車、極音速載具、人造太陽、量子技術等新科技更是方興未艾，在可預見的未來人類將登陸火星，甚至移民火星。短短五十年，科技進展如此神速，不禁讓我聯想：科學的方法是否可以用來破解《周易》中所存在的謎團？

　　經過一番摸索與嘗試，終於有所突破而日漸累積出成果，也因此逐漸體認到《周易》確實是一部值得研習的經典；小自個人修身、處事，中至擇偶、成家，大至治國、平天下，我們都可以從書中得到啟發，進而明白趨吉避凶的道理而使終生受益。

近年來全球新冠疫情爆發，爲了配合防疫而深居簡出，於是不揣淺陋，將研究成果彙集成冊，提供易學愛好者參考。易學博大精深而筆者才學淺陋，掛一漏萬或疏失之處在所難免，如蒙賜教，請寄電郵go.hiking@msa.hinet.net，不勝感激。

翁樂天 寫於桃園
二〇二二年 季春

第一章

科學方法解易

　　許多人對《周易》感覺非常好奇，也有興趣學習，只是接觸後發覺非常難懂，尤其是某些卦、爻辭文字艱澀、語意隱晦，實在令人莫測高深。雖然歷時兩千多年，經過許多學者鑽研，確實破解了不少謎團，但是無法理解的部分仍然很多，而各家的解釋也互不相同；有的含混其詞讓人難以理解，有的牽強附會且前後矛盾，還有一些則是解說龐雜、東拉西扯，令人毫無頭緒。一般人即使有心學習，多半也只能似懂非懂，無法掃除心中許多疑惑。經由廣泛閱讀各家的解說，發現最根本的問題是：許多卦、爻辭的原意未能被真正理解，也因此無法對卦、爻辭做出正確的解釋。這種基本的問題如果無法加以解決，恐將難以擺脫目前這種各說各話、是非難辨的窘境。如何才能了解卦、爻辭原意而做出正確的解釋呢？在科技發展日新月異的今天，是否可以借助科學的方法來加以改善？在解答這些問題之前，首先讓我們複習一下什麼是「科學方法」？

　　「科學方法」是一種抱持科學精神，採取有系統的步驟，以求有效獲取知識或解決問題的方法。其典型的步驟如下：

　　（1）仔細觀察

　　（2）發現問題

（3）分析問題的原因

（4）提出假設或構想

（5）反覆進行測試

（6）驗證測試結果

（7）做出結論

　　提起「科學方法」，很自然地會聯想到十六世紀英國的哲學、科學家，也是著名的政治家法蘭西斯・培根（Francis Bacon）。他認為：想要提升人類對自然世界的了解，就需要有一套可控制且系統化的程序，也就是科學方法。具體而言，首先是觀察及記錄，當資料量累積到一定程度時，則嘗試從中歸納出一些規律，檢視所有的規律及特例後，大膽提出假設，然後就是小心求證，透過嚴格的實驗去反覆檢核，如果實驗證實了這項假設，我們就發現了一個自然律，日後便可以運用這個自然律去進行各種演繹或預測。十七世紀法國哲學、數學及物理學家笛卡爾（René Descartes）則提出：科學發現的邏輯必須從無可置疑的事實出發，然後根據嚴謹的邏輯去推演出合理的結論。他強調，運用這種科學方法能讓人類獲得關於世界的可靠知識。培根等人所提出的科學方法，確實對後來的科學發展產生很大的影響。一直到二十世紀，有「現代物理學之父」之稱的愛因斯坦（Albert Einstein）提出了狹義及廣義「相對論」。而後，奧地利裔英國籍科學哲學家波柏（Karl Popper）提出「否證論」，認為科學理論只可能被否證，不可能被完全驗證；不論通過多少次實驗，永遠有遭受否證的可能，然而一項假設若通過大量試

驗且尚未遭到否證，就可以暫時視爲科學理論來應用。換言之，目前通過檢驗的科學定律並不是絕對的眞理，充其量僅能視爲特定條件下的相對眞理，因此這些科學定律在未來漫長的歲月中隨時都有被修正的可能。因此，當愛因斯坦的《狹義相對論》出現後，牛頓的運動定律就被視爲物體在運動速度遠小於光速條件下的一種相對眞理。

至於「科學精神」，指的是從事科學研究時所應秉持的信念與態度。典型的項目包含：

（1）具有好奇心與求知慾

對於自然界之事物經常存有好奇心，而且具有尋求解答的強烈慾望。

（2）講求理性而不迷信

所謂「理性」，就是重視邏輯推理及實際驗證，不胡亂歸納原因，不輕易妄下斷語。

所謂「不迷信」，就是對於無法證實的事物既不輕易相信，也不輕易不相信，而是抱持存疑、未知的態度。

（3）誠實面對問題

知之爲知之，不知爲不知。不自欺欺人，不虛僞造假，不故弄玄虛。

（4）保持客觀的態度

避免偏執主觀，勇於接受批判，願意聆聽不同的觀點，以利尋求眞相。

「科學精神」講求理性而不迷信，這其中也包括，不迷信權威。舉例而言：古希臘哲學家亞里斯多德

（Aristotle）及後代許多學者都認為地球是宇宙的中心，其他星體都是環繞著地球在運行。此項學說稱為「地心說」。中世紀時，天主教會將這項學說整合到基督教的世界觀體系中。十六世紀波蘭教士，也是數學及天文學家的哥白尼（Nicolaus Copernicus）發現：如果以太陽為中心，其他行星環繞著太陽運行，此即為「日心說」，許多令人困惑的數學問題及難以解釋的行星運動軌跡都可以迎刃而解，而且呈現出簡潔優美的狀態。但是，他知道這種說法是在挑戰權威，會給他帶來很大的麻煩，所以遲至他去世那一年才公開發表其《天體運行論》的著作。果然，在接下來的一個世紀裡，哥白尼的理論不斷遭到教會公開譴責。十七世紀義大利哲學及物理學家伽利略（Galileo Galilei）根據自己所觀測到的天文現象，以及德國數學及天文學家克卜勒（Johannes Kepler）的橢圓軌道理論，公開認同哥白尼的「日心說」。然而，此舉兩度招來「宗教法庭」的審判。為了保全性命，伽利略撤銷並承諾不再支持哥白尼這種「罪惡的」觀點。但是，他開始慢慢宣揚一種理念，就是包括宗教在內的所有權力和權威都不應該干預科學去努力追求真理。這種理念緩慢而逐漸地擴散，最後為歐洲社會所普遍接受。公元一六八七年英國數學、物理及自然哲學家牛頓（Isaac Newton）出版《自然哲學的數學原理》，其中以數學式客觀描述了古典力學的三大定律及萬有引力定律，並且以數學推導的方式證明了克卜勒定律，同時佐證了地球等行星是圍繞著太陽旋轉的說法。因而自亞里斯多德以來，傳統及宗教權威

所認定「地球是宇宙中心」的說法，至此才正式被推翻，而這也印證了法蘭西斯‧培根的一句名言：「真理是時間的產物，而不是權威的產物。」

　　由以上敘述，我們理解了「科學精神」與「科學方法」。接下來，我們該如何將其活用在解讀《周易》的問題上？本書後續的章節將依下列步驟，逐項進行說明。

（1）分析問題的原因

　　分析《周易》之所以難懂的原因，並提出因應對策。（請參閱〈第四章、周易難懂之原因分析及因應對策〉）

（2）提出假設或構想

　　針對上述原因及因應對策，綜整出完整之解決方案。（請參閱〈第七章、解讀周易的方法及實例〉）

（3）反覆進行測試

　　運用解決方案實際進行測試，並獲得多項測試結果。（請參閱〈第八章、更多的卦、爻辭新解〉）

（4）驗證測試結果

　　將測試結果與傳統具代表性之解釋進行分析比較。（請參閱〈第九章、新解與傳統解讀之比較〉）

（5）做出結論

　　測試結果與傳統解釋經過分析比較後，如果能解決或明顯改善原本提出之問題，則判定解決方案有效；否則，判定解決方案無效。（請參閱〈第十章、結論〉）

第二章

易學源流

　　伏羲氏有許多稱號，如：伏犧、庖犧、包犧、宓羲、太昊、羲皇等，或許我們可以將其理解為某個時期或某個氏族部落的代表人物。相傳伏羲氏仰觀於天，俯察於地，透過觀察及思考，創造出陰陽、八卦的符號。由於當時還沒有文字，所以用陰、陽來象徵自然界諸如：明與暗、冷與熱、雌與雄、剛與柔等對立的事物，以便觀察其消長變化。另外，用八卦來類比天、地、水、火、風、雷、山、澤等事物，以便觀察其交互變化。伏羲氏所處的年代相當久遠，距今至少約一萬年前（請參考下段神農氏部分之說明）；然而，距離地球誕生之四十五億年前，或恐龍滅絕之六千六百萬年前，從地質學的角度而言，人類的出現實在是很晚近的事情。傳說伏羲氏觀察蜘蛛結網而發明了網罟，藉由網罟捕捉到魚、蝦以及活的野獸，將活捉的牛、羊、豬等野獸馴養成牲畜，由於食物來源漸趨穩定，不再需要四處奔波去尋找獵物，所以這時的人們有較多的時間可以進行吃、住等生活條件的改善，可以對自然環境、人群互動、部落防衛等事物進行更多的觀察及思考，無形中人類的文明有了進一步的開展。

　　在隨後的日子裡，有一個氏族部落逐漸發展出農耕的技術，也就是自古傳說的神農氏。神農氏也有許多稱謂，

如：烈山氏、連山氏、炎帝等。相傳神農氏嚐百草，教導人們草藥及農作的知識。由於耕種的緣故，生活型態逐漸從遊牧轉變成定居。根據目前考古所發現的農具及穀物，研判中國大約在一萬年前進入農耕時代。此外，根據二十世紀初在周口店所發現北京猿人的骨骸、厚厚的灰燼及簡單的燒炙物件，說明北京猿人尚屬原始，但已經懂得使用柴火。經過分析，其生存年代大約在五十萬年前。根據上古傳說，先有燧人氏，後有伏羲氏，再有神農氏，因此研判伏羲氏生活的年代應該不晚於一萬年前，而不早於五十萬年前。

黃帝是接下來出名的部落領袖，他合併炎帝的部落，形成中華大地上一支淵遠流長，號稱炎黃子孫的血脈。黃帝也有許多稱號，如：軒轅氏、有熊氏、歸藏氏。傳說他善任百官，成就許多功業，諸如：創造文字、修訂曆法、營造宮室、製造舟車及弓矢、生產蠶絲、製作衣冠及鐘磬等。其生活的年代大約在公元前三千年。

黃帝之後，繼續傳了許多代，期間帝堯、帝舜、夏禹最負有盛名。夏朝傳至夏桀王，因暴虐無道而爲商湯王所滅。商朝傳至商紂王，因荒淫無道而爲周武王所滅。近代專家考證，周武王在公元前一〇四六年左右發動革命戰爭，翦除殷商，建立周朝。周朝國祚將近八百年，是目前中國歷史上國運最長的朝代。周朝所實施的新政中，包括有精心設計的禮樂制度，而禮樂制度受到後世孔子高度的推崇。

《周禮·春官》記載「太卜掌三易之法，一曰連

山，二曰歸藏，三曰周易。其經卦皆八，其別皆六十有四。」、「筮人掌三易以辨九筮之名，一曰連山，二曰歸藏，三曰周易。九筮之名，一曰巫更，二曰巫咸，三曰巫式，四曰巫目，五曰巫易，六曰巫比，七曰巫祠，八曰巫參，九曰巫環。以辨吉凶。凡國之大事，先筮而後卜。」以上文字透露出幾項訊息：（一）在周朝時，《連山》與《歸藏》還未失傳，而《周易》已經存在。（二）《連山》、《歸藏》、《周易》這三部書，其內容都是由八個經卦兩兩相重而組成六十四卦。（三）《連山》、《歸藏》、《周易》這三部書，主要是用來卜筮的。南宋知名易學家朱元昇在《三易備遺》序中提到「連山作於伏羲，用於夏。歸藏作於黃帝，用於商周。易作於文王，用於周。一代之興，必有一代之易，雖不相沿襲，而實相貫通。連山首艮，歸藏首坤，周易首乾，其經卦皆八，其別皆六十有四。」然而，有一種說法認為神農氏又名烈山氏或連山氏，因而判斷《連山》應為神農氏所作。雖然，創作的來源各家說法不同，但是對於夏朝使用《連山》，商朝使用《歸藏》，目前則較少爭議。自從秦、漢以後就很少人見過《連山》與《歸藏》，唯獨《周易》一直流傳至今。公元一九九三年，湖北江陵王家台秦墓中出土了一批秦簡，引起考古學家高度的關注，目前尚待考證是否為失傳已久的《歸藏》。至於《周易》的來源，最初見於《史記·太史公自序》：「昔西伯拘羑里，演周易。」意思是：從前殷紂王囚禁西伯姬昌（即周文王）於羑里，文王在被囚禁的六至七年間推演六十四卦而作《周易》。然

而，《周易》卦、爻辭中所說的事情有些是發生在文王去世之後，所以有一種說法認為《周易》的作者是周文王及其子周公旦。當然也有不少學者對此抱持否定的看法，更多的說明留待本書〈第五章、周易卦序所透漏的訊息〉再來進行分析。

　　周公去世後，大約經過了五百年，來到孔子所處的春秋時代末期，由於西周建立的禮樂制度已逐漸崩壞，社會經常動盪不安，孔子仰慕周公，大力推廣禮、樂、射、御、書、數的六藝教育，並以《詩》、《書》、《禮》、《樂》、《易》、《春秋》六部經典作為教材，傳授弟子，六藝與六經乃成為早期儒家教育的特色。孔子對《周易》的解說，經由其弟子及再傳弟子彙整成十篇，稱為《十翼》，成書大約在戰國時期。然而，部分學者認為《十翼》中有些內容牽強附會，恐非孔子之言，或許是後人增補的篇章。《十翼》包括：文言、彖上/下、象上/下、繫辭上/下、說卦、序卦、雜卦。其內容概述如下：

（1）文言：針對乾、坤兩卦之卦辭及爻辭作詳細的解說。

（2）彖：分上、下兩篇。主要在解釋卦名、卦辭及其中義理。

（3）象：分上、下兩篇。六十四卦中，每卦之後有「象曰」，此為「大象」，主要在解釋卦象、卦名，有時亦述及卦辭義理。每爻之後亦有「象曰」，此為「小象」，主要在解釋爻象，或爻辭義理。

（4）繫辭：分上、下兩篇。主要在論述與《易》有
關的一些基本知識，包括：聖人觀象設卦之由
來，論述《易》道廣大及明白《易》道的好
處，論述「觀象玩辭」等解讀《易》的方法，
解釋易學中的一些專有名詞，引述孔子對某些
卦、爻辭的解讀，古法占卦之說明，論述包犧
氏作八卦，神農、黃帝等聖賢法象制器並引
《易》理而治天下，論述陰、陽卦及六爻之意
義等。
（5）說卦：解說八卦的名稱及其象徵的意義。
（6）序卦：解說六十四卦排列的順序及理由。
（7）雜卦：針對兩兩錯綜或有特殊意義的卦，用精
簡的語言說明其卦義。

　　由於《十翼》與《易》兩者成書的年代相隔不算太
過久遠，所以在解讀文字及卦象、爻象上具有相當之參考
價值。特別是以爻象來解釋爻辭的一些原則，在日後發展
爲當位說、中位說、應位說、乘承說、往來說、趨時說等
注解《易》的方法。長久以來，《周易》被認爲是卜筮之
書，然而儒家更重視其中之道德義理，因此在解讀《周
易》時，經常從道德的角度而做出創意的解釋。《十翼》
對於卦、爻辭之解釋或許未必都符合《周易》之原意，然
而在文字訓詁、解《易》方法等易學知識方面的傳承，卻
有不可磨滅的貢獻。由於《十翼》主要是針對《周易》這
部經典進行注釋，所以又稱爲《易傳》。

　　秦始皇統一中國後，建立中央集權政體。爲了便於

統治，聽從丞相李斯的建議，焚燒除了秦國以外的各國史書，並限期收繳民間《詩》、《書》及諸子百家違禁之書籍集中予以焚毀。當時《周易》被歸類爲卜筮之書，才能免於秦火而被保存下來。

西漢時期，歷經文帝、景帝，將《詩》、《書》、《春秋》列爲三經，設經學博士。至漢武帝時，增加《易經》及《儀禮》兩部經典，設置五經博士。其中《易經》的部分是將《周易》及《易傳》合併在一起，且被儒家尊爲五經之首，成爲當代之顯學。以孟喜、京房爲代表的西漢易學家認爲，《易經》中最重要的是象，至於卦辭及爻辭都是以象爲基礎而推衍出來的。所以他們從象數的角度解釋《易經》，並發展出卦氣說（將曆法、節氣、月份與易卦結合，作爲災變預卜的參考）、卦主說（辨識一卦之中具有代表性之主爻，以掌握整個卦的涵義）、納甲說（將天干對應於八卦、五行、方位）及互體說（一卦之中，取二、三、四爻及三、四、五爻組成互卦，以其卦象協同解釋卦、爻辭）等，成爲當時之官方學派。相對地，在民間則有費直、高相等人偏重義理，以《易傳》解經，傳授弟子。

東漢時期，鄭玄提出爻辰說（用兩卦之十二爻對應十二月）、爻體說（卦主之判識）及十二律（以卦爻對應音律）。荀爽則傳承費直易學，兼收孟喜、京房之象數思想，唐代李鼎祚編著《周易集解》即多引荀氏注解。此外，東漢時期易學的代表人物還有魏伯陽、虞翻。《周易參同契》據傳爲魏伯陽所著，全書托易象而論煉丹之法。

其卦氣說，取六十卦對應三十日，每日兩卦（十二爻）對應十二時辰，此與之前之卦氣說有所不同。虞翻之成就則在集當代易學之大成。兩漢易學特別重視《易經》之卜筮功能，故多著眼於象數的理解，發展出納甲、卦氣、爻辰、飛伏、互體等學說，甚至將五行也套入卦象。然而，這種過於牽強附會的象數推衍，在接下來的時代中，遭到王弼等人的批判。

魏晉時期，最著名的易學代表人物當屬王弼。他在《周易略例》中提到解讀《易經》的程序，就是透過對卦辭、爻辭的了解，以了解卦象、爻象，再透過卦象、爻象以了解其中所蘊含的意義與道理，也就是義理。他又提到解讀《易經》的最終目的，是要了解卦、爻象所蘊含的義理。所以得到義理後，即無須在意卦、爻象；了解卦、爻象後，即無須在意卦、爻辭。因此，王弼提出所謂「得意忘象」、「得象忘言」的主張。在具體做法上，王弼則採納前人的卦主說、爻位說、當位說、中位說、乘承比應等原則來注解《易經》。此外，王弼倡議掃除漢代對易學過於牽強的象數推衍（包括：互體、卦變、五行等）而著重卦、爻辭中所蘊含的義理。因此，掃除兩漢以來偏重象數的風氣，而豎立起義理派的旗幟。

到了唐代，孔穎達奉唐太宗詔命，主持《周易》、《尚書》、《毛詩》、《禮記》、《春秋》五部經典的撰疏工作。對於《周易》的注疏，棄兩漢象數，取王弼《周易注》爲之作疏，此即《五經正義》中之《周易正義》，而成爲唐代官方之學，且被後世許多學者認爲是註解《周

易》的正統之作。此書因列入科舉考試，因此對後代易學之發展產生重大影響。此外，李鼎祚則致力於集錄漢、唐以來諸家之言，並廣採漢代象數易學，彙整成《周易集解》。由於此書，使得兩漢象數易學資料得以保存，並流傳至今。漢、唐時期，日本遣使來到中國，曾模仿唐朝國子監，成立大學寮，以培育官吏，其教學科目中有明經道、算道、書道、音道等。明經道研究三經、三傳、三禮；即《詩經》、《書經》、《易經》，《公羊傳》、《穀梁傳》、《左傳》，《周禮》、《儀禮》、《禮記》。中華文化中幾部重要的經典，包括《易經》，很自然地就東傳到了日本。

　　宋代在易學研究上有頗多創意。北宋時期，邵雍（後世稱邵康節）著《皇極經世》，以值年卦推斷世事。另傳授河圖、洛書、伏羲先天八卦方位圖等，而此類《易》圖據說是陳摶（亦稱希夷先生）傳種放，種放傳穆修，穆修傳李之才，之才傳邵雍。周敦頤（又稱濂溪先生）著作《太極圖說》，論述「太極」為陰陽未分之混沌元氣，乃萬物生成之本源，而太極圖源自希夷先生之無極圖。歐陽修認為《周易》六十四卦是在說明人事，反對以天人感應的說法將《易經》神祕化而用來占筮。他在《易童子問》中含蓄地質疑「元亨利貞四德說」等傳統對《周易》的解釋，而這些看法也得到後代不少學者的認同。程頤（又稱伊川先生）晚年著有《易程傳》書稿，又稱《伊川易傳》、《程氏易傳》、《周易程氏傳》。其以理學思想解經，此書在後世享有盛名，被列為官方科舉考試的內

容。清代顧炎武認爲宋明之易學以程頤易傳爲第一。南宋時期，楊萬里著《誠齋易傳》，援史證《易》，以歷史事蹟印證《周易》卦、爻辭，論述治國之道。項安世自謂師承程頤易傳，著《周易玩辭》，以象解辭，不拘泥於前人見解而自有創見。朱熹著《周易本義》，既承程頤所言義理，亦收邵雍等人象數，並重視《周易》之卜筮功能。

元代的時間不長，不到一百年。此期間，胡震繼承程頤、朱熹的易學思想，並引史釋《易》，著作《周易衍義》。吳澄亦依朱熹、程頤、鄭玄之說，註解經義，著有《易纂言》。

明代易學方面較具代表性的人物有來知德與釋智旭。來知德曾移居山林，鑽研《易》理二十九年，完成《易經集注》（今名《來註易經圖解》）。該書取錯綜、互體之法以論象數，且作「來氏太極圖」、「來氏一日氣象圖」、「來氏一年氣象圖」等《易》圖。其注解《周易》先釋象義、字義及錯綜義，然後闡釋卦、爻義理，由於其兼顧理、氣、象數，以象數闡釋義理，以義理印證象數，參互旁通，自成一說，在當時被稱爲絕學。釋智旭乃明末高僧，精研佛法與儒學，其將禪學融於《易》理之中，以禪解《易》，著有《周易禪解》。

明末清初的大儒王夫之（世稱船山先生）對《周易》頗有研究。其著作《周易外傳》既承王弼所言義理，亦收孟喜等人象數，採詩經、禮記等書之言以釋《易》理，引人物史事印證卦、爻辭意，後人將此書併入《船山遺書》之中。李光地乃清康熙朝大學士，奉敕編纂《周易折

中》，主要取伊川義理、朱子象數，參酌歷代諸儒意見並加入個人心得，融會折中，編輯而成，可說是清代版的周易集解。惠棟的祖父與父親對《易經》都曾下過工夫，故有家學淵源。清乾隆十四年，惠棟著手總結三代之治《易》心得，撰寫《周易述》，以漢儒荀爽、虞翻爲主，參酌鄭玄、馬融、京房等諸家之言，注疏《周易》經傳。此外，另著有《易漢學》，採集漢代易學資料，鉤稽考證，分析論述，使後人得見孟喜、京房、鄭玄、荀爽、虞翻之易學面貌，而成爲研究漢代易學的重要參考資料。

民國初年，杭辛齋在獄中遇到一位奇人，傳授他河圖、洛書等易學精要。出獄後，杭辛齋廣泛地研讀歷代易學資料，並著作《學易筆談》。書中引用當時西方的天文、數理、生物、化學等知識，以配合論述易學中卦氣、納甲、爻辰、先天和後天八卦、河圖、洛書等理論，發展出一套新的象數易學論述。尚秉和也是近代的易學家。他認爲卦、爻辭皆因觀象而來，因此在其所著《周易尚氏學》中特別重視以象解《易》，除了參考《易傳》，亦參酌李鼎祚《周易集解》及朱熹《周易本義》等書中之象數、義理來注解《周易》經傳。另撰疏《焦氏易林注》，屬於卜筮方面的書，內有4096條卜卦之占辭。李鏡池曾師從歷史學家顧頡剛先生修習「古史研究」等課程，因此對《易》之研究主要從古史辨派的觀點來進行論證。他認爲《周易》僅是卜筮之書，並提出「卦象無義論」，認爲《周易》中的卦畫僅是占卜的符號，其與卦、爻辭內容並無實質關聯，相關的論文輯錄於《周易探源》。另一著作

《周易通義》則是從古代社會事件及占卜之辭的角度來解釋《周易》六十四卦之卦、爻辭。

公元一九七三年，湖南長沙馬王堆漢墓出土一批帛書，其中《周易》的部分，稱帛書《周易》。公元一九七七年，安徽阜陽雙古堆漢墓出土一批竹簡，有關《周易》的部分缺損嚴重，稱阜陽《周易》。公元一九九四年，上海博物館從香港文物市場購入一批楚竹書，估計其年代約在戰國中晚期，是目前所見最早的《周易》文本，稱上博簡，或上博《周易》。帛書《周易》、阜陽《周易》與上博《周易》中，皆有卦畫、卦名、卦辭與爻辭，而文字內容與今本《周易》在用字遣詞上或有不同，但文義則相去不遠，且上博《周易》即有初九、六二、九五、上六等爻位的稱呼。由近代考古證據中發現，《周易》雖然歷經近三千年之時代變遷，其經文內容並未遭到大幅刪改，這在保留及探索作者原意上，是特別具有意義的。

了解易學之發展過程，有助於正確理解《周易》。歷代研究《周易》的學者非常之多，以上僅列舉部分代表人物及其著作提供讀者參考。本書在後續的章節中，為了避免對易學、《易經》、《周易》之用詞混淆，將採取以下之定義：

《周易》，指周易古經，即春秋時代所稱之《易》。

《易經》，指《周易》與《易傳》之合併本。

易學，指與太極、陰陽、八卦或六十四卦有關之學問。

易學基本知識

本章介紹易學有關之專有名詞及基本知識，概述如下：

【太極】

太極是宇宙中陰陽未分時之原始狀態。其概念來自《易傳‧繫辭上》：「易有太極，是生兩儀，兩儀生四象，四象生八卦。」

【兩儀】

兩儀指的是陰與陽。陰、陽為中國古代一種二元論的思想，人們將自然界及生活中之事物，例如：天地、晝夜、寒暑、雄雌、上下、左右、動靜、剛柔⋯⋯，用陰、陽的概念來加以對應，以突顯其相互對立、依存及消長變化之關係。陰與陽是一種相對的概念，在自然界中，陰陽經常是同時存在的，譬如：男女身上都有雄性及雌性激素，若雄性激素較多，發展成為男子，則稱為陽性；反之，若雌性激素較多，發展成為女子，則稱為陰性。又譬如；上下、長短、大小、冷熱、明暗等都是相對的概念。

換言之，同樣一個人，在甲團體中可能被歸類為高，在乙團體中則可能被歸類為矮。所以，高矮或陰陽，都是經由對比而產生的一組相對概念。

陰陽對比的例子：

陽：天、雄、明、晝、熱、動、表、上、大、奇、剛、君子

陰：地、雌、暗、夜、冷、靜、裡、下、小、偶、柔、小人

伏羲氏畫卦時，以━代表陽，稱陽爻；以╍代表陰，稱陰爻。爻，是卦畫符號中最基本的單元。

【四象】

兩儀生四象者，就是陽上加陽，為⚌，稱太陽；陽上加陰，為⚍，稱少陰；陰上加陽，為⚎，稱少陽；陰上加陰，為⚏，稱太陰。少陽、太陽、少陰、太陰，合稱四象，可象徵下列諸般事物：

少陽：春、生、東方、次子

太陽：夏、長、南方、長子

少陰：秋、收、西方、次女

太陰：冬、藏、北方、長女

【八卦】

四象生八卦者，就是在四象中分別加上一陽或一陰，

所組成的八個卦。太陽上加一陽，爲☰，稱乾；加一陰，爲☱，稱兌。少陰上加一陽，爲☲，稱離；加一陰，爲☳，稱震。少陽上加一陽，爲☴，稱巽；加一陰，爲☵，稱坎。太陰上加一陽，爲☶，稱艮；加一陰，爲☷，稱坤。根據《易傳·說卦》將八卦之卦名及其象徵的事物，條列如下：

卦畫	☰	☷	☵	☲	☶	☳	☴	☱
卦名	乾	坤	坎	離	艮	震	巽	兌
自然物象	天	地	水	火	山	雷	風	澤
性情	健	順	陷	麗	止	動	入	悅
家屬	父	母	中男	中女	少男	長男	長女	少女
動物	馬	牛	豕	雉	狗	龍	雞	羊
人體	首	腹	耳	目	手	足	股	口
其他	金	布	月	日	石	竹	木	妾
先天八卦方位	南	北	西	東	西北	東北	西南	東南
後天八卦方位	西北	西南	北	南	東北	東	東南	西

【六畫卦與六十四卦】

　　八卦皆由三個爻所組成，故稱三畫卦，亦稱經卦。兩個經卦上下重疊，稱重卦。其中位置在上的，稱上卦或外卦；位置在下的，稱下卦或內卦。由於每個經卦有三個爻，重疊後，成為六個爻，所以稱六畫卦，又稱別卦。

　　八卦中任取兩卦，上下重疊為六畫卦，則會有六十四種組合。在《周易》一書中，將其列為六十四卦，且分別賦予卦名，附加卦辭，且每一卦有六爻，每一爻附加爻辭，藉由卦畫及文字，以傳達特定的訊息。

【六十四卦與二進位數的關係】

　　從數學上來看，太極可視為1，是2的0次方（0個爻）。太極生兩儀，是2的1次方（1個爻）。兩儀生四象，是2的2次方（2個爻）。四象生八卦，是2的3次方（3個爻）。六十四卦則是2的6次方（6個爻）。顯然地，卦的數目是隨著爻的數目，以2的N次方而增加的（N為爻數）。此外，數學中有所謂的「二進位制」，就是所有數值只用兩種符號來表示。例如：0和1。若0代表0，1代表1，那麼2如何表示？如果用2，那麼就使用了0、1、2三種符號了。所以2我們必須想辦法只用0、1兩種符號來表示，答案是10。3則是用11來表示。4用100來表示。5用101來表示。

更多對應的數值，表列如下：

十進位數	二進位數
0	0
1	1
2	10
3	11
4	100
5	101
6	110
7	111
8	1000
9	1001
…	……
63	111110
64	111111

　　如果我們將上列二進位數皆格式化成六位，且將0視為陰爻，1視為陽爻，那麼我們可以做出下表：

十進位數	二進位數	卦畫	卦名
0	000000	䷁	坤卦
1	000001	䷗	復卦

2	000010	䷆	師卦
3	000011	䷒	臨卦
4	000100	䷎	謙卦
5	000101	䷣	明夷卦
63	111110	䷫	姤卦
64	111111	䷀	乾卦

　　由以上論述，我們發現：六十四卦之卦畫，其實只是一些符號，而其中的意涵是人所賦予的。換言之，文王作辭，所賦予的是文王的見解，如果其他人根據卦象，賦予其他的意涵，雖然也可以成立，然而就不是文王的原意。如果我們有以上這種認知，就不會被「卦畫神秘化」的說法所誤導，而對《周易》卦畫作出隨興的解釋。

　　對於二進位制，也許有人會認為「為什麼要那麼麻煩？用十進位制不是很好嗎？」問題在於人腦認識十進位數字，而電腦中的電路板卻無法直接加以辨識。當我們進入室內，按下開關的「開」時，燈就會亮，按下開關的「關」時，燈就會熄滅，我們要讓機器了解我們的意思，通電與不通電（power on 或 power off）就是我們與機器之間溝通的語言。如果通電是1，而不通電是0，那麼

第三章
易學基本知識

我們透過二進位制的0與1，就可以和機器溝通。當我們在電腦鍵盤上按下一個英文字「Ａ」時，電腦內接收到的訊息實際上是「01000001」的一組代碼，稱為ASCII碼。當我們按下「Ｂ」時，電腦內接收到的則是另一組代碼「01000010」。鍵盤上的任何一個鍵，都有著由0與1組成的不同代碼，這樣電腦就能分辨出我們給它的訊息。所以，二進位制在資訊產品的運作上是非常重要的。十八世紀初，創立二進位數字系統的德國哲學及數學家萊布尼茲（G. W. Leibniz）從傳教士處得到一張「六十四卦方圓圖」，當他審視該圖時赫然發現，原來中國在古代就已經使用陰爻與陽爻兩種符號來組成六十四卦。據說公元一九四六年全世界第一部電腦問世時，為了彰顯0與1在電腦科技上的重要性，上面就貼了一張太極陰陽圖作為紀念。

【卦象】

　　三畫卦（經卦）或六畫卦（別卦），其卦畫所顯示事物的形象或現象，稱為卦象。六畫卦可區分為下卦與上卦，分別象徵事物發展的先、後次序，或地位之低、高，或位置之近、遠，或位居內、外，或位於下、上。附加以上條件，可以賦予卦象特定的意義，例如：晉卦是因為上卦為火，下卦為地，猶如火紅的太陽從地平線上升起，故有晉升之象。明夷卦則因為上卦為地，下卦為火，猶如太陽落到地平線下，有光明遭夷滅之象。鼎卦則因其上、下

卦整體看起來有鼎的形象，故稱鼎卦。

【爻象】

　　六畫卦中，每個爻所顯示事物的現象，稱爲爻象。古人對於爻象之判識常依循某些原則，今彙整如下，以作爲解讀爻象之參考：

（1）陰爻與陽爻

　　陰爻用偶數六來代表，性質爲柔、靜、小、小人……。

　　陽爻用奇數九來代表，性質爲剛、動、大、君子……。

（2）爻位

　　六畫卦之爻位，由下往上，依序爲第一、二、三、四、五、六爻，亦可以初、二、三、四、五、上爻稱之。

　　初爻代表最低的位階，或事物的初始階段。

　　二爻代表第二位階，爲下卦的中位，此位多譽。

　　三爻代表第三位階，爲下卦的最上位，此位多凶。

　　四爻代表第四位階，爲上卦的最下位，此位多懼。

　　五爻代表第五位階，又稱君位，爲上卦之中位，此位多功。

　　上爻代表最上的位階，或事物的最終階段，此極位容易產生過度或反向的變化。

　　以上爻位吉凶的概念來自《易傳·繫辭下》：「二

與四同功而異位，其善不同，二多譽，四多懼，
近也。柔之爲道，不利遠者，其要无咎，其用柔中
也。三與五同功而異位，三多凶，五多功，貴賤之
等也。其柔危，其剛勝邪。」

若陽爻居第一爻位，稱爲初九。若陰爻居第一爻
位，稱爲初六。

若陽爻居第二爻位，稱爲九二。若陰爻居第二爻
位，稱爲六二。

若陽爻居第三爻位，稱爲九三。若陰爻居第三爻
位，稱爲六三。

若陽爻居第四爻位，稱爲九四。若陰爻居第四爻
位，稱爲六四。

若陽爻居第五爻位，稱爲九五。若陰爻居第五爻
位，稱爲六五。

若陽爻居第六爻位，稱爲上九。若陰爻居第六爻
位，稱爲上六。

（3）當位與不當位（或稱得正與失正）

第一、三、五位，稱爲陽位。第二、四、六位，稱
爲陰位。

陽爻居陽位，或陰爻居陰位，稱爲當位，亦稱得
正，多吉；但有時代表過剛或過柔。

陽爻居陰位，或陰爻居陽位，稱爲不當位，亦稱失
正，多凶；但有時代表陰陽調和。

對於初、上兩爻是否應該給予當位或不當位的判
定，古來即有不同的看法。王弼在《周易略例‧辨

位》中認爲：初、上兩爻是代表一卦的開始和結束，因此不應給予當位或不當位的判定。

（4）得中與不得中

第二爻位居下卦的中間，第五爻位居上卦的中間，皆爲得中，而其他爻位均未居中，故稱不得中。陽爻居中位，稱剛中。陰爻居中位，稱柔中。不論陽爻或陰爻，得中者，象徵處事中庸，多吉。

（5）有應與無應

第一與第四爻，若其中有一爻爲陽，另一爻爲陰，則稱此兩爻爲有應。若兩爻皆爲陽爻，或皆爲陰爻，則稱此兩爻無應。同理，第二爻與第五爻，或第三爻與第六爻，也是如此判定有應或無應。通常，有應象徵彼此呼應或前行、進取；無應象徵阻滯或靜止、退守。

（6）親比與逆比

親比或逆比，指的是兩爻相鄰的狀況。

承：下爻承接上爻，稱爲承。陰承陽，爲親比，多吉。陽承陰，爲逆比，多凶。

乘：上爻騎乘下爻，稱爲乘。陽乘陰，爲親比，多吉。陰乘陽，爲逆比，多凶。

爻象之吉、凶，是根據上述多項因素而作出的綜合判斷。有時爻象不佳，顯示有咎，但爻辭中提示防治之道，給予附加條件後，總結爲無咎。

【錯卦與綜卦】

　　某六畫卦，把它的每一個陰爻變成陽爻，每一個陽爻變成陰爻，則所得到的卦就是原來那個卦的錯卦。例如：謙卦䷦的錯卦就是履卦䷉。

　　某六畫卦，如果把它顛倒過來，就是原來那個卦的綜卦，亦可稱覆卦。例如：謙卦䷦的綜卦就是豫卦䷏。

【互卦】

　　某六畫卦，把它的二、三、四爻取出當下卦，三、四、五爻取出當上卦，這樣組成的新卦就是原來那個卦的互卦，例如：謙卦䷦的互卦就是解卦䷧。

第四章

周易難懂之原因分析及因應對策

　　接觸過許多易學的愛好者，大家普遍有一種共識，都認同《周易》是一部重要的經典，值得加以學習，只是艱深難懂，容易讓人卻步。曾經拜讀過一位知名學者的評論，他甚至懷疑，至今沒有人真正了解《周易》。為什麼《周易》這麼難懂？經過仔細分析，可能包含以下幾種原因：

（1）字詞生澀，難以閱讀。

　　　例如：井卦第四爻「六四，井甃，无咎。」、困卦第六爻「上六，困於葛藟，于臲卼，曰動悔有悔，征吉。」、坎卦第六爻「上六，係用徽纆，寘于叢棘，三歲不得，凶。」、夬卦第五爻「九五，莧陸夬夬，中行无咎。」對於一般人而言，遇到這些生澀的字詞就很難讀得下去，遑論要推敲、理解其中的意思。

（2）一字多義，容易誤解。

　　　中國文字，一個字常有許多種意思，有時會造成誤解。例如：乾卦卦辭「乾，元亨利貞。」、屯卦卦辭「屯，元亨利貞，勿用有攸往，利建侯。」、隨卦卦辭「隨，元亨利貞，无咎。」、臨卦卦辭

「臨，元亨利貞，至于八月有凶。」其中之元、亨、利、貞四字，每個字都有不同的意思，經過不同的人解讀，就會產生各種不同的意思。

此外，如：屯卦的「屯」字、需卦的「需」字、大過卦的「大過」、小過卦的「小過」，每個字或詞都有不同的解釋，如果解讀錯誤，則整個卦的解釋就會偏離主題。

又譬如：師卦第六爻「上六，大君有命，開國承家，小人勿用。」其中的「命」字是「命令」的意思，還是「天命」的意思？比卦第三爻「六三，比之匪人。」其中的「匪」字是「盜匪」的意思，還是「非」的意思？在解讀這些字詞的時候，如果發生錯誤，則整個卦辭或爻辭的意思就可能因失之毫釐而差以千里。

（3）字句精簡，不明其理。

《周易》之卦、爻辭文字簡潔、優美，但是也因為用字精簡，有些卦、爻辭的意思讓人難以捉摸。例如：蠱卦卦辭「蠱，元亨，利涉大川；先甲三日，後甲三日。」其中「先甲三日，後甲三日」是什麼意思？好像後面還有話沒說完？類似的句型也出現在巽卦第五爻「九五，貞吉，悔亡，无不利。无初有終，先庚三日，後庚三日，吉。」

此外，如：訟卦第五爻「九五，訟，元吉。」、大壯卦第二爻「九二，貞吉。」、萃卦第四爻「九四，大吉，无咎。」、兌卦第六爻「上六，引

兌。」其字句都很精簡，不仔細推敲就不容易理解
這些卦、爻辭背後的含義。

（4）比喻隱晦，難解其意。

《周易》在寫作技法上經常採用比喻的手法，對於
某些敏感問題甚至可能有意隱晦，這些都會造成
閱讀上的困難。例如：大畜卦第六爻「上九，何
天之衢，亨。」、坤卦第五爻「六五，黃裳，元
吉。」、蒙卦第六爻「上九，擊蒙，不利爲寇，
利禦寇。」、噬嗑卦第二爻「六二，噬膚滅鼻，无
咎。」、蹇卦卦辭「蹇，利西南，不利東北，利見
大人，貞吉。」、解卦第二爻「九二，田獲三狐，
得黃矢，貞吉。」、夬卦第四爻「九四，臀无膚，
其行次且，牽羊悔亡，聞言不信。」、革卦第六爻
「上六，君子豹變，小人革面，征凶，居貞吉。」
上述例子中都可以見到比喻的影子，乍看之下確實
是不容易理解其中的意思。

（5）知識經驗不足，無從理解書中含義。

有些卦、爻辭，字詞都認識，也許是歷史知識或人
生經驗不足，因此無從體會語句中的含義。例如：
屯卦第六爻「上六，乘馬班如，泣血漣如。」爲什
麼屯卦進展到第六爻會發生如此悲傷的狀況？此
外，需卦第四、五、六爻爻辭分別是「六四，需於
血，出自穴。」、「九五，需於酒食，貞吉。」、
「上六，入於穴，有不速之客三人來，敬之，終
吉。」爲什麼第四爻是「需於血」，到第五爻就

變成「需於酒食」？為什麼第四爻是「出自穴」，到第六爻又「入於穴」？又譬如：坤卦第三爻「六三，含章可貞，或從王事，无成有終。」什麼是「无成有終」？履卦第二爻「九二，履道坦坦，幽人貞吉。」為什麼「幽人」才吉祥？泰卦第六爻「上六，城覆於隍，勿用師，自邑告命，貞吝。」為什麼不宜動用軍隊？明夷卦第五爻「六五，箕子之明夷，利貞。」什麼是箕子之明夷？旅卦第六爻「上九，鳥焚其巢，旅人先笑後號咷，喪牛於易，凶。」為什麼旅人先笑後哭？「喪牛於易」是一種比喻，還是一則故事？

（6）見樹不見林，容易陷入迷惘。

這是一個有關讀書方法的問題。當我們閱讀知識性的書籍時，如果把視野提高，先觀看整體架構，再針對細項逐一進行了解，則可提升讀書效果。具體而言，首先瀏覽書名及目錄，嘗試從目錄中去了解全書之章節及脈絡，明白了脈絡，閱讀各章節時就不會見樹不見林而愈讀愈迷惘。研讀《周易》也應如此。了解卦序有助於了解卦辭，了解卦辭有助於了解爻辭。如果不先了解卦序，就直接讀卦辭，猶如見一樹而不見林，很容易對一卦產生斷章取義的解讀。如果不先了解卦名及卦辭，就直接讀爻辭，亦如見一樹而不見林，也容易對一爻產生斷章取義的解釋。例如：屯卦卦辭「屯，元亨，利貞。勿用有攸往，利建侯。」屯卦是在談「事物初生、草創

時之艱難狀況」呢？還是在談「屯駐積聚，建立諸侯國」之事？又如：坤卦第二爻「六二，直方大，不習，无不利。」該爻是在講「大地具有端直、方正、博大的德性」呢？還是另有所指？此外，震卦卦辭「震，亨。震來虩虩，笑言啞啞，震驚百里，不喪匕鬯。」震撼來臨時令人驚恐，為什麼人們又能談笑自若？艮卦卦辭「艮其背，不獲其身；行其庭，不見其人，无咎。」卦辭中「行其庭」為什麼「不見其人」？由以上例子顯示，有些卦、爻辭在解讀時確實容易讓人迷惘。然而，透過對卦序的了解，也許可以從中得到指引或啟發。

以上對《周易》難懂的原因進行了分析，接下來逐項提出因應對策：

（1）有關字詞生澀的部分：

基本上就是要能安靜下來，有耐心地查考字典，以解決字詞生澀或看不懂的問題。古人在字詞考證方面下過很深的功夫，我們在查詢字詞的涵義時，應該審慎參考前人的訓詁成果。有些人懶得查字典，喜歡憑感覺去對卦、爻辭進行解釋。個人認為感覺未必可靠，還可能遺漏一些關鍵的細節，所以建議要善用文本字典或網路字典，以求精確掌握字詞的涵義，然後再進行逐字、逐句、逐段的解譯。

（2）有關一字多義的部分：

中國字一字多義，在卦、爻辭中應該選擇哪一種解

釋最能符合作者之原意？這也關係著是否能對卦、爻辭做出正確的解讀。我們學習《周易》可以先參考前人的解釋，然後加以驗證。驗證的方法就是觀察這種說法是否合理，不僅是整句要說得通，整段乃至整篇文章也要說得通，並且前後不能矛盾。如果對於前人的解釋有所懷疑，感覺卦、爻辭的解讀可能有誤，那麼我們就必須更仔細地去觀察卦象、爻象，探索其中所隱含的訊息，經由綜合研判來提高正確解讀的機率。進一步的說明，請參考〈第六章、如何避免錯誤的解讀〉。

（3）有關字句精簡的部分：

有些卦、爻辭的字句十分精簡，以筆者之經驗，這時就特別需要觀察卦象或爻象。因為《周易》的內容包含了象、數、文字，所以閱讀的時候要象、數、文字兼顧。換言之，要圖文並看，從圖象中尋找文字未表達的部分。此外，有些卦、爻辭字句精簡，可能是作者對於某些部分的解釋保留較大的彈性，讀者若根據實際案例作適當的補充，或許可以讓卦、爻辭中的義理顯得更加明確、清晰。實際的例子，請參考本書第八章蠱卦之解讀。

（4）有關比喻隱晦的部分：

通常，我們對於猜謎問題或是文學中比喻的說法總要運用一些聯想，才能推測出其中的意思。研讀《周易》也是一樣，只不過與其漫無目標的聯想，不如從卦名、卦象、卦辭或爻象、爻辭等方向進行

思考，或許會得到正確的答案。進一步的說明，請參考〈第六章、如何避免錯誤的解讀〉。

（5）有關知識經驗不足的部分：

知識愈廣泛，人生閱歷愈豐富，愈能體會《周易》的奧妙，也愈有助於正確解讀卦、爻辭。相傳《周易》的作者為周文王及周公旦，而他們都是偉大的政治家，成功經營周的事業。我們研究其著作，應該嘗試從他們的歷史背景、價值觀、政治立場及思想、心境來進行解讀。因此，對於作者的生平事蹟及創作背景，包括商、周歷史及地理、當代的習俗及器物等資訊，都應該多所涉獵。此外，也要留意歷年出土的考古證據，以增加對當代事物的了解。至於人生閱歷的部分，自然有待歲月的累積，但是也可以經由廣泛地閱讀及自我鍛鍊來補強。

（6）有關見樹不見林的部分：

了解卦序，有助於正確解讀卦辭；了解卦辭，有助於正確解讀爻辭。然而，欲了解卦序，又必須先了解卦辭與爻辭，如此就產生了矛盾。如何才能擺脫這種矛盾的困境呢？回想起當年學習微積分時，有一種牛頓的迭代法（iteration method）令我印象深刻；就是在解算數學式時，先給一個概略的近似值，然後透過循環迭代的方式讓誤差逐漸收斂，最終能求得最佳估值。引用到解讀卦序的問題上，具體的做法就是：先挑選一本大學用的《周易》教本，經過反覆研讀，直到大約了解每一卦的義理

後，再審視卦序以了解其脈絡，而後再重新對卦、爻辭進行詳細之解讀；之後，再重新審視卦序以確認其脈絡，而後再重新對卦、爻辭進行詳細之解讀；如此反覆地操作，卦、爻辭的義理就會愈來愈清晰，而對於卦序的安排也會產生新的體悟。有關卦序的研究，請參考〈第五章、周易卦序所透漏的訊息〉。

周易卦序所透漏的訊息

　　《周易》的第一卦是乾卦，其次是坤卦，而後依序是屯卦、蒙卦、需卦、訟卦……等。許多人好奇，爲什麼《周易》六十四卦是按照這樣的順序排列？《易傳‧序卦》對此作出了解釋：「有天地然後萬物生焉，盈天地之間者唯萬物，故受之以屯。屯者，盈也。屯者，物之始生也。物必生蒙，故受之以蒙，蒙者蒙也物之稚也。物稚不可不養也，故受之以需。需者，飲食之道也。飲食必有訟，故受之以訟。訟必有眾起，故受之以師。師者，眾也。眾必有所比，故受之以比。……升而不已必困，故受之以困。困乎上者必反下，故受之以井。井道不可不革，故受之以革。革物者莫若鼎，故受之以鼎。主器者莫若長子，故受之以震。震者，動也。物不可以終動，止之，故受之以艮。……節而信之，故受之以中孚。有其信者必行之，故受之以小過。有過物者必濟，故受之以既濟。物不可窮也，故受之以未濟終焉。」雖然《易傳‧序卦》對《周易》六十四卦的排列順序及前、後卦的關聯作了解說，但是許多人覺得這樣的說法頗爲牽強，而且天下事物也未必是按照卦序的順序在發展。爲了解答有關卦序的問題，我們有必要對六十四卦的內容進行理解。六十四卦內容難易各有不同，其中有些卦比較容易理解，例如：

第四蒙卦，主要在談教育與學習的問題。

第六訟卦，在談爭執訴訟的問題。

第七師卦，在談軍事方面的問題。

第十履卦，在提示要隨順長上，不忤逆頂撞，不自作主張。

第十一泰卦，藉由自然界陰陽交合的道理來論述人事上下交流，可政通人和，順暢通達。

第十二否卦，藉由自然界陰陽不合的道理來論述人事上下不交，則言路阻滯，小人容易得勢。

第十五謙卦，談修養謙讓之德，一生可以受用。

第十八蠱卦，談去除積弊陋習之作法。

第十九臨卦，談臨下治理之領導統御術。

第二十三剝卦，講述事物遭剝蝕消減時之因應。

第二十四復卦，講述事物從剝蝕回復充實時之作法。

第三十三遯卦，談情勢不妙時，應如何退避。

第三十五晉卦，談論升遷之道。

第四十一損卦，講損下益上，損己益人之道。

第四十二益卦，講損上益下，損己用人之道。

第四十八井卦，談要修己如井，以利益眾生。

第五十七巽卦，談卑順之道。

第六十節卦，談節制、節約要適中而不過度。

第六十一中孚卦，談誠信之道。

從以上這些卦，我們發現：謙卦、巽卦、井卦、中孚卦的內容似乎與修身養性有關，而師卦、泰卦、否卦、蠱卦、臨卦、益卦的內容則似乎與治國有關。既然六十四卦

的內容牽涉到修身、治國方面，不禁讓人聯想《周易》是否也包含「齊家」的部分？將六十四卦重新整理爬梳，發現：

第三十一咸卦，在談交感有情，則婚配吉祥。

第三十二恆卦，在論述對象要正確地恆守。

第三十七家人卦，在談家庭之經營管理。

第三十八睽卦，在談人際間違抗對立之處置。

以上四卦談論的內容，很明顯地與婚配成家、家庭經營、人際間或是家人間意見不合時之處置有關，將這些卦歸類爲「齊家」的部分似亦允當。令人好奇的是《禮記‧大學》中有所謂「格物、致知、誠意、正心、修身、齊家、治國、平天下」的說法，那麼在《周易》中是否也有「平天下」的部分呢？進一步研究發現：

第四十九革卦，主要在講述革新乃至革命須得時順勢。

第五十鼎卦，在論述實施新政應順應天理民心。

第五十一震卦，在提示威震討伐宜戒慎守中。

第五十二艮卦，在告誡臣民要知止守分。

印證歷史，我們發現：革卦指的可能是武王伐紂的革命戰爭，鼎卦指的是翦除殷商後之實施周朝新政，震卦指的是周公平定三監之亂，艮卦指的是周公告誡殷商遺民及各諸侯要知止守分。如此看來，將革、鼎、震、艮四卦歸類爲「平天下」的部分似乎也很合理。修身、齊家、治國、平天下的部分都有了，那麼「格物、致知、誠意、正心」的部分呢？繼續研究發現：

　　第二十五无妄卦，主要在提示人們不妄想、不妄為，可減少過失與災禍。

　　第二十八大過卦，在警示人們陽盛陰衰、陰陽失調時，應及早整治。

　　基本上大過卦及前述之履卦、剝卦、復卦、遯卦、晉卦等都是在論述人事或事物變化的道理，或許可歸類為「格物致知」的部分；而无妄卦及前述之中孚卦、井卦則可從修身再細分為「誠意正心」的部分。

　　完成以上之歸類後，我們回頭檢視最前面的乾、坤二卦，忽然會有豁然開朗的感覺，因為：

　　第一乾卦，在講述天道剛健，運行不已，固守天道可大為亨通。（詳參〈第八章、更多的卦、爻辭新解〉）

　　第二坤卦，在講述地道柔順，大地萬物順天而行可大為亨通。此外，暗示周人位居西南，順天而行能得盟友；紂王位居東北，逆天而行易失盟友。（詳參〈第八章、更多的卦、爻辭新解〉）

　　簡而言之，乾卦強調「天道運行不已，固守天道可大為亨通。」，坤卦強調「大地萬物順天而行可大為亨通。殷紂王逆天而行，必然會遭致敗亡。」乾、坤二卦的論述或許就是周人討伐紂王，發動弔民伐罪戰爭的理論基礎。因此，擺在《周易》六十四卦的最前面，具有開宗明義的作用。《易傳‧繫辭下》子曰：「乾、坤，其《易》之門邪？」由此可見，孔子也認為乾、坤兩卦排列在《周易》的最前面必然具有特殊的意義。

　　檢視完《周易》最初的兩卦，接下來我們看《周易》

最後的兩卦：

第六十三既濟卦，主要在論述目標既已達成，當柔中守正，慎緩儉樸，小人勿用，並且斷言初吉終亂。

第六十四未濟卦，在講述目標尚未達成時，當慎緩勿急，穩步前進，嚴明賞罰，勿失誠信。

未濟卦安排在最後，比較容易理解，因為它代表六十四卦是處於一種變動的、可以重新循環的狀態。換言之，只要還未完成目標，就應該回到前面，將現況對應到某一卦或某些卦持續去進行改善。既濟卦則在提示：目標既已達成，行事應注意柔中守正，慎緩儉樸，小人勿用，並且斷言初吉終亂。顯然，這個目標可以是公司行號的目標，也可以是國家的目標，更可以是「平治天下」的目標。根據師卦第六爻辭「上六，大君有命，開國承家，小人勿用。」暗示師卦的終極目標是：周天子獲有天命，開創新的國家，繼承祖先的志業，不可任用小人，以免國家基業遭受小人剝蝕。又根據乾、坤兩卦所揭示的意旨，也指向其目標就是要翦除殷商，建立周朝，平定天下。至於既濟卦所謂「初吉終亂」這句話，「初吉」應驗在西周初期的「成康盛世」，「終亂」則應驗在東周戰國時期擾攘紛亂的局勢，最終導致綿延近八百年的周朝滅亡。

綜上所述，可以總結出第一項訊息：《周易》六十四卦的內容包含了格物致知、誠意正心、修身、齊家、治國、平治天下的道理，而這正是《禮記·大學》中所言「格、致、誠、正、修、齊、治、平」概念的實質內容體現。

　　重新回到卦序的問題，我們檢視《周易》六十四卦的排序，發覺每個卦不是依照陰爻漸增、陽爻漸減，或者陽爻漸增、陰爻漸減的規則排列。如果依照陰爻漸增、陽爻漸減的規則排序，則六十四卦依序會是：乾、姤、同人、遯、⋯⋯，而最後是坤卦。如果依照陽爻漸增、陰爻漸減的規則排序，則卦序會是：坤、復、師、臨、⋯⋯，而最後是乾卦。然而，今本《周易》六十四卦的排序既不依循上述規則，也看不出有何規律？不過，若是將六十四卦分成三十二組，每組的兩個卦則呈現「非錯即綜」的現象。例如：第一及第二的乾卦與坤卦彼此相錯，互為錯卦（錯卦及綜卦之定義請參考〈第三章、易學基本知識〉）；第三及第四的屯卦與蒙卦彼此相綜，互為綜卦。換言之，三十二組卦不是互為錯卦，就是互為綜卦。由於彼此相綜的兩個卦，卦形完全一樣，只是觀看的角度不同，一個是由上往下看，一個是由下往上看，所以兩個相綜的卦可以共用一個卦畫。然而，相錯的兩個卦，由於卦形並不相同，所以各有各的卦畫。我們按照《周易》上有卦畫，下有卦名的習慣，繪製出《周易》六十四卦卦序圖（如圖5-1）。

圖5-1《周易》六十四卦卦序圖

《周易》上經30卦卦序

乾　坤　屯　需　比　訟　師　履　否　泰　同人　大有　謙　豫　隨　蠱　臨　觀　噬嗑　賁　剝　復　无妄　大畜　頤　大過　坎　離　小畜

《周易》下經34卦卦序

咸　恆　遯　大壯　晉　明夷　家人　睽　蹇　解　損　益　夬　姤　萃　困　井　升　革　鼎　震　艮　漸　歸妹　豐　旅　巽　兌　渙　節　中孚　小過　既濟　未濟

第五章　周易卦序所透漏的訊息

051

　　六十四卦卦序圖上，一個卦畫搭配一個卦名的，前、後彼此是錯卦。一個卦畫搭配兩個卦名的，上、下彼此是綜卦。當我們把六十四卦從串列式的排列改成如圖5-1之並列與串列夾雜的卦序圖時，有趣的現象發生了，我們發現：《周易》上經有十八個卦畫，而下經也有十八個卦畫。上經與下經的卦畫數雖然相同，但是上經有三十卦，而下經有三十四卦。此外，除了首尾四卦意義特殊，不受錯綜限制之外，其餘六十卦分上、下經，以綜卦在前，錯卦在後的方式排列。由於綜卦的數目較多，應該如何再進行排序？根據各卦之內容，我們發現：上經的部分大多是「治國」及「格物致知」方面的卦，下經的部分則大多是「齊家」及「平天下」方面的卦，而「誠意正心」及「修身」方面的卦則散布於上、下經。此外，在卦序的安排上，似乎還考慮到事情的重要性及史事的發展順序，如：屯卦談早期開墾建國之事，所以排序在前；革卦講武王革命之事，所以排序在後；震卦講周公平三監之亂，所以排序更後。至於事情的重要性，則牽涉到主觀之判斷，如：需卦談等待之事，由於躁進伐紂可能反遭滅亡，事關重大故排序在前；師卦談建軍用兵之事，相對重要所以排序也比較前面；先有國後有家，先公後私，所以咸卦、恆卦、家人卦排序比較後面。

　　綜上所述，可以得出第二項訊息：《周易》六十四卦之排序可能是按照圖5-1之方式排列。因為這種方式書寫最為簡潔，當作目錄查詢快速而且清晰，同時也能夠解釋為何上經為三十卦，而下經為三十四卦。將圖5-1六十四

卦卦序圖當作索引或目錄，由於只需畫三十六個卦畫，而不必將六十四卦一一畫出，所以也是最節省竹簡或木片等書寫材料的方式。

前面談到《周易》的內容涵蓋了「格物致知、誠意正心、修身、齊家、治國、平天下」的道理，那麼這本書究竟是誰寫的呢？根據《周易》泰卦六五爻辭「帝乙歸妹，以祉元吉。」、歸妹卦六五爻辭「帝乙歸妹，其君之袂不如其娣之袂良，月幾望，吉。」、既濟卦九三爻辭「高宗伐鬼方，三年克之，小人勿用。」、明夷卦六五爻辭「箕子之明夷，利貞。」我們發現，爻辭中所說的故事都是發生在商、周時代。此外，習坎卦六四爻辭「樽酒，簋貳，用缶，納約自牖，終无咎。」、損卦卦辭「損，有孚，元吉，无咎，可貞，利有攸往。曷之用？二簋可用享。」、損卦六五爻辭「或益之十朋之龜，弗克違，元吉。」、益卦六二爻辭「或益之十朋之龜，弗克違，永貞吉。王用享于帝，吉。」以上卦、爻辭中所說的器物也最常出現在商、周時期。由於商、周時期的人、事及器物頻繁出現在卦、爻辭中，讓人不禁聯想《周易》的創作很可能是在商、周時期。

根據《周易》小畜卦卦辭「小畜，亨。密雲不雨，自我西郊。」、小過卦六五爻辭「密雲不雨，自我西郊，公弋取彼在穴。」、升卦六四爻辭「王用亨于岐山，吉，无咎。」我們知道爻辭中所說的「岐山」是周人所住的地方，所謂的「王」則可能是周文王或周武王，而「自我西郊」講的也是周人所住的地方；因為相對殷商位居東北，

周人位居西南，周人常稱殷商爲大邦，而自稱西土小國。由以上卦、爻辭中所說的「岐山」、「王」、「自我西郊」等語句，正顯示出寫作這些文字的極可能是周人。

前面我們提到《周易》的內容包含格物致知、誠意正心、修身、齊家、治國、平天下的道理，其知識的涵蓋範圍可說是相當寬廣。如果從六十四卦之爻辭來看，研究三百八十四種爻象變化，其思慮可說是相當精深。如果從《周易》之主旨，志在「平天下」之大事業來看，其心胸格局甚是高遠。此外，卦、爻辭中「利有攸往」四字出現多達十二次，顯見其人積極進取而非遁世之隱士。由此可見《周易》之作者應屬見識寬廣、思慮精微、格局高遠、積極進取之人，絕非一般凡俗庸碌之輩。

我們觀察孔子對《周易》的看法，《論語・述而》子曰：「加我數年，五十以學《易》，可以無大過矣。」。《史記・孔子世家》「孔子晚而喜易，序彖、繫、象、說卦、文言。讀易，韋編三絕。」韋編三絕，指孔子讀《易》反覆翻閱，致使串聯竹簡的皮繩都斷了好幾次。《周易》若非聖賢之作，如何能讓孔聖人如此青睞？

另《易傳・繫辭下》言：「《易》之興也，其於中古乎？作《易》者，其有憂患乎？」又云：「《易》之興也，其當殷之末世，周之盛德邪？當文王與紂之事邪？」我們從《周易》的創作背景乃至創作動機來看，當年西伯姬昌（卽周文王）被殷紂王拘禁在羑里，生死未卜、前途難料，回顧先父季歷效命商王文丁，忠心耿耿卻無故遭到扣押，最後死得不明不白；如今自己也遭到類似的命運，

周族的前程難道應該如此任人擺布？是否應該仔細思考如何脫身？如何改變自己及未來子孫的命運？在這種憂患意識下推演《周易》，以求擺脫困境是很自然的事情。

《今本竹書紀年》記載：「帝辛（即紂王）二十三年，囚西伯於羑里。」、「帝辛二十九年，釋西伯。」、「帝辛四十一年，春三月，西伯昌薨。」。根據以上資料，文王遭拘禁將近七年，返回周地經營至去世則將近十二年。在長達十多年的歲月中，完成《周易》大部分卦、爻辭的寫作應屬可能之事。我們知道《周易》卦辭主要在揭示事物的現象、狀態或主題，而爻辭則進一步論述其步驟或變化。在實用上來講，除了能夠認清當下的現象之外，能夠預先了解未來的變化以作為因應，則具有更高的價值。因此，從實用的觀點研判，文王在羑里時，對於乾、坤、屯、需、履等卦之卦辭及爻辭應該已有著墨（請參考〈第八章、更多的卦、爻辭新解〉），回到周地後，除了繼續演《易》，甚至可能指導其子周公旦共同參與。周公在文王的幾個兒子中是特別具有才華的，這在武王伐紂後得到重病，周公代為祈禱的《尚書・金縢》文獻中可略窺一、二。此外，在文王去世後，武王掌政期間，除了姜太公之外，其弟周公旦也是武王器重的諮詢對象。由於《周易》卦、爻辭中所記載的事件，有些是發生在文王去世之後，所以研判這些卦、爻辭可能是周公所增補上去的，例如：震卦及艮卦的卦辭及爻辭、需卦的第六爻爻辭「上六，入于穴，有不速之客三人來，敬之，終吉。」、明夷卦的第五爻爻辭「六五，箕子之明夷，利

貞。」、革卦的第五及第六爻爻辭「九五，大人虎變，未占有孚。」、「上六，君子豹變，小人革面，征凶，居貞吉。」等。

綜合以上所述，可以整理出第三條訊息：《周易》的作者可能是生活在商、周時期的周人，而且是見識寬廣、思慮精微、格局高遠、積極進取之人，再根據創作動機，研判很可能就是周文王，而且文王在世時已完成大部分的卦辭及爻辭，文王去世後，周公繼續完成全部卦、爻辭的增補工作。關於司馬遷《史記·太史公自序》所言：「昔西伯拘羑里，演周易。」，其說法應非空穴來風。

自古以來，《周易》一直被認為是一本卜筮的書；非但《周禮·春官》如此記載，即使秦始皇詔令丞相李斯焚書之時，也認定其為卜筮之書而免遭焚毀。然而，令人懷疑的是《周易》如果只是一本卜卦的書，值得列為群經之首嗎？我們重新檢視《周易》卦序的安排，乾、坤二卦闡述：固守天道者可大為昌盛，殷紂王逆天而行，必然會遭致敗亡。既濟卦論述：目標達成後，應注意柔中守正，慎緩儉樸，小人勿用，以免國家基業遭受剝蝕。未濟卦論述：目標尚未達成時，當慎緩勿急，穩步前進，嚴明賞罰，勿失誠信。簡而言之，首兩卦論述：討伐殷紂王是順應天理民心。最後兩卦並輔以師卦第六爻則顯示：平定天下，建立周朝是前往的目標。其餘如：屯、需、比、師、小畜、同人、大畜、萃、革、鼎、震等卦是在論述達成目標的方略，而履、豫、謙、蠱、觀、臨、賁、艮等卦之做法亦間接有助於目標之達成。如果周文王及周公旦是《周

易》的作者，而這些論述在當時是屬於叛逆的言論，一旦洩漏，身家性命都難以保全。文王被拘禁在羑里時，有這種風險，即使是回到周地，由於其家眷及僕從中有奉命來自殷地者，所以平日言論又豈能不格外謹慎？因此，《周易》的內容語多隱晦，且須假托爲卜筮之書以掩人耳目，或許這就是《周易》爲什麼被視爲是卜筮之書的原因吧？

　　綜上所述，可以整理出第四項訊息：《周易》被視爲卜筮之書，或許是時代背景因素所造成的誤解。

第六章

如何避免錯誤的解讀

　　有心探求《周易》之奧祕，研讀過許多注釋的版本；有的跟隨傳統的解釋，即使是語意不清、牽強附會，也只是抄襲而未能善加修改；有的則獨樹一幟，各抒己見，只是尚未獲得普遍認同，因而形成各說各話的局面。面臨這種解釋紛雜且互有矛盾的狀況，不禁讓人思考，是否存在某種方法，能夠檢驗這些說法的正確性？

　　探討這個問題之前，首先我們必須區別什麼是錯誤？什麼是誤差？舉例來說，甲、乙兩人約好明天晚上九點在某家戲院門口見面，第二天乙確實在九點整抵達戲院門口，只不過是上午；換句話說，乙把時間搞錯了，這就是犯了錯誤。如果乙沒有把上、下午時間搞錯，而是在晚上九點五分抵達，那麼這遲到的五分鐘只能算是誤差。通常，誤差是難免的，可以儘量修正，而錯誤就比較嚴重，由於偏離標準太遠，通常達不到預期的目標。在解讀《周易》時，我們也會面臨誤差與錯誤的問題。每個人知識背景不同，觀念想法也不同，再加上所處時代的差異，在解讀《周易》卦、爻辭時，難免會與作者的想法有些許出入，也就是誤差；但是，最基本的要求就是不能誤解作者的原意，而作出風馬牛不相及的錯誤解釋。為了避免錯誤，讓我聯想到測量學術中一種檢驗錯誤的方法，稱為

「閉合差法」，其方法如下：

假設地面上有A、B兩個點，其座標均為已知，如果想求得未知點C的座標（如圖6-1），我們可以在B點用儀器觀測1的角度（水平角）及BC的距離（水平距離），如此就能由B點計算出C點的座標。然而，在觀測角度及距離的時候有可能發生錯誤，因此求得的C點座標未必是正確的，為了避免錯誤，可以在C點用儀器觀測2的角度（水平角）及CA的距離（水平距離），如此就能由C點計算出A點的新座標，通常A點的新座標值與A點原來已知的座標值不會完全一樣，而有微小的差距，稱為閉合差（error of closure），這是因為儀器及人為觀測等無法避免的因素所造成的誤差，是可以被接受的；但是，當閉合差太大，超出合理的誤差範圍時，就顯示觀測、記錄或座標計算過程中存在著錯誤，因此藉由閉合差的制約條件，可以發現錯誤、剔除錯誤，甚至藉由多餘觀測，進行最小二乘法平差計算，將點位誤差作適當分配，而使得測量成果保有精確的品質。這在地籍圖測量或橋樑、隧道等工程測量上是非常重要的。

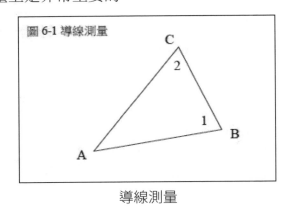

導線測量

對於《周易》而言，其實書中也存在著某些制約條件，可以用來檢驗錯誤的解讀。我們知道一本著作，其書名、目錄、各章節內容，甚至解說的插圖，彼此間多半都有關聯，無形中這些關聯就是一種制約，讓全書的內容能夠切合主題而不致失焦、散亂。同理《周易》有卦序、卦名、卦象、卦辭、爻象、爻辭，那麼彼此間是否也有所關聯而使得卦、爻辭的解讀不致失焦、散亂？《易傳‧繫辭上》云：「君子居則觀其象而玩其辭」指的就是要仔細觀察卦象、爻象，從而玩味卦辭、爻辭中所蘊含的道理。《周易略例‧明象》云：「言生於象，故可尋言以觀象。象生於意，故可尋象以觀意。意以象盡，象以言著。」王弼的這些見解更說明了卦象、卦辭、爻象、爻辭間具有一定程度的關聯。此外，我們從歷代解釋《周易》的大量著作中也可以發現：卦名、卦象間，卦名、卦辭間，卦名、爻辭間，爻象、爻辭間，確實都存在著直接或間接的聯繫。以剝卦及復卦為例：

如圖6-2為剝卦之卦象。陰爻由下往上剝蝕，僅剩一陽爻在上，有陽爻遭剝蝕殆盡之象，故取名剝卦。

（圖6-2）剝卦卦象

如圖6-3為復卦之卦象。一陽爻初生於五陰爻之下，有一元復始，陽氣逐漸復興之象，故取名為復

（圖6-3）復卦卦象

卦。

　　很明顯的，卦象與卦名確實有所關聯，而卦名與卦辭、爻辭也密切相關，有關剝卦與復卦的卦、爻辭解說，請參閱〈第八章、更多的卦、爻辭新解〉。

　　此外，經由分析《周易》的文句結構及措辭用語，其前後也有一定的關聯性，例如：文句結構原則上是先有卦名，後有卦辭（若卦辭之開頭與卦名相同，則爲共用），接著是六爻依序排列，六爻之下均有爻辭。在措辭用語方面，吉、凶、悔、吝、君子、小人、大人、丈人、……，其意涵在全書中基本上是一致的。在蒙卦中，發蒙、包蒙、困蒙、童蒙、擊蒙，同一卦中其「蒙」字皆爲蒙昧的意思。在需卦中，需于郊、需于沙、需于泥、需于血、需于酒食，同一卦中其「需」字皆爲等待的意思。在震卦中，震來虩虩、震來厲、震蘇蘇、震遂泥、震往來厲、震索索，同一卦中其「震」字皆爲震懾的意思。總而言之，《周易》在文句結構及措辭用語上，其前後具有「一致性」（consistency）的傾向，也就是說，前後基本上一致，少有互相矛盾的狀況。

　　根據以上之論述，運用《周易》中卦序、卦象、卦名、卦辭、爻象、爻辭間存在的關聯性，甚至加上《周易》在文句結構及措辭用語上之「一致性」所形成的「制約條件」來解讀卦、爻辭，理論上有助於得出正確的解釋，同時也可以避免偏離主旨太遠，或作出斷章取義，甚至風馬牛不相及的錯誤解釋。

　　《周易》的內容經過兩千多年來的解讀，確實破解了

不少謎團，但是許多卦、爻辭的解釋仍然存在著矛盾或格格不入的現象，例如：

（1）乾卦卦辭「元亨利貞」四個字，傳統的解釋爲「初始、通達、和諧、貞正」四種德性。然而，與其他卦辭中「元亨利貞」四個字的解釋卻截然不同，顯然不符合「一致性」原則。究竟是「一致性」原則不足採信呢？還是「四種德性」的解釋可能有問題？頗值得吾人深思。

（2）坤卦第二爻「六二，直方大，不習，无不利。」主流的解釋爲「大地具有端直、方正、博大的德性，即使不學習，也沒有什麼不吉利。」這種說法讓人感覺有點牽強。如果將坤卦「順從」的性質及爻象一併納入考慮，是否會得出更合理的解釋呢？

（3）屯卦卦辭「屯，元亨利貞。勿用有攸往，利建侯。」主流的解釋爲「屯卦象徵初生艱難的狀況。雖然有初始、通達、和諧、貞正的德性，但不宜隨意前行，宜先建立諸侯。」由於對「屯」字的解釋是「物之始生，艱難的狀況」，所以「屯」的讀音，唸「諄」。然而，這種解釋使得爻辭的解讀出現困難，例如：第五爻「九五，屯其膏；小貞吉，大貞凶。」其中「屯其膏」三個字應該如何發音及解釋呢？

（4）需卦第六爻「上六，入于穴，有不速之客三人來，敬之，終吉。」宋代兩位大儒程頤與朱

熹，前者認爲「穴」爲安居之所，後者認爲「穴」爲險陷之所，兩人看法相反，對於爻辭的解釋自然也不相同，面對這種矛盾狀況我們應何所適從呢？

（5）蠱卦卦辭「蠱，元亨，利涉大川；先甲三日，後甲三日。」蠱的解釋是毒蟲、毒物，爲什麼會大亨通呢？如果解釋爲「清除毒物能大亨通」，爲什麼卦辭不說「除蠱，元亨，利涉大川」呢？

（6）睽卦第六爻「上九，睽孤，見豕負塗，載鬼一車，先張之弧，後說之弧，匪寇婚媾；往，遇雨則吉。」爻辭中有豬、有鬼、有匪寇，雖然很有畫面，但究竟誰是豬？誰是鬼？誰是匪寇？究竟是在說什麼呢？

（7）革卦第六爻「上六，君子豹變，小人革面，征凶，居貞吉。」一般解釋爲「君子像豹一樣協助潤色變革事業，小人則紛紛改變舊日的面目，此時過於急進將有凶險，靜處守正可獲吉祥。」感覺「豹變」的解釋有點奇怪？能有比較具體而合理的說法嗎？

（8）艮卦卦辭「艮其背，不獲其身；行其庭，不見其人，无咎。」一般解釋爲「抑止於背部則不會隨任身體本能慾望而妄行；在庭院中行走，無須留意別人的評價，如同不見其人，沒有禍害。」整段卦辭能有更明確而合理的解釋嗎？

　　針對以上這些疑點，本書將嘗試運用上述之「制約條件」重新來進行解讀。一來期望能破解上述這些迷惑，二來可以檢驗「制約條件」是否有助於《周易》卦、爻辭之解讀？

第七章

解讀周易的方法及實例

前面幾章我們探討了《周易》難懂的原因及因應對策，研究卦序所透漏的訊息，為了避免對《周易》進行錯誤的解讀而提出了「條件制約」的概念，本章我們將以上資料整合，彙集出一套解讀《周易》的方法，名為「條件制約解易法」，其要點如下：

（1）解讀一卦，首先要反覆查考卦序、卦象，甚至參考卦辭、爻辭，以確定卦名。

（2）卦名確定後，進一步推敲卦象、卦辭，甚至參考爻辭，以求正確解讀卦辭及義理。

（3）卦名及卦辭確定後，進一步推敲爻象、爻辭，以求正確解讀爻辭及義理。

（4）對於有疑問的斷句或用語，可查考全書之文句結構、前後習慣用語，以求獲得正解。

（5）《周易》的內容包含了象、數及文字，所以解讀的時候要象、數、文字兼顧，不可偏廢。

（6）對於生澀或有疑問的字詞，要有耐心地查考字典，根據上、下文及參考前人訓詁成果，以求獲得正解。

（7）對於比喻、隱晦的文句，可從歷史文獻、相關典籍、作者背景或卦名、卦象、卦辭、爻象、

爻辭等方向進行聯想，以求獲得解答。

（8）對於陰陽、卦位、爻位、乘、承、比、應等卦
　　象、爻象之解析，可參考〈第三章、易學基本
　　知識〉。

接下來，以《周易》需卦爲例，運用上述方法來進行
解讀：

需，有孚，光亨，貞吉，利涉大川。
初九，需于郊，利用恆，无咎。
九二，需于沙，小有言，終吉。
九三，需于泥，致寇至。
六四，需于血，出自穴。
九五，需于酒食，貞吉。
上六，入于穴，有不速之客三人來，敬之，終吉。

第一步，研究卦名：卦名爲「需」，查考字典，
「需」有必要、遲疑的意思；此外，「需」通「須」字，
有必要、等待的意思。第二步，觀察卦象：上卦爲水，下
卦爲天；水在天上，或可解釋爲雲。然而，至此我們仍然
無法理解，爲何古人將此卦取名爲需卦？那麼就進行第三
步，嘗試解讀卦、爻辭：當遇到生澀難懂的字詞時，先查
字典並加以註記，然後根據上、下文嘗試去解讀卦、爻辭

的意思。即使經過這番努力，可能還是無法完全理解卦、爻辭的意思，但是透過爻辭「需於郊」、「需於沙」、「需於泥」的詞句，我們隱約可以感覺到「需」字似乎是動詞，而且可能是「等待」的意思。爲了驗證這個想法，於是展開第四步，重新檢視卦象及卦名：上卦爲水，下卦爲天；水在天上爲雲，必須等待條件成熟，才能變成雨水回落大地，由於有等待之象，故取名爲需卦。對於卦象及卦名的意涵有了初步的判定後，接下來進行第五步，重新解讀卦辭：

需①，有孚②，光③亨④，貞⑤吉，利涉大川⑥。

【注釋】①需：通「須」，等待的意思。②孚：信實、誠信。③光：光明。④亨：通達。⑤貞：固守、堅守。⑥大川：即大河，比喻險阻、困難。

【語譯】等待，有誠信，心志光明通達，固守等待則吉利，宜用來度過險難。

卦辭除了字面的解釋之外，還可能另有含意，前人稱其爲義理。根據卦名、卦象、卦辭，我們可以綜整出卦辭義理如下：

【義理】萬物成事都有一段醞釀、等待的過程，不可操之過急，等到時機成熟再採取行動則吉祥。就像要渡過寬闊的河流，等到水量較少或結冰的季節再行通過，相對比較安全，也比較容易達成目標。

針對卦、爻辭義理，如果能夠舉例加以說明，甚至取

史事相互佐證，非但有助於理論與實務的融會貫通，更有助於讀者之理解與記憶，故舉例如下：

【案例】《史記・周本紀》記載「是時，諸侯不期而會盟津者八百諸侯。諸侯皆曰：『紂可伐矣。』武王曰：『女未知天命，未可也。』乃還師歸。」武王伐紂也是經過長時間的等待與準備，不會貿然出兵。過了兩年，紂王更加荒淫無道且大失民心，武王認爲時機已經成熟，才正式號召諸方國，發起弔民伐罪的戰爭，最後完成翦除殷商，建立周朝的目標。

在理解卦象、卦名、卦辭的基礎上，接著進行第六步，重新解讀爻辭：

初九，需于郊，利用恆，无咎。
九二，需于沙，小有言，終吉。
九三，需于泥，致寇至。
六四，需于血，出自穴。
九五，需于酒食，貞吉。
上六，入于穴，有不速之客三人來，敬之，終吉。

首先觀察爻象：爻位依序由下往上排列，從時間上看，依次代表著事物發展的階段；從空間來看，則依序代表著事物之近遠、低高、下上。以需卦而言，主要在論述

「耐心等待，伺機而動」的重要性，而在等待的過程中，事情總是會有變化，六個爻則代表六個階段的變化。我們瀏覽爻辭，發現第一、二、三爻分別提到「需於郊」、「需於沙」、「需於泥」，感覺有一種漸進的現象，即最初在郊野之地等待，地面較踏實，而後到了沙地，再到了泥濘地，感覺腳下愈來愈不安穩。接下來，到了第四爻「需於血」，感覺很危險，到了第五爻「需於酒食」，感覺又輕鬆多了，這究竟是在表達什麼呢？《周易》除了文字，還有圖象，也就是卦象、爻象，或許可以從中看出一些端倪。第一、二、三爻屬下卦，第四、五、六爻屬上卦，下卦為乾、為天，上卦為坎、為水；坎卦代表坎陷、險困之地。我們觀察第一爻距離坎險之地最遠，所以相對安全；第二、三爻逐步接近坎險之地，所以愈來愈危險；第四爻進入坎險之地，相對非常危險；到第五爻似乎是轉危為安；到第六爻，由於是處於最頂端，又稱極地，有「物極必反」的現象，因為需卦的前五爻都在講等待，所以第六爻就不再等待，而是有所行動了。以上針對爻象進行觀察及了解，接下來嘗試對爻辭進行解讀。

初九①，需于郊②，利用恆③，无咎④。

【注釋】①初九：本爻距離坎險最遠，本來很安全，但是初九為陽爻又居陽位，性剛好動，且與六四爻有應，容易躁進而入坎險，故爻辭中提示要用恆心繼續等待，才不會引起災禍。②郊：城市外圍的地方。③恆：持久不

變。④无咎：沒有過失及災禍。

【語譯】需卦初爻，在距離坎險甚遠的郊野等待，持之以恆，則無災過。

根據爻象與爻辭，可以綜整出本爻之義理如下：

【義理】在初始階段，距離目標還很遙遠，保持耐心地等待，不衝動躁進，則無災過。

【案例】周人自稱西土小國，在面對殷商大國，早期多採取依附大國的政策，卽使周侯季歷不明不白的死在殷都，也不敢採取長期激烈的抗爭，只能默默地生聚教訓，培養自己的實力。

九二①，需于沙②，小有言③，終吉。

【注釋】①九二：本爻距離坎險不遠，就像腳踩在河邊的沙地上，雖然沒有站在郊野上那麼踏實，但也不至於陷落到水裡。本爻爲陽爻，在陰位，又居下卦之中，象徵行事中庸，所以終究還是吉祥。②沙：沙地。③言：閒言。

【語譯】需卦第二爻，在距離坎險不遠的沙地等待，稍有閒言閒語，終究還是會吉祥。

【義理】在默默準備，等待時機成熟的過程中，由於實力漸漸增長，難免會有人在背後挑撥，製造一些麻煩，只要行事中庸、處置得當，終究還是會吉祥。

【案例】在等待時機成熟的過程中，由於實力日益增長，難免會有人在背後進行挑撥。《史記・周本紀》記

載：「崇侯虎譖西伯於殷紂曰：『西伯積善累德，諸侯皆向之，將不利於帝。』帝紂乃囚西伯於羑里。」崇侯虎的閒言閒語，讓文王被拘禁在羑里將近七年，然而文王小心應對，處置得宜，終能化險爲夷回到周地。

九三①，需于泥②，致③寇④至。

【注釋】①九三：本爻距離坎險甚近，就像腳陷在河邊的泥沼地裡，雖然還沒跌落到水中，但是容易招引來麻煩。本爻爲陽爻，在陽位，性剛好動，與上六有應，近險地又躁進，容易有危害。②泥：泥沼地。③致：招引。④寇：盜匪，象徵侵擾等危害。

【語譯】需卦第三爻，在緊鄰坎險的泥沼地等待，容易招引盜匪來到。

【義理】在等待時機成熟的過程中，由於本身實力持續增強，難免會引起對手注意，如果還行事高調，輕舉妄動，有如近險地而又躁進，極可能引來侵擾等危害。

【案例】周之實力日益增長，而文王仁德的美名又遠揚在外，許多人前來歸附。《今本竹書紀年》「帝辛（即紂王）二十一年，春正月，諸侯朝周。伯夷、叔齊自孤竹歸於周。」由於諸侯朝周，行事太過高調，引來殷商大國的注意，兩年後，紂王藉故囚西伯姬昌（即文王）於羑里。

接下來第四、五、六爻頗令人費解。六四爻「出

自穴」、上六爻「入於穴」，一會兒「出」，一會兒「入」，是什麼意思？六四爻「需於血」情勢好像很危險，至九五爻「需於酒食，貞吉。」為什麼就轉危為安了？上六爻「有不速之客三人來」又是何意？研讀歷代各家之解釋，語多分歧且說理不清，難以令人信服。根據本書第四章，針對《周易》難懂之原因分析，此處既非「字詞生澀」，也未牽涉「一字多義」的問題，那麼「語意隱晦」或「知識經驗不足」則可能是造成難以理解的原因？解決之法，在於增廣歷史知識，嘗試在文史資料中尋找蛛絲馬跡。研讀司馬遷《史記》，發現其中記載的三件事情，可以依序對應到四、五、六爻，詳情請參閱以下諸爻之【案例】。於是，我們就可以順利地解讀出四、五、六爻之爻辭如下：

六四①，需于血②，出自穴③。

【注釋】①六四：本爻居上坎之下端，已入坎險；然而，本身為陰爻又在陰位，與初九有應，象徵柔順處事且有下援，故能脫離險地。②血：血泊，象徵易遭殺戮的血泊之地。③穴：洞穴、險陷之所。出自穴：即自出穴，自己想辦法脫離險陷之所。

【語譯】需卦第四爻，在易遭殺戮的血泊之地等待，靠自己脫離險陷的所在。

【義理】在等待時機成熟的過程中，卻落入有殺身之禍的險境，此時言行舉止、應對進退要特別柔順，雖有下

屬之援助，主要得靠自己的作爲來脫離險境。

【案例】《史記・殷本紀》「九侯有好女，入之紂。九侯女不喜淫，紂怒，殺之，而醢九侯。鄂侯爭之彊，辨之疾，并脯鄂侯。西伯昌聞之，竊嘆。崇侯虎知之，以告紂，紂囚西伯羑里。西伯之臣閎夭之徒，求美女奇物善馬以獻紂，紂乃赦西伯。」西伯姬昌（卽文王）被紂王囚禁在羑里，生死只在紂王一念之間，然而文王柔順事上（請參考第八章有關履卦之解釋），以自己的表現來消除紂王的疑慮，再配合屬下的疏通打點，拘禁近七年，終於得到紂王同意而得以脫身，安全返回周地。

九五①，需于酒食②，貞吉。

【注釋】①九五：此爻以陽剛居君位，得中，有行事適中之象。②酒食：飲食之物，引申爲處於安樂之中。

【語譯】需卦第五爻，在飲食安樂中等待，固守中道，則吉祥。

【義理】身居領導要職，言行適中以爭取對方信任，方可在安樂中等待時機的到來。

【案例】《史記・殷本紀》「紂囚西伯羑里。西伯之臣閎夭之徒，求美女奇物善馬以獻紂，紂乃赦西伯。西伯出而獻洛西之地，以請除炮烙之刑。紂乃許之，賜弓矢斧鉞，使得征伐，爲西伯。」《史記・齊太公世家》「周西伯昌之脫羑里歸，與呂尚陰謀修德以傾商政，其事多兵權與奇計，故後世之言兵及周之陰權皆宗太公爲本謀。」西

伯姬昌（即文王）自羑里返周後，第二年，即率領諸侯向
紂王朝貢。第三年，得到姜太公的輔佐。第五年，紂王賜
文王有權討伐叛逆。在這段時期，文王極力博取紂王的信
任與重用，因此不必擔心他人之離間，而可以在安樂的心
境中繼續等待時機的到來。

　　上六①，入于穴②，有不速之客③三人④來，敬之，
終吉。

　　【注釋】①上六：本爻處極位，代表事將有變；換言
之，有由等待轉變為行動之象。另本爻與九三有應，有連
同會見九二及初九之象，故爻辭言不速之客三人。②穴：
洞穴、險陷之地。此處指曾經困陷文王的殷商之地。③不
速之客：未經邀請的客人。④三人：可指三人，亦代表許
多人。

　　【語譯】需卦上爻，進入險陷之地，有一些意想不到
的客人前來，恭敬謹慎地對待，終究會吉祥。

　　【義理】等待的時機已到，開始採取行動，總會有人
前來，或支持、或反對、或勸說、或談判，恭敬謹慎地對
待，以免節外生枝，終究會吉祥。

　　【案例】《史記·伯夷列傳》「伯夷、叔齊聞西伯昌
善養老，盍往歸焉。及至，西伯卒，武王載木主，號為文
王，東伐紂。伯夷、叔齊叩馬而諫曰：『父死不葬，爰及
干戈，可謂孝乎？以臣弒君，可謂仁乎？』左右欲兵之。
太公曰：『此義人也。』扶而去之。」武王出兵伐紂，伯

夷、叔齊在路邊扣住武王的馬轡而進言阻止，左右欲殺之，姜太公說彼等為義人，於是攙扶他們離去。

如上所述，我們運用「條件制約解易法」針對《周易》需卦做了完整的解讀。為了避免錯誤，我們必須重新檢視卦名、卦象的解釋是否需要修正？卦名、卦象、卦辭、爻辭的解釋是否能夠貫通而沒有矛盾？經過多次來回的檢查，如果沒有問題，才算是對一個卦完成了最終的解讀。

第八章

更多的卦、爻辭新解

（一）格物致知

（01）乾卦

乾，元亨，利貞。

初九，潛龍勿用。

九二，見龍在田，利見大人。

九三，君子終日乾乾，夕惕若，屬无咎。

九四，或躍在淵，无咎。

九五，飛龍在天，利見大人。

上九，亢龍有悔。

用九，見群龍无首，吉。

天天，乾卦。從卦象來看，下卦爲天，上卦亦爲天，象徵上天廣大無垠，浩瀚無邊。古人仰觀於天，見日、月、星辰之運行，周而復始，循環不已；又見日有晝、夜，月有圓、缺，年有寒、暑，反覆循環，亦復如是；因

而體認到上天具有運行不已的剛健特質，而陽爻代表陽剛，六爻皆陽亦有剛健之象。剛健以「健」或「乾」稱之，而將此六畫卦取名爲乾卦。卦辭解讀如下：

乾①，元②亨③，利④貞⑤。

【注釋】①乾：健也。此處指運行不已的剛健特質。②元：大也。③亨：通達、順利。④利：宜也、有益於。⑤貞：堅定不移，有堅定固守的意思。

【語譯】剛健，大爲亨通，宜固守。

【義理】《周易》是一本圖文並列的書，因此，讀《周易》必須圖文兼看，相互佐證，才能夠了解其中奧義。以乾卦爲例，單看卦辭可能不易理解，如果參看卦象，所謂「觀象玩辭」則有助於窺其全貌。乾卦之卦象爲天，而上天具有運行不已的剛健特質，配合其卦辭，則可以綜整出乾卦之義理爲「天道剛健而運行不已，大爲亨通，宜固守天道。」換言之，天道長久以來都能順暢地運行、發展，人如果堅守天道，也可以處處亨通。

【案例】《易傳・大象》言「天行健，君子以自強不息。」這句話在勉勵君子要效法上天運行不已的剛健特質，在人來說，就是要奮鬥不懈、自強不息。這是從卦象得到的啟發，如果整合卦辭，其義理則在強調「堅守剛健的天道，可大爲亨通」。首先，我們研究何謂「天道」？從字面解釋，「天道」是上天所行的道路，也就是大自然運行的規律，萬事萬物發展的法則。換言之，即「天

理」、「道理」。自古以來，中國人講求「做人要講道理」，所謂「有理走遍天下，無理寸步難行」，能走遍天下就是順暢通達，大爲亨通的表現。總而言之，《周易》首卦在強調，萬事萬物的運行要依循天道才能夠亨通，做人處事也是一樣，要合乎天理才能夠行遍天下。

《周易》六十四卦，每一卦除了有一組卦辭之外，還有六組爻辭，分別對卦辭義理作進一步的闡述。乾卦六爻主要在論述事物發展或變化的規律，這些是古人觀察、體悟到的經驗，或許可將其視爲「天道」的一部分，卽使在二十一世紀的今日仍然具有參考價值。

初九①，潛龍②勿用③。

【注釋】①初九：陽剛處下，得正，有低潛在下而行事得宜之象。初：指的是六畫卦中，由下往上的第一爻，代表初階、開始的意思。九：陽爻，代表陽剛。此處指具有陽剛特質的龍。②龍：古代神話中一種能潛、能爬、能跳、能飛的三棲生物，常用來比喻具有傑出才能的人。③勿用：不要大有作爲。

【語譯】乾卦初爻，潛伏在水裡的龍，不要大有作爲。

【義理】第一階，處於初期沉潛的階段，先培養實力而不宜大力尋求發展，就像我們年幼時不必急著尋找工作，應該專注於學習、成長，這樣日後發展才會比較順利。

【案例】某人有意從事政治，決心參選鄉鎮代表。剛開始的時候，由於才能、經驗、人脈、聲望等條件都不足，所以在初始階段最好先充實自己，累積必要的條件，為長遠的發展打下良好基礎。如果衝動躁進，急於謀求發展，成就可能有限，甚至徒勞無功，還可能在物質及精神上造成嚴重的損耗。○又比如一粒玉米種籽，隱藏在泥土中可以吸收水氣，保持溫暖，逐步醞釀生機。如果一開始就暴露在地表，很容易被鳥類啄食，被烈日曝曬，而喪失生存發展的機會。

九二①，見②龍在田③，利見大人④。

【注釋】①九二：陽剛在二階，得中，有初露頭角持守中道而多譽之象。二：指的是由下往上的第二爻，代表第二位階，或事物發展的第二階段。②見：同「現」，出現、顯現。③田：土地、已耕種之農地。④大人：對德高或位高者的稱呼。

【語譯】乾卦第二爻，顯現在地面上的龍，宜面見德高或位高的人。

【義理】第二階，處於開始嶄露頭角的階段，要多親近長官及有實力的貴人。才俊之士表現優異，才華逐漸被人們所看見；然而，獨自划槳不如貴人幫你揚帆，如果能親近長上，獲得提攜，事業上會更有發展。

【案例】承續前例：某人在地方上經過一段時間的經營，知名度已逐漸打開，服務鄉里的工作也初見績效。在

這個階段，如果能多結識一些地方大老及知名人士，進而獲得鄉黨派系的支持，這樣在參加鄉鎮代表選舉時就可以大幅提高勝選的機率。○又比如一粒蔬菜種籽開始發芽，初露頭角而冒出地面；此時，除了自己努力生長之外，也需要溫暖的陽光及適度的雨水澆灌，所謂「天助自助」，外來的幫助實在不容小覷。

　　九三①，君子②終日③乾乾④，夕⑤惕⑥若⑦，屬⑧无⑨咎⑩。

　　【注釋】①九三：陽剛在三階，得正，有情勢多凶而行事得宜之象。②君子：古代指地位高貴的人，後來指才德出眾者，亦是對男子的尊稱。③終日：一整天。④乾乾：健也，即運行不已，於人可謂奮鬥不懈。⑤夕：夜晚。⑥惕：隨時警覺，小心謹慎。⑦若：好像、如此。⑧屬：危險。⑨无：無。⑩咎：過失、災禍。

　　【語譯】乾卦第三爻，有才德的人整天努力不懈，晚上仍然警惕自己要像白天一樣，處境即使危險也不會有災過。

　　【義理】第三階，處於刻苦經營的階段，要日夜勤奮，努力工作，或許會面臨許多挑戰，也要不畏艱險而逐一克服。

　　【案例】承續前例：某人已當選鄉鎮代表，每天依然勤奮工作，常跑基層服務選民，認真監督政府施政，並籌備參選縣市議員。雖然，有來自各方的挑戰及壓力，卻

能用最大的耐心及努力來謀求解決，這樣就沒有太大的過失。○在第二爻「見龍在田」之後，爲什麼第三爻特別提示「君子終日乾乾」？又爲什麼提到「厲无咎」呢？《易傳‧繫辭下》云：二多譽、三多凶、四多懼、五多功。這種說法在乾卦的爻象中特別顯得貼切。九二爻「見龍在田」，因爲嶄露頭角，大家都看到他的才華，所以讚譽之聲時而有之，因此二多譽。相對地，來自他人的忌妒與競爭對手的破壞也慢慢在累積，所以接續而來的第三階段就潛藏著各種危機，因此三多凶。此外，由於九二爻才華顯現，博得了大眾的關注與掌聲，所以當事人也容易志得意滿，沉醉在小成就的舒適圈中而懈怠，因此九三爻提出警示，要繼續努力、奮鬥不懈。王國維在《人間詞話》中提到，古今之成大事業或大學問者大多經過三種境界，其中第二種境界是「衣帶漸寬終不悔，爲伊消得人憔悴」，也就是當一個人有高遠的目標後，爲了目標奮鬥不懈，經常是日以繼夜地工作，有時甚至廢寢忘食，卽使身形消瘦、精神疲累也心甘情願。觀察現代企業界、學術界、藝術界乃至各行各業的成功人士，許多都是經過一番刻骨銘心的奮鬥，經常一天工作十幾個小時。成功的果實固然甜美，卻多半是經由長期的努力所孕育而成。

九四①，或②躍③在淵④，无咎。

【注釋】①九四：陽剛在四階屬高位，失正，有失當而須戒愼恐懼之象。②或：也許、不確定。③躍：跳起。

④淵：深潭、水深處。

【語譯】乾卦第四爻，或許在深水區跳躍，有此警覺則不會有災過。

【義理】第四階，面臨跳躍發展的階段，要戒慎恐懼，有如在深水區跳躍，有此警覺則無災過。

【案例】承續前例：某人以地方民代的身分在基層深耕多年，已累積相當實力，此時將面臨是否參選中央民代，甚至轉換跑道參選地方行政首長的問題。如果競選失敗，是否將面臨失業？是否會背下鉅額負債？是否會連累家族慘遭抹黑？勝選的機率有多大？如果事先能有所警覺，審慎規劃，就不會因盲目躁進而跌入萬劫不復的深淵。○經營企業也是一樣，生意興隆時難免就會思考，是不是該拓展分公司？擴大事業群？這就是龍在地上攀爬，逐漸有跳躍而起的意圖。然而，跳躍充滿著希望，同時也伴隨著風險。有些企業就是拓展得太快，以至於實際獲利趕不上人事、房地成本，形成尾大不掉，長期下來造成嚴重虧損，甚至墜入衰敗的深淵。《易傳‧繫辭下》所謂「四多懼」就是在警示人們，處於第四階段時要特別小心，要戒慎恐懼。

九五①，飛龍在天，利見大人。

【注釋】①九五：陽剛處君位，既中且正，有行事中正而多有功績之象。

【語譯】乾卦第五爻，飛翔在天空中的龍，宜面見德

高或位高的人。

【義理】第五階，處於飛黃騰達的階段，要多親近有實力或有身分地位的人。

【案例】承續前例：某人擔任過中央級民代，也做過地方行政首長，仍然兢兢業業地奮發向上。由於表現優異，被所屬的政黨徵召，投入總統大選，角逐國家領導人大位，最後獲得多數民意的支持而榮登總統寶座。此時，其事業如日中天，飛黃騰達自不在話下，正如九五爻辭上半段所言「飛龍在天」，也就是處於一種順暢發展，最為得意的狀態。然而，更值得注意的是爻辭的下半段，「利見大人」。為了長久維持住這種最佳狀態，而不希望目前的景況只是曇花一現，英明的領導者必須敞開心胸，積極尋求賢能之士前來輔佐施政；對外則會見各國政要，敦睦邦誼，努力尋求友邦支持，以正確的手段來謀求國家的永續經營及發展。○我們研習《易經》要活用在平日的思考之中；當今之世，哪個國家是處於「飛龍在天」的狀態？以二十一世紀初的今天，答案或許是美國。美國自二次世界大戰後，國勢益強，更由於其移民政策，廣泛吸納各國、各領域的優秀人才，使得美國在科學、政治、經濟、軍事及人文、藝術等領域都能夠順暢發展，達到得意的境界。美國在太空發展的成就，在生醫、科技等領域的發明或發現，在歐洲阻止蘇聯勢力的擴張，在中東剷除伊斯蘭國（ISIS），在北韓及伊朗抑制核武擴散，對於世界大局勢的穩定及人類文明的進展實屬有所貢獻；雖然，有些做法相當具有爭議性，也造成某些國家或地區人民的強烈不

滿，總的來說，還是有其功績，而這也印證了《易傳·繫辭下》所謂「五多功」的說法，也就是處於第五爻的階段多半會成就大的事業及功績。

上九①，亢②龍有悔③。

【注釋】①上九：陽剛處極地，失正，有失當且過度之象。上：由下往上的第六爻，即六畫卦之最上爻，代表最上層，或事物發展的最後階段。九：陽爻。此處指具有陽剛特質的龍。②亢：極度、過度，或高傲的意思。③悔：事後惱恨。

【語譯】乾卦上爻，極度高飛的龍會有悔恨。

【義理】第六階，最後的階段，極度的發展會帶來悔恨。

【案例】承續前例：某人已身為國家領導人，日子久了，開始變得驕縱懈怠，對於重大決策有時會禁不住財、色的誘惑，對於政敵甚至採取監聽或司法迫害，這些違法過當的行徑經過媒體不斷報導，最後演變成政治風暴而被迫下台，雖然鞠躬道歉卻已悔之晚矣。○乾卦第六爻在提示：一切事物極度的發展，終將會有悔恨。我們觀察當今地球資源的開發，為了增加黃豆、咖啡及棕櫚油等的產量，人們大量砍伐森林；為了大量生產各種工業產品，人們大量消耗地球資源並排放各種有害廢棄物。我們的母親地球雖然能生養我們，但是過度的消耗與開發終將引來遺憾。地球暖化及氣候變遷就是警兆，要加速或延緩悲劇的

發生，人類正扮演著關鍵性的角色。

用①九②，見③群龍无首④，吉。

【注釋】①用：行使、施行。②九：陽爻，代表陽剛。③見：顯露、顯現。④无首：無居首者。此處指沒有強出頭的人。

【語譯】行使陽剛，顯現群龍都不強出頭，吉祥。

【義理】行使陽剛，極致之代表卽爲天道剛健之運行。人在可以主導的事物上欲行使剛健的手段，則須效法天，也就是要堅守天道，而不能依靠個人專斷的意志；所以，看見群龍都不強出頭就是一種彼此謙讓的好現象，凡事共同商量以謀求共識，如此行事則相對吉祥。

【案例】以第二次世界大戰之諾曼第登陸爲例，盟軍要堅決地進行此項計畫，如果參與的盟軍都自以爲是老大，各行其是，互不相讓，那就注定要失敗。反之，英、美、法、加拿大等盟軍不爭相出頭，不各持己見，而是以大家的共識爲依歸，相互協同作戰，這樣處事相對就容易成功，因此吉祥。

（02）坤卦

坤，元亨，利牝馬之貞。君子有攸往，先迷後得主。

第八章　更多的卦、爻辭新解

085

利西南得朋，東北喪朋，安貞吉。

初六，履霜，堅冰至。

六二，直方大，不習，无不利。

六三，含章可貞，或從王事，无成有終。

六四，括囊，无咎无譽。

六五，黃裳，元吉。

上六，龍戰于野，其血玄黃。

用六，利永貞。

地地，坤卦。從卦象來看，上卦爲地，下卦亦爲地，象徵大地厚實。古人俯察於地，見大地上物種繁多；植物隨著四季之變換而生長或凋謝，動物隨著日夜的變化而活動或休息，人類隨著天氣冷熱的變化而採取適當的衣著及飲食，即使是土地也因天候晴雨而變得乾燥或泥濘，河川因季節變換而凍結或氾濫，故而從中體認到大地上的一切都柔軟地順從著上天去進行自我調適，而陰爻代表陰柔，六爻皆陰亦有柔順之象。柔順以「順」或「坤」稱之，而將此六畫卦取名爲坤卦。卦辭解讀如下：

坤①，元亨，利牝馬②之貞。君子有攸③往，先迷④後得主⑤。利西南⑥得朋，東北⑦喪朋，安⑧貞吉。

【注釋】①坤：順也。此處指大地具有柔順於天的性質。②牝馬：母馬，有順從公馬而行的習性。③攸：所

也。④迷：困惑、分不清方向。⑤主：領導者，或指對事物的意見或主張。⑥西南：西南方。此處指周人所在之方位，由於施行德政，代表順天的一方。⑦東北：東北方。此處指殷紂王所在之方位，由於荒淫無道，代表逆天的一方。⑧安：平靜、穩定。

【語譯】柔順，可大為亨通，宜堅守母馬順從的德性。君子有前往的目標，先行會迷失方向，觀察後能得到順從的方向。宜往西南方，可得到朋友；往東北方，會喪失朋友；安分地堅守柔順的德性則吉祥。

【義理】要像雌馬一樣堅守「順從」雄馬而行的德性。在人來說，就是要堅守「順從」天道的德性，如此可大為亨通。君子有前往的目標，急躁先行會迷失方向，看清趨勢而後行動，才能得到順從的方向。宜往西南方，像岐周人順天道而行，可得到盟友；往東北方，像殷紂王逆天道而行，會喪失盟友；安分地堅守「順從」天道的德性則吉祥。坤卦主要在強調：要順應天的變化，順從天道，可大為亨通。

【案例】《易傳・大象》言「地勢坤，君子以厚德載物。」這句話在勉勵君子，要效法大地厚實的特性。在人來說，就是要以寬厚的德性來承載、容納各種事物。這是從卦象得到的啟發，如果整合卦辭，其義理有三：（一）順從天道，可大為亨通。（二）急躁行事會迷失方向，君子在行動前要先辨明方向，才能順天、順勢而為。（三）岐周位在西南方，施行德政，順應天道而行，所以伯夷、叔齊等眾人來歸，武王伐紂時能得到庸、蜀、羌、髳、

微、盧、彭、濮等許多盟友的支持；殷紂王位在東北方，荒淫無道，違逆天道而行，所以辛甲大夫、向摰內史出奔周地，微子離棄紂王，此外更喪失不少盟友。本卦蘊含武王伐紂戰爭的合理性與正當性；從「順天應人」的角度而言，討伐紂王不是叛亂，而是「替天行道」，是一場「弔民伐罪」的革命戰爭。

初六①，履②霜，堅冰至。

【注釋】①初六：陰柔處下，有初始之象。初者，指的是六畫卦由下往上的第一爻，代表初階、開始的意思。六：陰爻，代表陰柔。②履：踩踏。

【語譯】坤卦初爻，踩著秋霜，結冰的日子即將來到。

【義理】踩著秋霜就知道冬天結冰的日子即將來到。本爻在提示，順從天道，首先要辨明趨勢，而後才能順勢而為。

【案例】坤卦主要在強調「順從天道」可大為亨通。實際行動前，要先認清趨勢、方向。以「腳踩著秋霜」為例，由於知道冬天結冰的日子即將來到，所以會順勢而為，預先準備過冬的衣物等。如果違逆天道，既不存糧也不添衣，寒冬來臨時就會過得很辛苦。所謂「順天者昌，逆天者亡。」就是這個道理。

六二①，直方大②，不習③，无不利。

【注釋】①六二：陰柔居陰位在二階，得中，有位階尚低而行事柔中之象。二：指的是由下往上的第二爻，代表位置之第二階或時間之第二階段。②直方大：此處指個性率直、方正、大度。③不習：不學習。此處指沒經過學習修飾。

【語譯】坤卦第二爻，率直、方正、大度，不學習修飾也無所不利。

【義理】年輕人能夠順從長上，雖然秉性率直、方正、大度，還沒有經過學習修飾也不會有大礙。

【案例】某年輕人在職場或家庭中地位還不高，但是懂得敬老尊賢，服從長上，即使平日言語率直、個性方正、行事大剌剌地不拘小節，言行還沒有經過學習修飾，卻能得到長上的諒解而沒有太大妨礙。這是因為年輕人還在學習階段，只要聽話，長上多半不會太過計較。但是，對於成年人而言，尤其像本卦六四爻所象徵的高階主管，其言行就需要特別謹慎，即使他對領導人百依百順，但是隨便說話，就可能惹來災禍。這就是坤卦談順從，但是在位階不同時，會有不同的效應。

六三①，含章②可貞，或從王事③，无成④有終⑤。

【注釋】①六三：陰柔居陽位在三階，有位階中等而行事柔順之象。②章：花紋、文采，可比喻為才華。③王事：君王的事業。此處指國家事務。④无成：沒有成就。此處指沒有自己的成就。⑤有終：有終結。此處指有善

終。

【語譯】坤卦第三爻，含有才華可以固守，或者從事輔佐君王的工作，沒有成就也能善終。

【義理】中年人含有才華及順從的美德，可以自持固守，或者從事國家政務，卽使沒有自我的成就也能有好的結局。

【案例】承續前例：隨著時光的推移，年輕人已成爲中年人，除了保有順從長上的習性，在言行方面也逐漸圓融成熟，以此可以經營自己的事業，也可以從事公職，卽使無法施展自己的抱負，只是順從長上的企圖去執行工作，看起來沒有多大成就，卻多半有好的結局。

六四①，括②囊③，无咎无譽④。

【注釋】①六四：陰柔居陰位在四階，有位階已高，行事柔順且謹愼之象。②括：捆束、束緊。③囊：口袋、袋子。④譽：稱讚、好的名聲。

【語譯】坤卦第四爻，像束緊口袋一樣閉口不語，沒有過失也沒有讚譽。

【義理】身居高位除了順從長上，也須謹言愼行，雖然無法因光芒外露或譁衆取寵而博得讚譽，卻能避免過失及災禍。

【案例】承續前例：某人已晉升至接近領導人的位置，無論在公務或私領域很容易接觸到重要及機密的事物，由於身居高位，一言一行皆動見觀瞻，此時要像束緊

的口袋一樣，守口如瓶，謹慎行事，雖然無法因鋒芒外露而博得讚譽，卻能避免禍從口出所帶來的災禍。

六五①，黃②裳③，元吉。

【注釋】①六五：陰柔處君位，得中，有領導者行事柔中之象。②黃：土地的顏色，土地代表柔順，而黃色居青、赤、黃、白、黑五色之中，亦象徵中道。③裳：古代指遮蔽下體的衣裙。

【語譯】坤卦第五爻，穿著黃色的下衣，大為吉利。

【義理】領導者行事中庸且順應天理，就像穿著象徵順天、中道的黃色下衣，日不離身，如此則大為吉利。

【案例】承續前例：某人已成為領導者，若能時時保持著順從天道且言行中庸的習性，就像穿著象徵順天、中道的黃色下衣，就寢前都不離身，以這種方式來做人處事必然會順暢通達，大吉大利。

上六①，龍戰②于野③，其血玄④黃⑤。

【注釋】①上六：陰柔居陰位處極地，有陰柔至極而轉趨陽剛之象。上者，由下往上的第六爻，即六畫卦之最上爻，代表空間、位階之最上層，或時間之最終階段。②戰：爭鬥。③野：古代稱城邑外為郊，郊外為野。此處指郊野。④玄：本義為赤黑色，也有天空的意思。此處以日落時天空呈現赤黑的顏色，代表陽性雄龍之血色。⑤黃：

黃色。此處以土地的顏色代表陰性雌龍之血色。

【語譯】坤卦上爻，雄龍與雌龍在郊野爭鬥，互有損傷而分別流出赤黑與黃色的血。

【義理】雌龍柔順至極而轉趨陽剛，與雄龍爭鬥，以致互有損傷。

【案例】承續前例：某領導人已期滿卸任成為前任領導人，由於資歷深、年歲長，喜歡倚老賣老，不再順從天理而對承受天命的現任領導人指指點點，導致雙方關係惡化。如果雙方繼續爭鬥，則兩虎相鬥會互有損傷。

用①六②，利永貞。

【注釋】①用：行使、施行。②六：陰爻，代表陰柔。

【語譯】行使陰柔，宜永遠堅持柔順於天道。

【義理】行使陰柔，極致之代表即為大地萬物總是柔軟地順從於天道。在人力所無法掌控的事物上，宜順天、順勢而為。永遠堅持「順從天道」必然能萬事亨通。

【案例】觀看落日，察覺西天有異樣的雲彩，根據氣象報告，確實將有颱風來襲。基於天候因素，登山社立即取消本周之登山活動，這就是柔順於天道的作法。在人力無法掌控的事物上，要順從天道才不會自尋苦惱、自找麻煩。○股市投資也是一樣，要從產業基本面、技術面、籌碼面、資金面、政策面、消息面乃至整個政經大環境等角度去研判股市未來可能的走勢，順著趨勢操作才能趨吉避

凶。

　　乾、坤兩卦有如《周易》的兩扇門，開啟大門後始能入室而一窺堂奧。了解乾、坤兩卦之義理，對於《周易》後續諸卦之解讀會有所啟發。乾卦講：主動依循天道，奮鬥不懈，可大為亨通。坤卦講：被動順應天道，可大為亨通。兩者都牽涉到天。中國自古就是一個敬天的民族，歷代皇帝都要祭天。登上皇位，是承受天命，稱為天子，即使下達詔書，前面也要宣告：奉天承運皇帝詔曰……等等。周文王早期之所以順從於殷紂王，乃因其為繼承天命的天子；而後欲加以討伐，乃因其逆天而行，是為弔民伐罪。何謂逆天？何謂順天？《尚書・泰誓》云：「天視自我民視，天聽自我民聽。」因此，廣大的民意即可謂天意。順乎天意，才能承受天命；違逆天意，則無法長久擁有天命。由此可見，中國在古代就有順天應人，重視民心的想法。所謂「得民心者，得天下。」以上這些政治理念與《周易》乾、坤兩卦的義理可說是一脈相通的。

（10）履卦

履虎尾，不咥人，亨。

初九，素履，往无咎。

九二，履道坦坦，幽人貞吉。

六三，眇能視，跛能履，履虎尾，咥人，凶。武人為
于大君。

九四，履虎尾，愬愬，終吉。

九五，夬履，貞厲。

上九，視履考祥，其旋元吉。

天澤，履卦。從卦象來看，上卦爲天，下卦爲澤，天
代表父親，澤代表少女，即最小的女兒；少女在下，父親
在上，有侍奉長上，謹愼行事之象，故名履卦。卦辭解讀
如下：

履①虎尾，不咥人②，亨。

【注釋】①履：本意爲鞋，引申爲踩踏、行走、行事
的意思。②咥人：咬人。

【語譯】居下事上，要像行走在老虎尾巴後方一樣，
避免正面衝撞，老虎不咬人，才能亨通。

【義理】伴君如伴虎，老虎隨時會傷人，所以要非常
謹愼。侍奉長上也是一樣，要隨從行事，避免正面衝撞，
如此才能亨通。

【案例】從前，周文王被殷紂王拘禁在羑里，生死全
在紂王一念之間。在被拘禁的那段日子裡，文王縱使有再
多的委屈與不平，能夠義正辭嚴地頂撞紂王嗎？九侯及鄂
侯是前車之鑑，兩人均因言詞激烈忤逆紂王，而先後遭到

殺害。文王聰慧，演《易》能深得履卦奧義，柔順事上，多年後，終於獲得釋放，平安返回周地。

初九①，素②履，往无咎。

【注釋】①初九：陽爻處下，有卑下事上之象。②素：樸實無華。

【語譯】履卦初爻，以樸實的方式侍奉長上，如此前往則無災過。

【義理】以卑下樸實的方式敬事長上，可無災過。

【案例】人上一百，形形色色；有的比較善良，有的比較邪惡，有的忠厚老實，有的油滑浮誇，有的誠實可靠，有的陽奉陰違。父母及長官的人生閱歷總是比較豐富，與其相處不可自以為聰明機巧而虛偽浮誇，抱持老實本分的態度侍奉長上，日子久了，比較能獲得長上的信賴。

九二①，履道②坦坦③，幽人④貞吉。

【注釋】①九二：陽爻居陰位，得中，與九五無應，有知止勿進之象。②道：道路。③坦坦：坦坦蕩蕩。④幽人：幽隱山林的人。

【語譯】履卦第二爻，敬事長上之道坦坦蕩蕩，像恬淡的隱士，如此固守則吉祥。

【義理】居下事上要光明坦蕩，像隱士般澹泊明志，

如此可減免長上猜忌。

【案例】職場上有一種現象，就是最有才華的人未必優先獲得晉升。原因固然有千百種，一般來說，與上層的關係處理得不好，升遷之路就會走得比別人辛苦。某人學、經歷俱佳，做事又積極認真，只是鋒芒太露，搶了主管的風采，甚至令主管感覺有被取代的壓力，這樣就可能引起長上的猜忌。蜀漢丞相諸葛亮有句名言……「澹泊以明志」，這句話或許就是在防止小人中傷，避免主上猜忌。從前讀這句話時，只感覺諸葛亮是一位恬淡之士，如今思索，其中也可能包含更深的政治意涵。

六三①，眇②能視，跛③能履，履虎尾，咥人，凶。武人④為于大君⑤。

【注釋】①六三：陰爻居陽位，與上九有應，有不知止而前行之象。②眇：瞎一隻眼。③跛：瘸一隻腳。④武人：勇武之人。此處指有勇少謀之武夫。⑤大君：天子。

【語譯】履卦第三爻，瞎一隻眼卻還能看見，瘸一隻腳卻還能行走，走在老虎的後方，老虎會咬人，有凶險。武夫卻自為天子。

【義理】瞎一眼雖然還能看，觀察卻不夠明晰，瘸一腳雖然還能走，行動卻不夠穩健，身為下屬卻忘了自己身分，自以為是老大，如此自作聰明，行事莽撞，即使平日隨順長上也還是會有凶險。

【案例】蜀漢丞相諸葛亮兵出祁山，派馬謖擔任主

將前往街亭駐守。出發前特別叮囑馬謖，要在重要路口安營紮寨以防魏軍通過。不料馬謖自作聰明，認為在山上紮營居高臨下，可以用滾木亂石擊潰魏軍。副將王平進言阻止，卻不被採納。當魏軍抵達時，魏將張郃令大軍將山頭團團圍住，阻斷水源，縱火燒山，蜀軍因而大敗。街亭失守影響全盤佈局，蜀軍所有部隊匆忙撤退。馬謖被捕入獄，依軍法判處死刑。其實，馬謖才氣過人，喜談軍事謀略，頗得諸葛亮賞識，只可惜自作聰明，莽撞行事，落了個誤己又誤國的下場。回到現實生活，在家中或職場上我們要經常提醒自己，不要犯了自作聰明、行事莽撞的錯誤，對於長上交代的事情要切實遵辦，若有困難或疑問，也要儘快回報或事先溝通。

九四①，履虎尾，愬愬②，終吉。

【注釋】①九四：陽爻居陰位，無應，有靜守之象。
②愬愬：恐懼的樣子。

【語譯】履卦第四爻，居下事上，要像行走在老虎尾巴後方一樣，不正面衝撞，要保持敬畏謹慎的心，終究可獲得吉祥。

【義理】侍奉長上要隨順行事，避免正面衝撞，要抱持敬畏謹慎的心，如此則吉祥。

【案例】侍奉長上，日子久了，容易疏忽、懈怠，甚至變得沒大沒小，還可能在言語上發生頂撞。如果，能始終保持敬畏謹慎的心以敬事長上，終究會吉祥。

第八章　更多的卦、爻辭新解

九五①，夬②履，貞厲。

【注釋】①九五：陽爻處尊位，得中，又居陽位，有陽剛過度之象。②夬：果決。

【語譯】履卦第五爻，居下事上，即使行事中庸，卻果決獨斷，堅持這樣則有危險。

【義理】居下事上，宜多請示。經常果決獨斷、自作主張，恐非上策。

【案例】某位朋友的子女非常有孝心，興致沖沖為父母祝壽，在高檔餐廳自作主張點了一大桌菜，只可惜沒考慮到父母年歲已高，牙齒不好，真正能吃的沒有幾樣。餐後，贈送父母功能複雜的手機，父母眼力不好，也很少使用。如果，子女能事先跟父母商量一下，或許更能讓父母感受到子女的尊重與孝心。

上九①，視履②考祥③，其旋④元吉。

【注釋】①上九：陽爻居陰位且處極地，與六三相應，有回歸之象。②視履：檢視履道。③考祥：考察吉凶之徵兆。④旋：迴轉、回歸。

【語譯】履卦上爻，檢視事上之道，考察吉凶徵兆，還是回歸到最初，以樸實的方式侍奉長上，大為吉利。

【義理】事上之道講到最後，還是以老實本分的方式敬事長上，最為吉利。

【案例】不要低估父母或長官的人生閱歷及智慧，以

為自己偷雞摸魚不會被發現，有些時候他們不會明說，只是心裡有數。總之，還是返璞歸真，以單純、老實的心態侍奉長上，才是正途。

（28）大過卦

大過，棟橈，利有攸往，亨。

初六，藉用白茅，无咎。

九二，枯楊生稊，老夫得其女妻，无不利。

九三，棟橈，凶。

九四，棟隆，吉，有它吝。

九五，枯楊生華，老婦得其士夫，无咎无譽。

上六，過涉滅頂，凶，无咎。

澤風，大過卦。從卦象來看，上卦為澤，下卦為風，合組成六爻；上、下兩爻為陰爻，中間四爻均為陽爻，陽為大，陰為小，有陽盛陰衰，大者多過小者之象，故名大過卦，卦辭解讀如下：

大過①，棟橈②，利有攸往，亨。

【注釋】①大過：大多於小，有陽剛過度的意思。②棟橈：棟樑彎曲。大過卦卦象，中間四陽爻厚重，兩側陰

爻輕薄，象徵棟樑彎曲。

【語譯】陽剛過度，如棟樑中間部分厚重，兩側輕薄而彎曲，宜前往整治，才能亨通。

【義理】觀察房屋之棟樑，如中間部分承受過多物件則容易使棟樑下凹彎曲，時間久了，甚至可能崩塌，宜儘速前往整治。引用到人事上，發覺陽剛過度，就應該儘快處理，使之陰陽調和，才能夠亨通。

【案例】相對於冬天的寒氣，燥熱的暑氣在陰陽分類上可歸屬於陽剛之氣。台灣夏季相當炎熱，人在室外曝曬過久容易中暑，如果發覺暑氣在體內累積過度，就應該儘快降溫，並且補充水份，使身體陰陽之氣調和，維持人體機能正常運作。

　　初六①，藉②用白茅③，无咎。

【注釋】①初六：陰爻居陽位，處下，與九二親比，與九四有應，初期無害之象。②藉：襯墊。③白茅：白茅屬的一種草本植物。藉用白茅：古代祭祀以白茅穗墊在祭品下，以示恭敬謹慎。

【語譯】大過卦初爻，陽剛過盛的初期，要像用白茅穗墊在祭品下祭祀一樣，恭敬謹慎地處理，則無災過。

【義理】陽剛過盛的初期，謹慎地應對，則無災過。

【案例】體內暑熱稍有過度，對於偏寒涼體質的人來說，只要注意不再過度，對健康就沒有妨礙。

九二①，枯楊生稊②，老夫得其女妻③，无不利。

【注釋】①九二：陽爻居陰位，在二階，得中，親比初六，有老夫得少妻之象。②稊：音「提」，楊柳新生的嫩芽。③女妻：年少的妻子。

【語譯】大過卦第二爻，陽剛過盛時能及時補救，像枯乾的楊樹重新生長出嫩芽，年老的男子娶得年少的妻子，如此則無所不利。

【義理】陽剛過盛時，及時採用補陰之法，則無所不利。

【案例】體內暑熱累積過度，對於偏燥熱體質的人來說，若能及時補充一些冷飲，或食用西瓜、綠豆湯等涼性食物，既可消暑提神，又能恢復活力。

九三①，棟橈，凶。

【注釋】①九三：陽爻居陽位，有陽剛太過之象。

【語譯】大過卦第三爻，陽剛過盛，如棟樑中間部分厚重，兩側輕薄而彎曲，有凶險。

【義理】陽剛過盛，若不加以整治則有凶險。

【案例】體內暑熱累積過度，對於偏燥熱體質的人來說，如果一直忽視不管，就可能會中暑，甚至對身體造成嚴重傷害。

九四①，棟隆，吉，有它吝。

【注釋】①九四：陽爻處陰位，與初六有應，有削減陽剛之象。

【語譯】大過卦第四爻，陽剛過盛時，能削減陽剛使下凹之棟樑重新隆起，則吉利，若有其他失當的做法，則會產生遺憾。

【義理】陽剛過盛，若採削陽之法則吉利，失當的做法則會產生遺憾。

【案例】體內暑熱累積過度，對於偏燥熱體質的人來說，應該移往陰涼處，避免繼續曝曬，或改善空調以消減暑氣，如果不想辦法儘快降溫，則對身體會有傷害。

九五①，枯楊生華②，老婦③得其士夫④，无咎无譽。

【注釋】①九五：陽爻居陽位，陽剛過盛，得中，無應，與上六逆比，有老婦得士夫之象。②華：花。③老婦：指上六。④士夫：強壯的丈夫，指九五。

【語譯】大過卦第五爻，陽剛過盛接近極點，此時補救已嫌太遲，像枯乾的楊樹開出花朵，年老的婦人配上強壯的丈夫，看似熱鬧，卻缺乏後續生機，如此則既無災過亦無讚譽。

【義理】陽剛過盛接近極點時，採用補陰之法已嫌太遲，效果不佳。

【案例】體內暑熱累積相當嚴重，對於偏燥熱體質的人來說，立即給予降溫且補充水分，好像效果有限，這是

因爲已錯失最佳處置時機，所以目前的做法雖然沒有過錯卻也無法博得讚譽。

　　上六①，過涉②滅頂③，凶，无咎。

　　【注釋】①上六：陰爻居陰位，處極地，與九三有應，與九五逆比，有盛陽滅陰之象。②過涉：涉水過深。③滅頂：淹沒頭頂。

　　【語譯】大過卦上爻，陽剛過盛已達極點，涉水過深而遭淹過頭頂，有凶險，沒有過錯。

　　【義理】陽剛過盛已達極點，陰柔應對仍遭滅除，有凶險，然已盡心，沒有過錯。

　　【案例】體內暑熱累積極度嚴重，即使是偏寒涼體質的人也會中暑，甚至對身體造成嚴重傷害，趕緊前往救治，大量補充點滴，雖然仍可能有凶險，但已盡心，沒有過錯。

（23）剝卦

　　剝，不利有攸往。

　　初六，剝床以足，蔑，貞凶。
　　六二，剝床以辨，蔑，貞凶。

六三，剝之，无咎。

六四，剝床以膚，凶。

六五，貫魚以宮人寵，无不利。

上九，碩果不食，君子得輿，小人剝廬。

山地，剝卦。從卦象來看，上卦為山，下卦為地，合組成六爻；陰爻由下往上剝蝕，僅剩一陽爻在上，有陽爻遭剝蝕殆盡之象，故取名剝卦。卦辭解讀如下：

剝①，不利有攸往。

【注釋】①剝：侵脫外皮。

【語譯】剝蝕，不利於所前往的目標。

【義理】城牆因風化作用而逐漸遭受侵蝕乃至坍塌，這是自然界一種剝蝕的現象。對應到人事，努力的成果日益遭到侵蝕，則不利於目標的達成。因此，對於剝蝕的危害要多加注意，並儘可能予以防範。

【案例】羅浮宮所典藏的畫作定期都會進行保養或修護，目的就是為了減緩歲月等因素對文物所造成的傷害。長期剝蝕的力量實不容小覷，小自個人財產、健康，大至國家基業，都可能因長時間遭受侵蝕而導致嚴重後果，能超前佈署，事先防範，則為上策。○此外，國際間之侵略行為有時也是以剝蝕的方式試探性地在進行，如果姑息養奸，放任其發展，將會使事態愈來愈嚴重，最後達到難以收拾的地步。

初六①，剝床以足，蔑②，貞凶。

【注釋】①初六：陰爻在初階，有最底層之床腳遭剝蝕之象。②蔑：輕視。

【語譯】剝卦初爻，有如最底層的床腳受到侵蝕，一直輕忽不在意，就會有凶險。

【義理】事物開始受到剝蝕，如果一直輕忽不在意，未來就會有災禍。

【案例】長時間使用手機會傷害眼睛，如果一直輕忽不注意，視力會愈來愈差。

六二①，剝床以辨②，蔑，貞凶。

【注釋】①六二：陰爻在二階，有床幹遭剝蝕之象。②辨：床幹，卽床身與床腳接合處。

【語譯】剝卦第二爻，有如床幹受到侵蝕，一直輕忽不在意，就會有凶險。

【義理】事物進一步受到剝蝕，還一直輕忽不在意，將會有災禍。

【案例】長時間使用手機會持續地傷害眼睛，如果還是輕忽不在意，則老花或近視的度數就會增加，同時白內障的風險也會不斷提高。

六三①，剝之，无咎。

【注釋】①六三：陰爻處陽位，且與上九相應，象徵雖剝蝕爲陰體，卻仍近陽質。

【語譯】剝卦第三爻，雖受剝蝕，卻無過錯。

【義理】事物雖然遭受負面的剝蝕，卻仍然具有正面的意義，如此則尚不爲過。

【案例】經常使用手機雖然傷眼，卻是爲了搜尋知識或者與親友保持互動，理由正當，所以也沒有什麼不對。

六四①，剝床以膚②，凶。

【注釋】①六四：下卦如床，本爻處上卦，象徵剝蝕已至上層之人體。②膚：皮膚。

【語譯】剝卦第四爻，剝蝕已從床體侵蝕到人體皮膚，有凶險。

【義理】事物遭受剝蝕，已達到危害主體的程度，非常危險。

【案例】長期不當地使用手機，已導致眼睛白內障，需要進行侵入性手術，這就不只是戴眼鏡的問題，而是需要花費更多錢財，還要承擔手術風險的麻煩事。

六五①，貫魚②以宮人③寵，无不利。

【注釋】①六五：本爻處五陰之首，與上九親比，有王后率嬪妃求寵於君王之象。②貫魚：貫串在一起的魚。③宮人：後宮嬪妃。

【語譯】剝卦第五爻，率領著後宮嬪妃們有如貫串的魚般，求寵於陽剛的君王，無所不利。

【義理】事物遭受負面的剝蝕，卻有轉往正面發展的傾向，沒有不利。

【案例】經常使用手機容易傷害眼睛，但是能注意到這個問題，並開始學習正確使用手機的方法，則無所不利。

上九①，碩②果不食，君子得輿③，小人剝廬④。

【注釋】①上九：陽爻處極位，象徵剝蝕至極，尚有一陽之碩果僅存。②碩：大。小為陰、大為陽，故碩果亦指陽爻。③輿：車子。④廬：房舍。

【語譯】剝卦上爻，剝蝕已至盡頭，尚存一息陽氣未被侵蝕，情勢已在轉變，君子能乘車而行，小人則房舍被剝除。

【義理】剝蝕的現象走到盡頭時，正面能量開始得勢，負面能量開始失勢。

【案例】由於視力曾經受到傷害，開始注意如何正確使用手機，情勢於是有了轉變，使用手機的壞處日漸減少，使用手機的好處日漸增加。

（24）復卦

```
▅▅  ▅▅
▅▅  ▅▅
▅▅  ▅▅
▅▅  ▅▅
▅▅  ▅▅
▅▅▅▅▅▅
```

復，亨。出入无疾，朋來无咎。反復其道，七日來
復，利有攸往。

初九，不遠復，无祗悔，元吉。
六二，休復，吉。
六三，頻復，厲无咎。
六四，中行獨復。
六五，敦復，无悔。
上六，迷復，凶，有災眚。用行師，終有大敗，以其
國君凶，至于十年不克征。

　　地雷，復卦。從卦象來看，上卦為地，下卦為雷，合
組成六爻；一陽爻初生於五陰爻之下，有一元復始，陽氣
逐漸復興之象，故名為復卦。卦辭解讀如下：

　　復①，亨。出入无疾②，朋③來无咎。反復④其道
⑤，七日來復⑥，利有攸往。

　　【注釋】①復：回歸、還原。②疾：病、痛苦。③
朋：朋友，指初九陽爻。④反復：反轉回復。⑤道：指陽
剛正道。⑥七日來復：七日為陰陽循環的一個週期，此處

指進行一個週期的回復。

【語譯】回復，亨通。陽氣自內生出，向外擴展，順暢而無病苦，陽剛之友前來，沒有災過。反轉回復陽剛正道，進行一個週期的回復，宜有前往的目標。

【義理】重重陰氣中，陽氣逐漸回復，且持續增長，進入另一次循環，這是一種自然界的現象；就好像冬去春來，晝夜反復一樣。應用到人事上，小自個人財產、健康，大至國家實力的恢復，能掌握住這種循環契機，朝向既定目標邁進，將大爲有利。

【案例】通常，在經濟不景氣之後會逐漸走出谷底，邁向一段經濟復甦的道路。能把握時機進行適當的投資，順勢而爲，相對容易獲利。

初九①，不遠復，无祇②悔，元③吉。

【注釋】①初九：陽爻處五陰之下，象徵復道之始。與六四有應，有遠行之象，由於剛開始復原，故爻辭提示回復幅度不宜太大。②祇：大。③元：大。

【語譯】復卦初爻，回復不要太遠，沒有大的悔恨，大爲吉利。

【義理】重重陰氣中，陽氣剛開始滋長，不要大幅度的回復，宜循序漸進，方爲有利。

【案例】大病初癒，人體各部分機能尚未完全恢復，宜靜養緩補，逐漸恢復元氣。若急著回復而過度運動，飲食上又大補特補，恐怕會適得其反，虛弱的身體未必能夠

承受。○又比如一戶家道中落的人家，子孫卽使有意復興家業，在累積財富的作法上亦不宜操之過急。如果爲了快速積攢錢財，強迫自己過度操勞而傷及身體，或者過度苛扣家用而傷及親人感情，恐怕會得不償失。

六二①，休②復，吉。

【注釋】①六二：本爻居中得正，象徵行事中正。②休：美善、幸福。

【語譯】復卦第二爻，進一步向美善的方向回復，吉祥。

【義理】行事中正，朝美善、幸福的方向回復，則吉利。

【案例】承續前例：復興家業要合法經營，中正處事，不貪贓枉法，不賺黑心錢，如此才能朝美善、幸福的方向回復。

六三①，頻②復，属无咎。

【注釋】①六三：本爻失正，無應，象徵行爲有失。②頻：卽顰，皺眉的意思。

【語譯】復卦第三爻，皺著眉頭回復，有危險但沒有災禍。

【義理】皺著眉，勉強地往正向回復，雖然有中斷的危險，不致有災禍。

【案例】承續前例：經過一段時間刻苦經營，家中已累積相當的財富，家人認爲可以開始好好享樂，家長卻認爲根基還不夠穩固，仍須繼續打拼。有些家人皺眉不樂，甚至頗有怨言；然而，還是順著家長的意志往正向回復，沒有災過。

六四①，中行獨②復。

【注釋】①六四：本爻居五陰爻之中，得正，且是五陰爻之中唯一與陽爻相應者，有獨行之象。②獨：單一。
【語譯】復卦第四爻，行事中庸，單獨地往正向回復。
【義理】行事中正，卽使單獨一人，也堅持往正向回復。
【案例】承續前例：家人都不想克勤克儉的繼續過苦日子，唯獨家長一人堅持適中且正確的做法，持續朝正向發展，厚植經濟實力。

六五①，敦②復，无悔。

【注釋】①六五：陰柔處尊位，得中，有柔中處事之象。②敦：篤厚樸實。
【語譯】復卦第五爻，篤實敦厚地往正向回復，沒有悔恨。
【義理】老實、安分地往正向回復，沒有悔恨。

【案例】承續前例：不貪贓枉法，不投機取巧，老實、安分地經營以積累財富，既可心安理得，也不會有懊惱或悔恨。

上六①，迷②復，凶，有災眚③。用行師④，終有大敗，以⑤其國君凶，至于十⑥年不克⑦征⑧。

【注釋】①上六：陰爻處極位，無應，有迷失之象。②迷：辨識不清。③眚：災難、人禍。④行師：行軍作戰。⑤以：連及。⑥十：盈滿之數。⑦克：能。⑧征：討伐、遠行。

【語譯】復卦上爻，回復至極端時陷入迷途，凶險，有災禍。若用於行軍作戰，終將大敗，並連累國君遭到凶險，甚至十年都沒有征戰的實力。

【義理】回復到最後卻偏離正道，迷失掉原意，將咎由自取，遭致慘痛的教訓。

【案例】承續前例：重振家業，積攢財物，本來是為了家族復興，卻因為執迷於財富的累積而變得罔顧道義、吝嗇自私，或者因為財富分配不當，造成親人不合，甚至家族分裂，最後反而使得家運走向衰敗。

（二）誠意正心

（25）无妄卦

无妄，元亨，利貞。其匪正有眚，不利有攸往。

初九，无妄，往吉。
六二，不耕穫，不菑畲，則利有攸往。
六三，无妄之災，或繫之牛，行人之得，邑人之災。
九四，可貞，无咎。
九五，无妄之疾，勿藥有喜。
上九，无妄，行有眚，无攸利。

天雷，无妄卦。從卦象來看，上卦爲天，下卦爲雷，雷聲驚動於天下，萬物受其震懾，有安分不敢妄動之象，故名无妄卦。卦辭解讀如下：

无妄①，元亨，利貞。其匪②正有眚③，不利有攸往。

【注釋】①妄：非分的、不法的。无妄：不要有非分、不法的想法與作爲。此處指不妄想、不妄爲。②匪：非、不。③眚：災難、人禍。

【語譯】不妄想、不妄爲，可大爲亨通，利於固守。不守正道，則會有人禍，不宜前往。

【義理】不妄想、不妄爲，則能減少人爲的災禍，人生多半能順暢通達。

【案例】古今中外許多災禍都是來自於人的妄想與妄爲。譬如：妄想他人之財而奪之，或妄想他人之妻而誘之，自古情殺、財殺的案件不勝枚舉。讀書在明白道理，非分的、不法的東西就不要妄想而去強求，這樣一生才能夠心安理得，日子也會過得比較平安、順遂。

初九①，无妄，往吉。

【注釋】①初九：陽剛得正，無應，有知止無妄之象。

【語譯】无妄卦初爻，不妄想、不妄爲，如此前往，則吉祥。

【義理】心不妄想，身不妄爲，人生之路就能少些顛簸，多些平順。

【案例】在家庭中或在職場上能夠認清自己的身分，不亂說話，不逾越規矩，生活多半會比較平順。

六二①，不耕穫②，不菑畬③，則利有攸往。

【注釋】①六二：柔中且正，與九五相應，有前行卻處置得當之象。②不耕穫：不在耕種時，就妄想有收穫。

③菑：初耕較貧瘠的新田。畬：開墾過二、三年的熟田。不菑畬：不在開墾新田時，就妄想是已熟的田。

【語譯】无妄卦第二爻，不在耕種時就妄想有收穫，不在開墾新田時就妄想是已熟的田，能夠務實而不妄想，則有利於所前往的目標。

【義理】能夠務實而不妄想，則有利於目標的達成。

【案例】琴、棋、書、畫的技法需要長時間的研習，初學不久就要求有前輩們一樣的成果，如此妄想、攀比，將很容易灰心喪志而自我放棄。反之，能務實地一步步學習，經由不斷地努力，終究會達成自己的理想。

六三①，无妄之災②，或繫③之牛，行人之得，邑人④之災。

【注釋】①六三：陰柔失正，與上九相應，乃前行有災之象。②无妄之災：不妄為卻仍然會有的災禍。③繫：綁拴。④邑人：同鄉或同縣的人。

【語譯】无妄卦第三爻，即使不妄想、不妄為，也會有意料不到的災禍，就好像有人將牛綁在路邊，被路過的人牽走了，結果全鄉的人都被質問搜查，平白無故地惹上麻煩。

【義理】即使不妄想、不妄為，有時也會有無妄之災。

【案例】放學後，王曉梅安分地走在回家的路上，一輛汽車疾駛而過，將路坑中的汙水噴濺到曉梅身上。返家

後，媽媽安慰她說：沒關係，人平安就好，這只是無妄之災。

九四①，可貞，无咎。

【注釋】①九四：陽剛失正，無應，有知止無妄之象。

【語譯】无妄卦第四爻，靜守而不妄爲，可固守，無災過。

【義理】靜守而不妄爲，可無災過。

【案例】公元二〇二〇年初，新冠病毒開始蔓延全世界，至二〇二二年四月中旬，據世界衛生組織統計，將近有五億人染疫，六百多萬人死亡，而全球疫情仍在燃燒。爲了防止病毒感染，除了接種疫苗，出外需要戴口罩、勤洗手、保持社交距離、避免群聚。如果能靜守在家，不隨意外出，更能減少病毒的傳播，避免災禍上身。

九五①，无妄之疾②，勿藥③有喜。

【注釋】①九五：剛中且正，與六二相應，乃有災卻無礙之象。②无妄之疾：不妄爲卻仍然會有的疾病。③勿藥：無須服藥。

【語譯】无妄卦第五爻，卽使不妄爲，也會偶染小疾，不服藥可喜獲痊癒。

【義理】卽使不妄爲，有時也會有無妄之疾，稍加調

理後，多半即可痊癒。

【案例】平日非常注重養生，不酗酒、不嗑藥、不熬夜濫賭、不操勞過度，即使如此，偶而也可能感冒，或扭到手腳；所幸，這些小毛病都可以透過正常的生活飲食及適度的復健運動而獲得康復，基本上無須服用藥物。

上九①，无妄，行有眚，无攸利。

【注釋】①上九：陽剛在極位，失正，與六三相應，有動輒得咎之象。

【語譯】无妄卦上爻，不妄為，有所行動就會有災禍，沒有好處。

【義理】不妄為做到極致，就是要靜守，以免動輒得咎。尤其是在瓜田李下或彼此猜忌的情況下，即使不妄為，只要稍有動作就容易遭到誤解而引來災禍。

【案例】清末四大奇案之楊乃武與小白菜案，事發地點在當時之浙江省餘杭縣。楊乃武乃新科舉人，在家教導房客小白菜讀書識字，雖然兩人並無姦情，卻由於瓜田李下而惹上一場疑似謀殺親夫的刑案。官司纏訟多年，險些丟失性命，幸賴其姊遠赴京城申冤，經刑部公斷，終使沉冤昭雪。楊乃武經歷大堂多次用刑，造成足部永久性傷殘，雖然獲得開釋，卻已是殘疾之身。

科學
方法與
周易
新解：
運用科學方法破解周易謎團

（48）井卦

井，改邑不改井，无喪无得。往來井井，汔至亦未繘
井，羸其瓶，凶。

初六，井泥不食，舊井无禽。

九二，井谷射鮒，甕敝漏。

九三，井渫不食，為我心惻。可用汲，王明，並受其
福。

六四，井甃，无咎。

九五，井冽，寒泉食。

上六，井收，勿幕，有孚，元吉。

水風，井卦。從卦象來看，上卦爲水、爲坎，下卦
爲風、爲木；水下有木，有木桶在井中取水之象，故名井
卦。卦辭解讀如下：

井①，改邑②不改井，无喪无得③。往來井井④，汔
⑤至亦未繘井⑥，羸⑦其瓶⑧，凶。

【注釋】①井：爲取水所挖掘的深洞，亦可作爲動
詞，指自井中汲水。②邑：城鄉、封地。③喪：失去。
得：獲取。无喪无得：指井中水位高度沒有增減。④往來

井井：指人們往來而自井中取水。⑤汔：接近、幾乎。⑥
繘：井繩。繘井：用井繩汲取井水。⑦羸：纏繞、困住。
⑧瓶：古代汲水所用之容器。

【語譯】水井，城鄉的名稱或範圍可以改變，而水井
的位置不會改變，井中水位的高度也不增不減。前來井邊
汲取井水，幾乎要汲取到了，井繩卻纏繞住汲水的瓶子以
致沒取到水，有凶險。

【義理】水井能長時間不變地提供人們生活用水，古
聖賢藉此期許君子，當如水井般長存利益眾生之心，修己
利人。若半途改變，忘卻初心，則有凶險。

【案例】政治人物初踏入政壇時大多抱持著一顆為
民服務的心，加上熱誠及努力，逐漸獲得民眾的支持，多
年後，進而榮登大位，此時正可以施展抱負，造福更廣大
的人群；但是，不少政治人物在得勢後開始撈錢，貪贓枉
法，營私舞弊，完全忘了從政的初心，這樣多半不會有好
下場。

初六①，井泥②不食③，舊井无禽④。

【注釋】①初六：陰柔處下，失正，無應，有位卑無
用之象。②泥：水和土的混合物。③不食：不可食用。④
无禽：沒有鳥獸。

【語譯】井卦初爻，井中汙泥沉積，井水無法食用，
陳舊而無法使用的井，連鳥獸都不來光顧。

【義理】位卑年少，能力不足，有如多泥的井，無法

利益眾生。

【案例】除了從政，懸壺濟世也能造福群眾；然而，剛開始時醫學知識及專業技能不足，還無法為人治病。利人尚須修己，就好像舊井必須先整修好，才能有乾淨的水供人取用。

九二①，井谷②射鮒③，甕④敝⑤漏。

【注釋】①九二：剛中失正，無應，有才德未用之象。②井谷：井中、井底。③射鮒：射取小魚。④甕：一種口小腹大的陶製容器。⑤敝：破舊的。

【語譯】井卦第二爻，井中已有清水，卻用來射井中的小魚，取水的甕破舊且漏水。

【義理】井中有水，未供人取用，卻用來作射魚的遊戲；就好像有才德的人，未利益眾生，卻只是玩樂或誤用在其他事務上。

【案例】某人讀到博士學位，學有專精，正可以大展長才，卻由於性情淡泊，寧願經營小本生意，也不願意出任公職，服務大眾。其實，鐘鼎山林各有天性，每個人志趣不同，確實無法勉強，只是優秀的人才不能為國家所用，是廣大人民的損失。

九三①，井渫②不食，為我心惻③。可用汲④，王明⑤，並⑥受其福。

【注釋】①九三：陽剛得正，與上六有應，有才德獲用之象。②渫：除去汙泥。③惻：悲痛。④汲：自井中取水。⑤王明：指君主賢明。⑥並：一起、同時。

【語譯】井卦第三爻，井水已除去汙泥而潔淨，卻無人飲用，令我感到悲痛。可以從井中取水，君主賢明能加以任用，使臣民能一起享受福澤。

【義理】有才德的君子發願利益眾生，獲得賢明君主的任用，則臣民同受其福。

【案例】工程師也能造福群眾。前行政院長孫運璿畢業於哈爾濱工業大學，二次世界大戰結束，日本人撤離台灣，孫運璿奉派前往修復毀損的電力系統。由於戰爭期間遭到盟軍轟炸，台灣的發電量只剩下原來的四分之一，日本人撤離時預言，三個月後，台灣將會是一片黑暗。孫運璿與幾位工程師，帶領三、四百名工業學校的學生，在五個月內就修復百分之八十的電力，使台灣人民不再受缺電之苦。而後，孫運璿先生更從總工程師、台電總經理陸續升任交通部長、經濟部長、行政院長。此期間曾協助蔣經國總統推動十大建設，規劃半導體等科技政策，成立工業技術研究院及新竹科學園區，不僅是台灣科技產業的主要奠基者，也是台灣經濟成長的重要推手。孫運璿先生得到賢明的領導者任用，實是領導者及百姓之福。

六四①，井甃②，无咎。

【注釋】①六四：陰柔得正，無應，與九五親比，有

修己待用之象。②甃：用磚砌井。

【語譯】井卦第四爻，用磚整修井壁，以備運用，沒有過失。

【義理】君子勤修才德，以待經世濟民，這樣做是對的。

【案例】每當台灣發生重大災難時，除了政府之外，在社會上也有許多善心人士、企業家及宗教團體出來協助救災。有些需要物質援助，有些需要醫療，有些需要身心靈安頓，所有資源總是能夠快速匯集並送往災區。這些有形及無形的實力，常來自於善心團體平日的修習及累積，就好像水井經常要維護好，才能夠隨時供人來使用。

九五①，井洌②，寒泉③食。

【注釋】①九五：陽剛處君位，既中且正，有賢君之象。②洌：清澈。③寒泉：清涼的泉水。

【語譯】井卦第五爻，井水清澈，就像清涼的泉水，可供人飲用。

【義理】有才德的領導者，如清澈的井水，能利益眾生。

【案例】孫中山先生畢業於香港華人西醫書院（卽今香港大學醫學院），原本在澳門、廣州行醫。當時世界列強欺侮中國，而滿清政府顢頇無能，被迫與英、法、日、德等國家簽下割地賠款、喪權辱國的條約，國家瀕臨崩解，人民困苦不堪。中山先生爲了救國救民，於是放棄行

醫，投入有殺身之禍的革命事業。先後成立興中會、同盟會，在海內外召集革命志士。雖然經過十次革命的失敗，終於在一九一一年武昌革命之役中取得重大勝利，而後各省紛紛響應，同年底，推翻滿清政府。次年，創建亞洲第一個民主共和國—中華民國。今天，我們每個人一出生即享有基本的人權及自由，而不必忍受帝王及貴族的統治及剝削，就是受惠於中山先生所建立的民主共和體制。

上六①，井收②，勿幕③，有孚④，元吉。

【注釋】①上六：陰柔得正，處極位，與九三有應，有利人至終之象。②收：收穫、收效。③幕：覆蓋。④孚：信用、信任。

【語譯】井卦上爻，井水利人已收到成效，井口不要覆蓋，維持造福人群的信用，大爲吉利。

【義理】利益衆生已收到成效，須維持誠信繼續造福人群，如此則大爲吉利。

【案例】造福人群方面已取得一定的成效，這時候最忌諱居功自傲，高高在上而與民隔絕。如果能信守承諾，勿忘初心，繼續爲民服務，則大爲吉利。

第八章　更多的卦、爻辭新解

（61）中孚卦

中孚，豚魚吉，利涉大川，利貞。

初九，虞吉，有它不燕。

九二，鳴鶴在陰，其子和之；我有好爵，吾與爾靡之。

六三，得敵，或鼓或罷，或泣或歌。

六四，月幾望，馬匹亡，无咎。

九五，有孚攣如，无咎。

上九，翰音登于天，貞凶。

風澤，中孚卦。從卦象來看，上卦為風，下卦為澤，合組成六爻；其中二陰爻在內，為柔順、為虛，四陽爻在外，為剛毅、為實，象徵內在真誠地虛心受教，表現於外則為信實地遵守承諾。簡而言之，有誠心於內，信實於外之象，故名中孚卦。卦辭解讀如下：

中孚①，豚②魚吉，利涉大川，利貞。

【注釋】①中孚：信發於中、誠信。②豚：小豬。
【語譯】誠信，以小豬、魚這樣薄的祭品來祭祀也會吉祥，能度過如大河般的險阻，宜堅守誠信。

【義理】即使是薄禮，只要是眞心實意的，總會讓人樂於接受。能誠信待人，當遇到困難時，也能彼此眞心扶持，共度難關。

【案例】《史記‧周本紀》記載：周幽王在位時，因寵愛褒姒而廢掉申后及太子，改立褒姒爲后，其子爲太子。由於褒姒不愛笑，幽王於是命人點燃烽火台的煙火，引來各路諸侯前往救援。當諸侯們匆匆忙忙趕到烽火台下卻不見敵寇，褒姒看了忍不住大笑，幽王見褒姒開心，便屢次點燃烽火，最後周幽王的信用盡失，諸侯再也不上當前來。幽王廢掉申后之事令申侯大怒，聯絡犬戎等部落攻打幽王，幽王再度燃起烽火急召救兵，諸侯卻不前來，於是犬戎殺了幽王，擄走褒姒，劫掠京城的財物而去，西周滅亡。後世有些學者懷疑此事的眞實性，即使是編造的故事也可以提醒我們，做人要有誠信。不守誠信的人，誰會跟他眞心作朋友？遇到困難時，誰會與他共度難關？

初九①，虞②吉，有它③不燕④。

【注釋】①初九：陽剛處下，得正，與六四相應，有剛毅守正之象。②虞：安。③它：別的。④燕：安閒、安樂。

【語譯】中孚卦初爻，安守誠信可獲吉祥，心懷他意則不得安樂。

【義理】做人基本上要安分地信守承諾，不守誠信將不得安樂。

【案例】《韓非子》一書中記載著以下的故事：曾子的妻子出門要前往市集，她的兒子哭著一定要跟隨，作母親的說：「你回去吧，等我回來，我們殺豬煮肉來吃。」妻子返家後，曾子抓了豬準備要殺，妻子連忙制止，說：「只是跟小孩開玩笑的。」曾子說：「不能跟小孩開玩笑，他還不懂，會跟著父母學。今天你欺騙他，就是在教他欺騙人。」於是，殺豬煮肉給孩子吃，兌現先前的承諾。子曰：「人而無信，不知其可也！」如果，曾子的妻子不守誠信，孩子必然會哭鬧，甚至怨恨，在這樣的教育下長大，對孩童的心理必然會產生不良的影響。

九二①，鳴鶴在陰②，其子③和④之；我⑤有好爵⑥，吾與爾⑦靡⑧之。

【注釋】①九二：本爻居六三、六四兩陰之下，故言鳴鶴在陰；與九五呼應且同為陽剛處中，故言其子和之；九二、九五誠信相交，有福禍與共之象。②陰：陽光照不到的地方。此處指在困難陰暗的地方。③其子：其同類，指九五。④和：相應。⑤我：指九二。⑥爵：古之酒器，似鳥而三足。此處指酒。⑦爾：你，指九五。⑧靡：分散。此處指分酒而飲。

【語譯】中孚卦第二爻，鶴在陰暗處鳴叫，牠的同類與牠應和；我有好酒，我與你分酒而共飲。

【義理】對於同屬於誠信的人們，彼此要有福同享、有難同當。

【案例】古公亶父是周文王的先祖，古早以前，一大群民眾跟隨著他來到岐山腳下。古公亶父經過觀察及龜卜，認為這是一處定居的好地方，於是大家同心協力拔除雜草，砍除雜樹，墾荒修路，開闢渠道，又建築房屋、宮室與城郭。附近零散的戎夷外族感受到威脅，都自動逃離或遷移。而後，古公亶父很有誠信地規劃田野，給大家分配土地，使得人民都能夠安居樂業。這些故事記錄在《詩經・大雅・緜》。

六三①，得敵②，或鼓③或罷④，或泣⑤或歌⑥。

【注釋】①六三：陰柔失正，與上九有應，然為六四所阻，有得敵之象。②得敵：遭遇到敵人，指六三遇到六四。③鼓：指擊鼓進兵。④罷：指停止不前進。⑤泣：指悲傷哭泣。⑥歌：指歡喜歌唱。

【語譯】中孚卦第三爻，遭遇敵人時，或擊鼓進兵，或停止不進，或悲傷哭泣，或歡喜歌唱，一切視情況而定。

【義理】對於敵對勢力，誠信必須視情況來拿捏。

【案例】春秋時期，宋襄公高舉仁義大旗，希望能繼齊桓公之後，成為春秋霸主。有一次，與楚軍在泓水邊作戰。楚軍人多勢眾，在渡過泓水時，宋國司馬子魚建議，攻擊正在渡河的楚軍，宋襄公未加採納。等到楚軍過河還未擺開陣勢，司馬子魚又建議，趁機出擊雜亂的楚軍，宋襄公也不採納。當時貴族間作戰經常是兩軍對峙，雙方先

佈陣，再叫陣，然後相互衝殺。宋襄公自認為是仁義之師，不應該趁人之危，而應該有誠信地等待對方列陣完成，再採取行動。楚軍兵力優於宋軍，展開攻擊後，勢不可擋，宋軍不敵因而大敗，宋襄公腿部受傷，第二年傷重不治而去世。《史記‧宋微子世家》中的這一則故事，是否值得吾人深思？

六四①，月幾望②，馬匹亡③，无咎。

【注釋】①六四：陰柔得正，既與初九相應，又與九五親比，有誠信而須取捨之象。②月幾望：指六四的位階很高，已接近九五之君位，有如已接近圓滿的月。③馬匹亡：指六四與初九相應的兩匹馬，選擇六四而放棄初九。

【語譯】中孚卦第四爻，接近圓滿的月，配對的兩匹馬失去位階低的一匹，沒有災過。

【義理】接近圓滿的月，指趨向圓滿的高階；若因誠信問題必須取捨，則捨棄不圓滿的低階。換言之，當誠信糾結於對立的兩方時，應不拘小節，而誠信於具有中正屬性之大節的一方。

【案例】甲、乙兩人從小就是好朋友，青少年時期更是經常玩在一起，並結拜為異姓兄弟。隨著年歲漸長，甲步入社會開始工作、養家，而乙的人生卻越走越偏，招搖撞騙，花天酒地，生活相當糜爛。有一段時間，乙經常約甲去酒店、賭場玩樂，導致甲欠下巨額賭債而難以脫身。

所幸，有舅舅出面幫忙償還債務，才平息了一場風暴。經過這次教訓，甲向舅舅承諾痛改前非、重新做人，並答應逐漸與乙疏遠，甚至不再往來。

九五①，有孚攣②如，无咎。

【注釋】①九五：本爻處尊位，剛中得正，與六四親比，有君臣連繫之象。②攣：牽繫。

【語譯】中孚卦第五爻，以中正、誠信連繫眾人，沒有災過。

【義理】領導者行事中正且有誠信，以此維繫眾人的感情，沒有災過。

【案例】戰國時期，秦孝公任命商鞅爲左庶長，準備實施富國強兵的變法。法令都已擬妥，只是尚未公布。由於擔心民眾不相信，於是在南門豎立起一根三丈長的木杆，並且昭告國民，能把木杆移到北門的人，能獲得十金的獎賞。民眾都覺得好奇，卻沒有人敢去搬動。於是又公告，能將木杆移到北門的人能得獎賞五十金。有一個人依照公告把木杆移到北門，果然獲得五十金的獎賞。而後，秦國開始頒布法令，全面實施變法。經過一年，許多人都說新的法令不方便，就連太子也觸犯了法令。商鞅向秦孝公稟報，法令之所以無法施行，主要是因爲上層帶頭犯法，所以一定要依法處置。於是，準備處罰太子。然而，太子是國君的繼任者，不能用刑，所以歸責於太子的老師，便處罰公子虔，並在公孫賈的臉上刺字作爲懲罰。秦

國百姓看到秦孝公的法令是如此的賞罰嚴明、講求誠信，都規規矩矩地遵守。新法實施二十年，使秦國民生富足、兵強馬壯，為日後統一六國大業打下堅實的基礎。以上故事記載在《史記・商君列傳》等文獻中。

上九①，翰音登于天②，貞凶。

【注釋】①上九：陽剛處極位，失正，與六三相應，有失當、過度之象。②翰音：鳥鳴聲。登：上、升。翰音登于天：指鳥叫聲上達於天，遠高過鳥實際所在的位置，比喻名聲已傳播天下且有過度渲染的現象。

【語譯】中孚卦上爻，誠信的美名有如鳥鳴聲上達於天，如此固守則有凶險。

【義理】誠信的美名已傳播天下，由於幾經流傳已有過度誇大、渲染的狀況，這種情形一直持續，則可能引來懷疑、反感、嫉忌、誹謗等負面效果。

【案例】周文王仁德、誠信的美名遠揚在外，許多諸侯前往周地朝拜，伯夷、叔齊兩位有名的賢人也歸向於周。或許是這些美名引起了紂王的注意與猜忌，而後藉故囚禁西伯姬昌（卽文王）於羑里，將近七年。

（三）修身

（15）謙卦

謙，亨，君子有終。

初六，謙謙君子，用涉大川，吉。
六二，鳴謙，貞吉。
九三，勞謙，君子有終，吉。
六四，无不利，撝謙。
六五，不富以其鄰，利用侵伐，无不利。
上六，鳴謙，利用行師，征邑國。

　　地山，謙卦。從卦象來看，上卦為地，下卦為山，山本高於地卻自居其下，有謙沖自牧之象，故名謙卦。卦辭解讀如下：

　　謙①，亨，君子有終②。

　　【注釋】①謙：敬讓而不自大。②終：結局。此處指善終。
　　【語譯】謙讓，可亨通，君子有好的結局。
　　【義理】謙讓的君子可順暢通達，會有好的結局。

【案例】《論語・泰伯》子曰：「如有周公之才之美，使驕且吝，其餘不足觀也已。」意思是說：即使有周公這麼好的才幹，如果驕傲又吝嗇，其他就不必看了。由此可見，驕傲與吝嗇是人生中多麼重大的缺陷啊！在日常生活中，我們也確實可以感受到驕傲自大的人常令人厭惡，而謙讓有禮的人總是比較受到歡迎，也比較容易遇到貴人。其實，人是很脆弱的，實在不必驕傲；即使是曠世奇才，或者位高權重，只要一場重大災病便可以化為烏有。《尚書・大禹謨》云：「滿遭損，謙受益。」比起驕矜自滿，不如謙虛忍讓來得妥當。或許有人認為「謙讓」會不會吃虧？「謙讓」有沒有底線？有句話「吃虧就是占便宜」。有時候，太重視眼前的小名小利，反而會失去長遠的或者重大的利益。至於要謙讓到什麼地步？或許得根據實際狀況，能謙讓就儘量謙讓，就好像謙卦卦象，山本高於地卻自居其下，如果本身是一座山，讓人多取幾方土石又有何妨？

初六①，謙謙君子，用②涉大川③，吉。

【注釋】①初六：陰柔處下，有位卑謙柔之象。②用：以、憑。③涉大川：徒步過河。此處指度過險阻。

【語譯】謙卦初爻，君子謙讓再謙讓，以此來度過險阻，吉祥。

【義理】位階低下的君子要謙讓再謙讓，以此來度過難關。

【案例】某位年輕人經親友介紹進入一家企業，由於家境好、學歷高而顯得有些驕傲，不久，他便發覺自己遭到同事們排擠，很難融入到公司的團隊之中。反觀另一位新進的助理，待人謙虛有禮，因此與同事們相處融洽，工作上有不懂的地方，大家都很樂意地幫助他。

六二①，鳴②謙，貞吉。

【注釋】①六二：陰柔居陰位在二階，得中，有謙柔守中之象。②鳴：聞名、著稱。
【語譯】謙卦第二爻，謙讓的美名傳揚在外，固守謙德則吉利。
【義理】謙讓的美名傳揚在外，仍須堅守中庸、謙讓的美德，會有福報。
【案例】鄧麗君是台灣著名的流行音樂歌手，她的歌聲溫柔、甜美，受到海峽兩岸、香港、日本、韓國、東南亞等地區人民的喜愛。舉凡有華人的地方，就有鄧麗君的歌聲。雖然已經是知名巨星，根據她的一些朋友描述，鄧麗君對人始終是謙和有禮，而且親切大方。或許這也是她一直受到廣大歌迷們喜愛的原因之一。

九三①，勞②謙，君子有終，吉。

【注釋】①九三：陽剛居陽位在三階，與上六相應，有陽剛辛勞且陰柔謙讓之象。②勞：辛勤做事。

【語譯】謙卦第三爻，辛勞又謙讓，這樣的君子會有好的結局，吉祥。

【義理】懂得謙讓，又能辛勤工作的君子，終會有好的結局。

【案例】懂得謙讓，又能勤奮工作的君子，多半會有一定的成就，也會得到他人的敬仰。據說，西伯姬昌（周文王）就是這樣的君子。他在位時，勤政愛民，生活簡樸，經常因爲接待賢士而忘記吃飯時間，也經常下田勞動以身作則來鼓勵農作。不僅如此，他還大力推行禮教文化。當虞、芮兩國因領土糾紛來找西伯評理時，看到周人謙讓有禮的風氣都感覺慚愧，於是自動平息了紛爭。西土小國在西伯姬昌辛勤的領導之下，國勢蒸蒸日上。

六四①，无不利，撝②謙。

【注釋】①六四：陰柔居陰位在四階，有位高而謙柔之象。②撝：誠摯謙卑的。

【語譯】謙卦第四爻，誠摯謙卑的謙讓，無所不利。

【義理】身居高位能發自內心，誠摯謙卑地謙讓，無所不利。

【案例】清代名臣張英，康熙朝進士，通曉《易經》，官至文華殿大學士兼禮部尙書，相當於內閣長官或宰相的職務。雖然他位高權重，但爲官清廉，待人謙和、謹愼。有一年，張英在安徽桐城的家人因爲修建府第，與相鄰的吳姓望族發生地界糾紛，結果鬧上縣衙。縣令考量

到雙方都是有權有勢的家族，遲遲不敢作出最終的判決。張英的家人便修書送往北京，希望張英運用權勢壓制吳府的氣焰。張英在了解情況後，回覆了一封信，信上寫道：

　　千里捎書爲一牆，

　　讓他三尺又何妨？

　　萬里長城今猶在，

　　不見當年秦始皇。

　　家人讀信後，深明大義，遂依照張英的指示，將自家圍牆後撤三尺。吳府得知此事後大受感動，也自動退讓三尺，因而形成一條寬六尺，長約三百尺的巷子。一時之間，「六尺巷」的事蹟便在鄉里間快速傳誦。張英的謙讓是修養，也是智慧，能化干戈爲玉帛，讓「六尺巷」成爲流傳千古之美談。

　　六五①，不富以其鄰②，利用侵伐③，无不利。

　　【注釋】①六五：陰柔居尊位在陽地，得中，有領導者具謙德之象。②不富以其鄰：不以己富而向鄰居炫耀，指謙虛而不驕傲自大。③侵伐：進犯。

　　【語譯】謙卦第五爻，領導者具有執守中道、謙虛而不自大的美德，不向鄰人炫富，以此進犯驕狂者，無所不利。

　　【義理】領導者以謙虛的美德來打擊驕狂之犯上者，無所不利。

　　【案例】領導者謙虛而不自大，通常能得到屬下的

尊敬與支持。然而，有些人天生就驕縱叛逆，喜歡對抗犯上，挑戰領導者的權威；為了維護組織的團結穩定，身為領導者以執守中道、謙虛待人的美德來爭取大眾認同，進而打擊狂妄自大的犯上者，必然會無所不利，獲得眾人的支持。

上六①，鳴謙，利用行師②，征邑③國。

【注釋】①上六：陰柔在上位，與九三相應，有身居上位以謙德征伐驕逆之象。②行師：出兵。③邑：古代大夫或諸侯的封地。此處指城邑、邦國。

【語譯】謙卦上爻，身居上位而謙讓之美名傳揚各地，以此出兵討伐驕逆犯上的城邦。

【義理】身居上位，以謙讓之美德來討伐驕逆犯上的城邦。

【案例】西伯姬昌（即周文王）為西方諸侯之長，阮與共兩個小國皆親附於周。帝辛（紂王）三十二年，強大的密須國侵略阮與共，並且侵入周之領土。西伯聞訊震怒，出兵討伐。次年，密須人將其首領捆綁押解至西伯跟前，並投降於周。以上故事記載在《詩經·大雅·皇矣》及《呂氏春秋·離俗覽·用民》等篇章中。西伯素有仁德、謙讓之美名，不得已使用武力懲治驕縱的犯上者，即使動用武力，絕大多數的人都能夠認同。

（57）巽卦

巽，小亨，利有攸往，利見大人。

初六，進退，利武人之貞。

九二，巽在床下，用史巫紛若，吉，无咎。

九三，頻巽，吝。

六四，悔亡，田獲三品。

九五，貞吉，悔亡，无不利。无初有終，先庚三日，
後庚三日，吉。

上九，巽在床下，喪其資斧，貞凶。

風風，巽卦。從卦象來看，上卦為後、為風，下卦為
前，亦為風，猶如前後不斷吹拂的風，有使草木彎身順服
之象，故名巽卦。卦辭解讀如下：

巽①，小②亨，利有攸往，利見大人。

【注釋】①巽：卑順。②小：稍微。

【語譯】謙卑順從，稍有亨通，宜有所往，宜面見有
權勢或聲望地位的人。

【義理】有求於人時，必須懂得謙卑順從。面對有權
勢或聲望地位的人，自己因有所圖，更須顯得卑下順從，

或許可小有亨通。

　　【案例】春秋末期，吳王夫差的軍隊擊潰越軍，將越王勾踐圍困在會稽山上。勾踐對范蠡說：「我就是沒聽你的話，以至於落到今天的下場，現在該如何是好？」范蠡說：「想要穩定住傾覆的局勢，必須懂得人事的道理，用謙卑的言語及厚重的禮物請求吳王饒命，如果對方不答應，只好將自己賣給對方作為奴僕。」勾踐無奈地說：「好吧。」（《史記・越王勾踐世家》）吳王夫差本想應允，大臣伍子胥卻堅決反對。越國大臣文種只好想辦法買通吳國太宰伯嚭，經過一番遊說，吳王終於答應越國的請求。而後，越王勾踐率領范蠡等三百人黯然前往吳國。在吳國，勾踐為吳王養馬，當吳王乘車駕出行時，勾踐就在前面牽馬，當馬前卒。期間，經常受到吳國君臣的欺壓與凌辱，為了雪恥復國，勾踐謙卑順從，全部都忍了下來。二年多後，吳王有感於勾踐為自己疾病的診斷而親嚐糞便，便對人說：「勾踐這些日子以來，從來沒有忤逆過，或讓我不高興。」於是，釋放勾踐回國。勾踐返國後，臥薪嚐膽，並在眾多賢臣的輔佐下，鼓勵生產，蓄積實力，教育民眾，訓練軍隊。十多年後，終於消滅吳國，洗刷前恥，進而爭取中原霸主的地位。

　　初六①，進退②，利武人③之貞。

　　【注釋】①初六：陰柔居陽位在初階，有位卑、謙順之象。②進退：指應對進退。③武人：指勇武之人，其性

格多勇敢果決。

【語譯】巽卦初爻，應對進退，宜固守勇武者之特質。

【義理】身份卑微，謙順過度，容易進退失據，亂了方寸。面對主上要勇敢果決，表現出適度的謙卑與順從。

【案例】一位年輕的職員單純又老實，主管交給他一份急件明天就要交件。不久，上一層主官也交給他一件事情，後天就要完成。明知道很可能趕不及，卻無所適從，只能都承接下來。其實，謙卑順從不是毫無底限，對於主上交辦的事情，如果實在有困難，要以真實誠懇的態度勇敢果決地回報，以免最後耽誤了事情。

九二①，巽在床下，用史巫②紛若③，吉，无咎。

【注釋】①九二：陽剛居陰位，得中，與初六親比，有卑順趨下之象。②史巫：指祝史和巫師，即古代司祭祀及事鬼神的人。③紛若：多而雜的樣子。

【語譯】巽卦第二爻，謙卑順從到有如身體趴在床下，運用祝史和巫師那樣繁雜認真的方式事上，吉利，沒有災過。

【義理】懂得姿態放低、放軟，勤敏周到地敬事主上，則吉利。

【案例】李蓮英是清朝著名的太監，他服侍主子慈禧太后，忠心耿耿，勤敏周到，慈禧去世，還守孝百日。之後，皇室以保留二品官職的優渥待遇准其退休，這種例子

在整個大清朝是相當罕見的。生活在紫禁城內，伴君如伴虎，除了忠誠勤敏、戒慎恐懼，謙卑順從也是生存的重要法門。

九三①，頻②巽，吝。

【注釋】①九三：陽剛在陽位，爲六四所乘，有不甘卑順之象。②頻：同「顰」，卽皺著眉頭，憂悶不開心的樣子。

【語譯】巽卦第三爻，皺著眉頭，心不甘情不願地謙卑順從，則會有遺憾。

【義理】謙卑順從不是發自內心，只是表面敷衍，終會讓人嫌棄，而引發憾事。

【案例】在軍中，一位士官長仗著自己年齡大、資格老，對於新到任的年輕主管表面服從，卻打心眼裡就不服氣。時間久了，主管發覺這位士官長總是大過不犯，小過不斷，有意在製造困擾，於是開始注意這位士官長的言行，準備找機會拿他來殺雞儆猴。

六四①，悔亡②，田③獲三品④。

【注釋】①六四：陰柔居陰位，與上親比，有卑順親上之象。②亡：消滅、無。③田：同「畋」，卽打獵。④三品：三種等級。此處指所獲獵物，等級上者可爲祭品，中者可宴賓客，下者自己食用。

【語譯】巽卦第四爻，謙卑順從主上，能消除悔恨，且能像打獵獲得各類獵物一樣。

【義理】謙卑順從且親近主上，能消災蒙福，好處多多。

【案例】一位學生在研究所修讀博士，由於指導教授很重視博士論文的品質，所以對學生要求非常嚴格；除了要求廣泛閱讀、構思創意、實際驗證、期刊發表、簡報訓練，對於論文寫作的用詞，章節的安排都必須達到嚴謹的水準。此外，實驗室裡許多雜事也要博士生幫忙處理。為了取得學位，博士生無怨無悔，經常親近指導教授，謙卑地學習，順從老師的指導。多年下來，學術上大有長進，不但順利取得博士學位，更由於老師的推薦，進入一家生技公司從事他最喜歡的研究工作。

九五①，貞吉，悔亡，无不利。无初有終②，先庚③三日④，後庚三日，吉。

【注釋】①九五：陽剛處尊位，得中，與下親比，有領導者剛中、順下之象。②无初有終：指初始不順，卻有善終。③庚：天干之第七位，或指「更」，變更的意思。先庚：指變更前。④三日：指三天或多日。

【語譯】巽卦第五爻，領導人謙卑順從天理民心，如此固守則吉利，可消除悔恨，無所不利。即使開始不順利，變更後，終究會有好的結局，變更前一段時間要多考察，變更後一段時間要多檢討，如此則吉祥。

【義理】領導人要謙卑順從天理民心，對於窒礙難行之處要執守中道，適度地進行變更，發布變更命令前的一段時間要多考察，發布變更命令後的一段時間要多檢討。

【案例】一九四九年中華民國政府自大陸撤退來台，兩岸人民始終保持著不接觸、不來往的狀態。而後，由於兩岸親人分離近四十年，並已開始逐漸凋零，一九八七年，台灣民間開始出現前往大陸探親的聲音。一些民間團體、民意代表及大批榮民相繼請願，時任中華民國總統的蔣經國先生順應民情，更改法令，經審酌再三，於同年十一月二日正式開放返鄉探親，准許在中國大陸有血親、姻親或配偶的台灣民眾前往大陸與親人團聚。這項法令的更改，對分離兩岸的人民來說，是一種德政。

上九①，巽在床下，喪其資斧②，貞凶。

【注釋】①上九：陽剛居陰位，處極地，有卑順過度之象。②資斧：錢財與刀斧。

【語譯】巽卦上爻，卑微順從到極點，有如身體趴在床下，連自身錢財及刀斧都失去，如此堅守則有凶險。

【義理】卑微順從到極點，連自己最基本的生存及防衛物資都放棄，這種毫無原則的謙卑順從會引來災難。

【案例】公務人員講求依法行政。如果主官因個人或單位利益等因素，要求承辦人員偽造文書或虛報假帳等從事違法勾當，承辦人員唯唯諾諾，順從主官到毫無原則的地步，這樣就有如將自己置身於失去法律保障的危險之

中，甚至可能因違法而失去後半輩子賴以維生的退休金。

（58）兌卦

兌，亨，利貞。

初九，和兌，吉。
九二，孚兌，吉，悔亡。
六三，來兌，凶。
九四，商兌未寧，介疾有喜。
九五，孚于剝，有厲。
上六，引兌。

澤澤，兌卦。從卦象來看，澤代表愉悅；上卦爲外、爲澤，下卦爲內、亦爲澤，有內心及外表皆愉悅之象，故名兌卦。卦辭解讀如下：

兌①，亨，利貞。

【注釋】①兌：同「悅」，喜悅、愉悅。
【語譯】愉悅，可亨通，宜固守。
【義理】愉悅，可諸事亨通，宜堅定持守。
【案例】心情愉悅有益於身體健康。古代西方也有相

同的體認，《聖經‧箴言》：「喜樂的心乃是良藥，憂傷的靈使骨枯乾。」除了健康，外顯的愉悅更有助於人際關係的發展。笑臉迎人比擺出一張臭臉、撲克臉或苦瓜臉更受到歡迎。時常以一顆愉悅的心對待別人，無論在做人或處事上都會比較順暢通達。

初九①，和②兌，吉。

【注釋】①初九：陽剛處下，得正，無應，有位卑和悅，止而不進之象。②和：平靜、溫順的。

【語譯】兌卦初爻，平和愉悅地待人，可獲吉祥。

【義理】一般場合，能平和愉悅地對待別人，而不是急躁地企圖取悅於人，則吉利。

【案例】除了喪葬或莊嚴肅穆等特殊的場合外，通常，逢人宜帶三分笑；然而，不是嘻皮笑臉或皮笑肉不笑的那種笑，而是和顏悅色地與人交往。此外，不攀附諂媚，不急著去討好別人，否則會讓對方懷疑，究竟你是有何目的？總之，以平常心和顏悅色地待人，會有較好的人際關係。

九二①，孚②兌，吉，悔亡。

【注釋】①九二：陽剛失正本有悔，得中和悅則有吉象。②孚：信實、誠信。

【語譯】兌卦第二爻，真誠愉悅地待人，吉祥，能消

除悔恨。

【義理】發自內心，真誠愉悅地待人，則吉祥。

【案例】逢人常帶三分笑，但不是虛情假意的、皮笑肉不笑的那一種假笑。人的感覺是很敏銳的，或許自己覺得隱藏得很好，其實經常是騙不了人的。當我們犯錯時，發自內心地陪個笑臉，請求原諒，如果事態不是特別嚴重，多半會大事化小，小事化無。

六三①，來②兌，凶。

【注釋】①六三：陰柔失正，與九四親比，有來悅不吉之象。②來：由遠處移動到近處。

【語譯】兌卦第三爻，前來取悅於己，有凶險。

【義理】對於積極親近，前來取悅自己的，要多加注意，恐帶來禍患。

【案例】對於積極親近，前來取悅自己的人，要多加留意；是彼此有緣一見如故？還是要來推銷產品？尤其對於那種巧言令色、虛假誇大、吹牛拍馬的人更要小心，切莫因為一時的高興而輕易做出失當的承諾。

九四①，商②兌未寧③，介④疾⑤有喜。

【注釋】①九四：鄰近九五，居高位，陽剛失正，與六三親比，有來往失當之象。②商：揣度、思量。③寧：安定。④介：間隔、隔絕。⑤疾：病痛、缺點。

【語譯】兌卦第四爻，居高位，考量與對方愉悅相處卻感覺不安寧，像避開病痛一樣與其隔絕，則有喜慶。

【義理】位階已高，與有問題的人或物接觸來往並不妥當，劃清界線，不相往來，則吉祥。

【案例】不論在政界、學界、工商企業界，身居高位時，特別容易有人前來巴結；或財誘，或色誘，以求利益輸送或關說。仔細思考，與這些人愉悅地來往並不妥當。如果與這些人劃清界線，不相來往，除了能避免官司等災禍上身，也能夠活得心安理得。

九五①，孚于剝②，有厲。

【注釋】①九五：陽剛在君位，得中且正，與上六逆比，有受小人剝蝕之象。②剝：脫落、削蝕。此處指有剝蝕危害的小人或事物。

【語譯】兌卦第五爻，領導人行事中正，卻由衷地喜歡有剝蝕危害的事物或小人，會有危險。

【義理】雖然領導人行事中正，卻真心喜歡有剝蝕危害的事物或小人，還是會有危險。

【案例】東漢靈帝寵愛張讓、趙忠等十二名宦官，即史稱之「十常侍」。十常侍實屬小人，合組成小團體耍弄心機、操弄朝政，不僅迫害忠良，其父兄黨羽更橫行鄉里、欺壓百姓。由於朝綱日益敗壞，正義無處伸張，各地盜賊興起，社會動盪不安。靈帝死，宮內宦官、外戚鬥爭更加激烈，而後董卓帶兵入京，皇帝遭董卓挾持，東漢王

朝已名存實亡。

上六①，引②兌。

【注釋】①上六：陰柔處極位，得正，與九五逆比，有極樂之象。②引：領導、帶領。

【語譯】兌卦上爻，引人極為愉悅。

【義理】引人極為愉悅的事物，不自覺警惕則有害，正確處置則無害。

【案例】《孟子‧告子章句上》告子曰：「食、色，性也。」食與色是人之本性，能給人帶來極大的愉悅。如果能自覺警惕，注意節制與正當性，則有利而無害；如果不加注意而隨心所欲，則可能帶來危害。春秋時期，越王勾踐以金銀珠寶等財物買通吳國大臣，並將西施、鄭旦等美女培訓成眼線後進獻給吳王夫差。眾多財寶及美女確實給吳國君臣帶來極大的愉悅，而吳王夫差卻毫無警覺，只顧享受，最後走上自殺及亡國的道路。

（四）齊家

（31）咸卦

咸，亨，利貞，取女吉。

初六，咸其拇。

六二，咸其腓，凶；居吉。

九三，咸其股，執其隨，往吝。

九四，貞吉，悔亡，憧憧往來，朋從爾思。

九五，咸其脢，无悔。

上六，咸其輔頰舌。

　　澤山，咸卦。從卦象來看，上卦爲澤、爲兌、爲少女，下卦爲山、爲艮、爲少男；少女在上，少男在下，如婚前男子追求女子，而上、下卦之陰、陽爻皆相應，有男女情投意合，相互感應之象，故名咸卦。卦辭解讀如下：

　　咸①，亨，利貞，取②女吉。

　　【注釋】①咸：感應。此處指好的感應。②取：通「娶」，男子迎接女子過門成親。

　　【語譯】好的感應，可亨通，宜固守，娶妻吉祥。

　　【義理】雙方互有好感，能使婚嫁之事順利、成功。此外，人際間交往或組織、企業徵用人才時，也需要雙方互有好感，因此可參考本卦義理而加以運用。

　　【案例】所謂心靈感應，就是心與心的共鳴，愛侶間常會有這種默契。兩個人若彼此相愛就會特別關注對方，喜歡相處在一起，一日不見如隔三秋，時時思念對方，甚至寢食難安，而另一方也會有類似的感應。一對情侶彼此欣賞，相互吸引，又進展到上述難分難捨的境界，則婚事

就容易談成，也爲美好姻緣奠定良好的基礎。

初六①，咸其拇②。

【注釋】①初六：陰柔處下，與九四有應，有初始感
應柔弱之象。②拇：手和腳的大指。此處指感覺較弱的腳
拇指。

【語譯】咸卦初爻，感應其腳拇指。

【義理】初始交往，感應較弱。

【案例】男女交往有時是透過親友介紹，雙方當事人
並不認識，如果不是一見鍾情，就需要一些時間來相互了
解，慢慢培養出感情，那麼一開始雙方的感應比較淺，沒
有那麼強烈，也是正常的。

六二①，咸其腓②，凶；居③吉。

【注釋】①六二：陰柔在二階，居陰位，得中，與
九五有應，下卦爲艮，有宜止不宜動之象。②腓：小腿
肚。此處指好動的小腿肚。③居：住、止。

【語譯】咸卦第二爻，感應其好動的小腿肚，有凶
險；安住靜處，則吉利。

【義理】進一步交往，感應不宜躁進，會有凶險；安
穩靜處，才會順利。

【案例】雙方進一步交往，開始聊天，好奇對方的一
切，總是有聊不完的話題，每次分手都覺得意猶未盡；然

而，在浪漫的約會中過於躁動，對方想要多了解你，你卻急著要上三壘，或直接想全壘打，如此猴急會嚇退對方，甚至覺得你這個人品行不佳，使得原本一樁美事可能告吹。如果能安穩和緩，不給對方太大壓力，慢慢交往，自然會水到渠成。

九三①，咸其股②，執③其隨④，往吝。

【注釋】①九三：陽剛在三階，居陽位，與上六有應，與六二親比，有感應不專一之象。②股：大腿。此處指較敏感的大腿。③執：捉拿、抓握。④隨：跟從。此處指六二，卽小腿肚。

【語譯】咸卦第三爻，感應其大腿，又抓握小腿肚，如此交往會有遺憾。

【義理】更進一步交往，卻腳踏兩條船，感應不專一，終究會有遺憾。

【案例】雙方感情進展到一定程度時，就不會只貪圖眼下短暫的歡愉，而會希望能長久的在一起。這時候還想腳踏兩條船，或堅持不願為婚姻而放棄某些事物，如此感情不專一，則這段交往可能會以失敗收場。

九四①，貞吉，悔亡②，憧憧③往來，朋④從爾⑤思。

【注釋】①九四：陽剛在四階，居陰位，與初六有

應，卻遭九三阻隔，有感應遭阻擋之象。②亡：消滅、失去。③憧憧：往來不停的樣子。④朋：友人。此處指初六。⑤爾：你、汝。此處指九四。

【語譯】咸卦第四爻，堅守相互感應則吉利，悔恨會消失，持續保持來往，友人會順從你的心思。

【義理】與對方的交往受到他人阻攔，只要堅持互有好感，保持不停的來往，精誠所至，金石為開，終究會如你所願。

【案例】男女雙方情投意合，但是，有一方的家長因為門第不相當而堅決反對。這時候，不要為此而與對方爭吵，傷了原本美好的感應；反而要繼續與對方交往，堅守雙方的感情。精誠所至，金石為開，你的專情終會感動對方，從而達成你的心願。

九五①，咸其脢②，无悔。

【注釋】①九五：陽剛處君位，得中，與六二有應，卻遭九三及九四阻隔，有感應不足之象。②脢：背脊肉。此處指感覺遲鈍的背脊肉。

【語譯】咸卦第五爻，感應其遲鈍的背脊肉，沒有悔恨。

【義理】在上者與在下者交往，阻礙重重，感應遲鈍，當然也不至於有所悔恨。

【案例】男女交往，由於社會地位相差懸殊而遭到家人阻攔，不容易見面。即使見面，也因為生活習慣及價

值觀不同而無法產生認同感與良好回應。雙方感應索然無味，又覺得前途阻礙重重還不如分手，只怪雙方無緣，沒什麼好悔恨的。

　　上六①，咸其輔頰舌②。

　　【注釋】①上六：陰柔處上位，與九三有應，卻遭九四及九五阻隔，有口頭淺薄感應之象。②輔頰舌：臉頰及舌頭。此處指有口無心的臉頰及舌頭。
　　【語譯】咸卦上爻，感應其臉頰及舌頭。
　　【義理】雙方感應是有口無心，只是嘴巴說說。
　　【案例】男女雙方交往卻不來電，沒有什麼特殊感應，即使勉強見面，也只是有口無心，虛應一下故事。

（32）恆卦

　　恆，亨，无咎，利貞，利有攸往。

　　初六，浚恆，貞凶，无攸利。
　　九二，悔亡。
　　九三，不恆其德，或承之羞，貞吝。
　　九四，田无禽。
　　六五，恆其德，貞婦人吉，夫子凶。

上六，振恆，凶。

雷風，恆卦。從卦象來看，上卦爲外、爲雷、爲長男，下卦爲內、爲風、爲長女；長男在外，長女在內，有如婚後男主外、女主內之夫婦倫常，且上、下卦之陰、陽爻皆相應，有鸞鳳和鳴，長相廝守之象，故名恆卦。卦辭解讀如下：

恆①，亨，无咎，利貞，利有攸往。

【注釋】①恆：長久的、不變的。此處指恆久不變的心意。

【語譯】恆久不變的心意，事可亨通，無災過，宜固守，宜有前往的目標。

【義理】有確定的目標，堅守恆久不變的心，則事可亨通。

【案例】男女婚後抱持長相廝守、恆久不變的心意，婚姻路上便能同甘共苦，度過考驗，朝向白頭偕老的目標邁進。恆卦所強調「恆久不變的心意」也適用於一般事物的追求，所謂「有恆爲成功之本」。孫中山先生有推翻滿清、創建民國的目標，湯瑪斯・愛迪生（Thomas Alva Edison）有研究發明電燈、留聲機的目標。雖然他們都經歷過許多失敗，但是透過持之以恆，不斷地努力，最後都能有所成就。

初六①，浚②恆，貞凶，无攸利。

【注釋】①初六：陰柔處下，居陽位，與九四有應，與九二親比，有捨近求遠之象。②浚：深掘。

【語譯】恆卦初爻，初始即深掘求取恆久不變的心意，堅持如此則有凶險，沒有益處。

【義理】初始時，無須急著要求恆久不變的心，沒有好處。

【案例】男女婚後抱持著長相廝守的心本是好事，但是在做法上如果急躁，三不五時就要求對方發誓，反覆地承諾恆久不變的心意，最後反而令人厭煩，甚至引發口角。與其如此，不如努力經營婚姻，讓愛情逐漸累積為恩情與親情，或許比口頭空泛的承諾更加珍貴。

九二①，悔亡。

【注釋】①九二：陽剛居陰位，得中，與六五有應，與初六親比，有顧此失彼之象。

【語譯】恆卦第二爻，恆久不變的心不專一，本應有悔恨，然行事中庸而使得悔恨消失。

【義理】恆久不變的心不專一，可能會顧此失彼，適中而行才沒有悔恨。

【案例】男女婚後雖然抱持著長相廝守的心意，但是在做法上卻不專一；丈夫專注於事業，妻子專注於子女，彼此疏忽了對方的需要，長期下來容易產生問題。如果能

夠不偏執而行中道，事業與家庭、子女與丈夫能彼此兼顧，相信婚姻的路上會更加順利、美滿。

　　九三①，不恆其②德，或承③之羞④，貞吝。

　　【注釋】①九三：陽剛居陽位，與上六有應，有躁動而不專一之象。②其：指九三爻，代表剛正。③承：接受。④羞：污辱、難堪。
　　【語譯】恆卦第三爻，不能恆久保持其剛正的德性，或許會承受羞辱，堅持如此會有所遺憾。
　　【義理】不能恆久保持剛正的德性，或許會遭到羞辱或遺憾的事。
　　【案例】男女婚後雖然有著長相廝守的心意，在實際做法上卻禁不住外在的誘惑，喜歡逢場作戲、偷腥嘗鮮。凡走過必留下痕跡，一旦東窗事發，恐在家人、親友、同事間烙下深刻印象，嚴重損害自己的形象。

　　九四①，田②无禽③。

　　【注釋】①九四：陽剛居陰位，與初六有應，與六五逆比，有終無所獲之象。②田：同「畋」，打獵。③禽：鳥或鳥獸的總稱。
　　【語譯】恆卦第四爻，像獵取不到鳥獸一樣而終無所獲。
　　【義理】恆久不變的心若不專一，將終無所獲。

第八章
更多的卦、爻辭新解

　　【案例】男女婚後雖然有長相廝守的心意，在實際做法上卻無法放棄酗酒或濫賭的習慣，由於屢勸不聽，對酗酒或濫賭也抱持著恆久不變的心意，如此可能會導致婚姻失敗，最終落得失婚的下場。

　　六五①，恆其②德，貞婦人吉，夫子③凶。

　　【注釋】①六五：陰柔居陽位，得中，與九二有應，與九四逆比，有行事柔中之象。②其：指六五爻，代表柔中。③夫子：古代對男子的尊稱。
　　【語譯】恆卦第五爻，恆久保持其柔中的德性，堅守在婦人則吉利，男子則凶險。
　　【義理】恆久保持柔中的德性，女子吉利，男子凶險。
　　【案例】女子在家操持家務，若始終保持著行事中庸，柔和對待丈夫及家人，則家庭多半會和樂、吉祥；男子在外經營事業，若始終顯得柔弱而缺乏陽剛氣魄，則容易受到欺壓。

　　上六①，振②恆，凶。

　　【注釋】①上六：陰柔居陰位，處極地，與九三有應，有靜極而動搖之象。②振：抖動、搖動。
　　【語譯】恆卦上爻，動搖恆久不變的心意，有凶險。
　　【義理】恆久不變的心產生動搖，則有凶險。

【案例】男女婚後原本有著長相廝守的心意，卻由於婚姻經營不善，甚至發生外遇，因而對婚姻產生半途而廢的想法，如此的夫妻關係就會面臨嚴峻的考驗。

（37）家人卦

家人，利女貞。

初九，閑有家，悔亡。
六二，无攸遂，在中饋，貞吉。
九三，家人嗃嗃，悔厲吉，婦子嘻嘻，終吝。
六四，富家，大吉。
九五，王假有家，勿恤，吉。
上九，有孚，威如，終吉。

風火，家人卦。從卦象來看，上卦為上、為外、為風、為木，下卦為下、為內、為火；木在上而火在下，猶如木樑下有爐灶；木在外而火在內，猶如木屋內有爐火，均有家人聚居之象，故名家人卦。卦辭解讀如下：

家人①，利女貞。

【注釋】①家人：家庭中的成員。

【語譯】一家人，有婦女固守則有利。

【義理】婦女固守著家，對一家人都有利。同理，賢臣、良將固守著國家，對君主及國人都有利。因此，除了針對家庭，本卦卦、爻辭義理亦可延伸應用於國家。

【案例】本卦卦辭主要在強調家庭主婦的重要。有句話說：「如果媽媽不在了，這個家很容易就散掉。」家庭主婦有母愛的天性，很自然地會照顧著、凝聚著家人。家人是我們生命中非常重要的有緣人，從小密切接觸，利害與共，相互影響，相互扶持。如果家庭和樂，家人就會是我們人生中很重要的一張王牌，而主婦在家庭中始終扮演著關鍵性的角色。

初九①，閑②有家，悔亡。

【注釋】①初九：陽剛處下，得正，與六四有應，有初為人夫，行事得當之象。②閑：柵欄。此處指設立柵欄等阻絕設施，以保障家人的居住安全。

【語譯】家人卦初爻，設置柵欄以保有家人，能消除悔恨。

【義理】初為人夫，當安置居所，以保障家人的生命及財產安全。

【案例】初為人夫，最基本的就是要準備房屋，並做好防風、防雨、防偷、防盜等設施，以提供家人一個安全、舒適的家。即使是鳥類也知道要選擇高枝來築巢，以保障母鳥與雛鳥的安全。能盡一切努力把這件事情做好，

才不會在日後發生問題時而有所悔恨。

　　六二①，无攸遂②，在中饋③，貞吉。

　　【注釋】①六二：陰柔在二階，居中得正，與九五有應，有初為人婦，行事得當之象。②无攸遂：無所成就。③中饋：在家中掌管飲食之事。
　　【語譯】家人卦第二爻，無所成就，在家中掌管飲食之事，如此固守則吉利。
　　【義理】初為人婦，不追求外界的成就，在家中掌管家人的飲食，固守以上做法則吉祥。
　　【案例】初為人婦，在家中照顧好家人的飲食起居，使丈夫無後顧之憂而能盡全力去面對外在的競爭與挑戰。夫妻適當分工，對家庭長遠的發展會有很大的幫助。

　　九三①，家人嗃嗃②，悔厲吉，婦子嘻嘻③，終吝。

　　【注釋】①九三：陽剛在三階，得正，有久為人夫，行事得當之象。②嗃嗃：嚴酷的樣子。③嘻嘻：喜笑自得的樣子。
　　【語譯】家人卦第三爻，一家人生活嚴肅規矩，雖然有悔恨與危險，最後會吉祥。如果妻子及兒女成天嘻鬧，終究會有遺憾。
　　【義理】人夫治家，寧可稍嚴而不宜鬆散，以免沒有規矩或失去家教。

【案例】家中丈夫剛正，對於子女教育、家庭開支等要求嚴格卻合乎情理，家人們或許會感覺不滿，甚至引起爭執，然而日子久了，會逐漸習慣或是諒解，最後還是吉祥。反之，家庭教育鬆散，家用開支浮濫，到頭來可能會造成許多遺憾。

六四①，富家②，大吉。

【注釋】①六四：陰柔在四階，得正，與初九有應，與九五親比，有久為人婦，上下和諧，行事得當之象。②富家：使家庭富裕。

【語譯】家人卦第四爻，使家庭富裕，大為吉利。

【義理】人婦持家，上下和諧，使家庭富足、興旺，大吉大利。

【案例】俗話說：「家和萬事興。」家中妻子賢良，與公婆、丈夫、子女相處融洽，全家人團結在一起，共同奮鬥，家庭自然愈來愈富足，愈來愈興旺。

九五①，王假②有家，勿恤③，吉。

【注釋】①九五：陽剛處君位，既中且正，與六二有應，有領導者行事中正之象。②假：借用、憑藉。③恤：憂慮。

【語譯】家人卦第五爻，君主憑藉其中正的德行而保有家國，無須憂慮，必然吉利。

【義理】君主憑藉其中正的德行而保有家國。同理，家長憑藉其中正的德行而保有其家。

【案例】國家有賢臣、良將，卻由於角色、立場不同，意見也會有所分歧；賢明的君主能站在中間立場，公正地處理問題，使矛盾得以化解，嫌隙不致擴大，臣民對國家就會保有一定的向心力。家庭也是如此，家長能夠中正持家，也能凝聚家人的向心力。

上九①，有孚，威如②，終吉。

【注釋】①上九：陽剛失正，處極地，有長者由失轉正之象。②威如：有威嚴的樣子。

【語譯】家人卦上爻，有誠信，有威嚴，終究會吉祥。

【義理】家中長者言行信實可靠，很有權威，終究會吉祥。

【案例】家中長者言行信實可靠，很有權威。當家人遇到困難而彷徨失措時，長者有如一盞明燈，經常能提供指引。當家人意見不合而爭執不下時，長者以其威望能居中協調解決。所謂「家有一老，如有一寶。」家庭中有這樣的長者，可說是全家人之福。

（38）睽卦

睽，小事吉。

初九，悔亡，喪馬，勿逐自復；見惡人，无咎。

九二，遇主于巷，无咎。

六三，見輿曳，其牛掣，其人天且劓，无初有終。

九四，睽孤，遇元夫，交孚，厲无咎。

六五，悔亡，厥宗噬膚，往何咎？

上九，睽孤，見豕負塗，載鬼一車，先張之弧，後說之弧，匪寇婚媾；往，遇雨則吉。

　　火澤，睽卦。從卦象來看，上卦爲火，下卦爲澤；火勢向上，澤水向下，背向而行，有背離不合、分道揚鑣之象，故名睽卦。卦辭解讀如下：

　　睽①，小事②吉。

　　【注釋】①睽：背離、不合。②小事：小代表陰柔，大代表陽剛，小事指以陰柔的方式來處理事情。
　　【語譯】背離，陰柔行事則吉祥。
　　【義理】人心背離之時，宜用陰柔的方式來處理。睽卦緊隨家人卦而來，故睽卦所指之背離應與家人有關。尤

其是子女在青春叛逆期，開始有自己的主見，很容易與父母或兄弟姊妹意見不合，甚至引起爭執，嚴重的可能會有離家出走的念頭。因此，睽卦主要在探討家人產生背離時之因應對策。廣義來說，睽卦相關義理亦可作為一般人際關係處理之參考。

【案例】人與人之間，有時候會因為誤會或是意見不合而逐漸疏遠，甚至不相往來。在群體中，如果發生成員心生背離的狀況，作為領導者可優先考慮用溝通、勸說、談判、安撫、鼓勵等陰柔的手段來加以挽回；反之，用指責、打罵、脅迫、強制等陽剛的手段則可能產生反效果。

初九①，悔亡，喪馬，勿逐自復②；見惡人③，无咎。

【注釋】①初九：陽剛處下，無應，有無法溝通之象。②復：返回。③惡人：壞人。此處指心存恨意的人。

【語譯】睽卦初爻，悔恨會消失，丟失了馬匹，勿急著去追，牠自己會回來；會見那心懷恨意的人，沒有災過。

【義理】人與人之間產生疏離或背棄，此時要先冷靜下來，無須急著挽回，宜寬緩以對，再徐圖良策，才不會產生悔恨；如果能與對方保持聯繫，則可以讓事情留有轉圜的餘地。

【案例】親子之間，有時候會因為管教問題而使得雙方關係變得緊張。尤其是子女進入青春期後，對於功課、

交友、家務及生活習慣等要求會有不同的意見，甚至引起爭執，嚴重的可能會有離家出走的狀況；這時候，身為家長的要先冷靜下來，切勿急著計較是非對錯，宜寬緩以對，再徐圖良策，才不會讓事態更加惡化。同時，不管是否會離家出走，父母中要有人扮演白臉，能與子女保持溝通與聯繫，讓事情在未來能有轉圜的空間。

九二①，遇主②于巷，无咎。

【注釋】①九二：陽剛居陰位，得中，與六五有應，有放軟身段、持中溝通之象。②主：主要的當事人。此處指六五爻。

【語譯】睽卦第二爻，在巷子裡與主要當事人會面，沒有災過。

【義理】人心背離之時，如果能姿態放軟，站在中間立場，私下與當事人溝通，或許能化解分離的危機。

【案例】如前例，當子女心生背離時，扮演白臉的家長可以嘗試將姿態放軟，私下與子女進行溝通。溝通的目的在尋求共識，而私下的場合較能坦誠交流，也比較能消除對抗心理。良好的溝通要站在中間、客觀的立場，用同理心來看待問題，能表達並理解雙方的感受及需要，在合乎情、理、法的範圍內儘量包容及尊重子女的看法，以利達成共識。

六三①，見輿②曳③，其牛④掣⑤，其人⑥天⑦且劓

⑧，无初有終。

【注釋】①六三：陰柔居陽位，與上九有應，有軟中帶硬、持續溝通之象。②輿：車輛。③曳：拖拉。④其牛：指六三，遭九二、九四的牽拖。⑤掣：牽制。⑥其人：指六三，遭九二、九四的傷害。⑦天：古代在人額頭上刺字的刑罰，即墨刑。⑧劓：古代割去鼻子的刑罰。

【語譯】睽卦第三爻，看見車子被拖拉，牛也被牽制住，人則受到刺額、割鼻的刑罰，起初不順利，最後有好的結局。

【義理】人心產生背離，如果能不畏險阻，持續不斷地溝通，雖然可能遭遇阻抗或傷害，最後仍然可能化解歧異。

【案例】如前例，當子女心生背離時，私下與子女溝通卻難以達成共識，有如牛車遭遇到拖拉、牽制等阻抗，甚至遭到子女頂嘴、抗辯等有失顏面的傷害，起初不順利，然而經由思辯導引等方式的勸說，終究能動之以情，說之以理，圓滿達成共識，化解背離的危機。

九四①，睽孤②，遇元夫③，交孚④，厲无咎。

【注釋】①九四：陽剛居陰位，無應，有難以溝通之象。②孤：單獨。③元夫：大丈夫。④交孚：互相信任。

【語譯】睽卦第四爻，背離而孤獨，遇到剛強的大丈夫，彼此誠信相待，雖然危險卻沒有災過。

【義理】背離而孤獨，雖然個性剛強不容易溝通，彼此卻保有基本的信任，情況看似緊張，假以時日仍有機會化解。

【案例】子女心生背離，由於親子雙方個性剛毅木訥，不擅溝通，情況看似緊張，只要不讓事態更加惡化就可以靜待時機以作改善。如果發現子女不小心生病或有急難事故需要幫助時，身爲父母的可以即時伸出援手，給予溫暖的支持，讓子女相信父母嘴巴不說，內心卻始終關愛著自己。這種信任心理有助於化解嫌隙，使親子關係往良性發展。

六五①，悔亡，厥②宗③噬膚④，往何咎？

【注釋】①六五：陰柔處君位，得中，與九二有應，有柔中、溝通之象。②厥：其、他的。此處指九二。③宗：家族、宗親。此處指初九。④噬膚：咬柔軟的皮膚。此處指像咬柔軟的皮膚一樣容易。

【語譯】睽卦第五爻，人心背離時，以柔中溝通的方式來處理，悔恨會消失，他的宗親則像咬皮膚一樣容易解決，用這種方法去做，有什麼災過呢？

【義理】人心背離時，能站在中間立場，以柔順、溝通的方式來處理，比較能解決問題，並且能減少後遺症。

【案例】幸福的婚姻需要靠夫妻雙方努力來經營，而外遇、家暴、長期虐待、長期貧病、性生活不協調、家務分工、子女教育、婆媳關係、濫賭、酗酒、毒癮等問題

都可能引發家庭危機。一旦發生問題，一方鬧著要離婚，這時，與其使用暴力或強制脅迫等陽剛手段，不如採取認錯、道歉、彌補過失、溝通、協商等陰柔的手段來謀求解決。必要時，甚至尋求長輩或公正的社福機構協助處理。透過這種溝通、協商的方式，一來可以尋求雙方共識，使問題獲得解決，二來子女及相關親友也容易隨同接受，不至於產生太多的後遺症。

上九①，睽孤，見豕②負塗③，載鬼④一車，先張之弧⑤，後說⑥之弧，匪寇婚媾；往，遇雨⑦則吉。

【注釋】①上九：陽剛居陰位，處極地，與六三有應，雖背離至極仍有望溝通之象。②豕：豬。③負塗：身上都是汙泥。④鬼：人死後的靈魂或對人的蔑稱。此處指陰邪的鬼怪。⑤弧：木弓。⑥說：通「脫」，解脫。⑦雨：地面水氣上升而後自天空降落的水滴。此處指上下能相互溝通。

【語譯】睽卦上爻，背離而孤獨至極，看見沾滿汙泥的豬，載著鬼怪的車往前奔來，起先拉滿了弓要射，而後鬆脫了弓觀察，不是盜匪，是來求婚配的；前去，遇到雨則吉利。

【義理】人心背離至極，對方的一切動作都令人猜忌，卽使是善意前來，也認為對方是心懷鬼胎，看起來就像是汙穢齷齪的豬，帶領著一群鬼怪，本來想要與之對抗，卻發覺對方沒有惡意；如果前往，像地氣與雲雨般地

上下交流、相互溝通，則有助於化解背離的情勢。

　　【案例】家人的感情由於一方偶發的外遇而陷入擾嚷不安的危機。夫妻間的信任徹底瓦解，彼此猜疑，相互防備，經過長時間的冷戰，雙方都感覺疲累。理虧的甲方有意釋出善意，帶領著親友前來和解，卻被乙方懷疑其別有居心而冷眼回拒；然而，經過觀察，乙方發覺對方確實是有誠意，如果雙方能保持交流與溝通，則家庭危機就有希望獲得化解。

（五）治國

（03）屯卦

屯，元亨，利貞。勿用有攸往，利建侯。

初九，磐桓，利居貞，利建侯。

六二，屯如，邅如，乘馬班如，匪寇，婚媾，女子貞不字，十年乃字。

六三，即鹿无虞，惟入于林中，君子幾，不如舍，往吝。

六四，乘馬班如，求婚媾，往吉，无不利。

九五，屯其膏；小貞吉，大貞凶。

上六，乘馬班如，泣血漣如。

水雷，屯卦。從卦象來看，上卦爲水、爲險、爲後，下卦爲雷、爲動、爲先；動而後有險，故宜靜不宜動，有屯駐積聚之象，故名屯卦。卦辭解讀如下：

　　屯①，元亨，利貞。勿用②有攸往③，利建侯④。

　　【注釋】①屯：駐紮、積聚。②勿用：不可有所作爲。③有攸往：有所往。此處指有前往的目標。④建侯：建設諸侯國。

　　【語譯】屯駐積聚，可大爲亨通，宜固守屯積之事。不大力施展於所要前往的遠程目標，宜先建設諸侯國。

　　【義理】屯積實力，把國家先建設好。對於遠程的目標，暫時不要大力開展。本卦相關義理可用於治國，亦可引申應用於成家、立業等事情上。

　　【案例】周文王之先祖古公亶父當年在豳地，因不堪戎狄長年侵擾，乃率衆渡過漆水、沮水並越過梁山，來到岐山腳下（今陝西岐山縣一帶）。經由龜卜顯示此地是塊寶地，於是砍伐雜樹、丈量土地、開墾農田、修築道路、構築城郭、興建宮室，人民勤奮工作，倉廩逐年充實，國勢日益強盛，遂改國號周。這段時期，周人之重點在建設國家，而平定天下的遠程目標尚未開展，此即爲屯卦之寫照。以上事蹟記錄在《詩經·大雅·緜》等文獻中。

　　初九①，磐桓②，利居③貞，利建侯。

【注釋】①初九：陽剛處下，得正，與六四有應，進則入上卦坎險，故爻辭提示徘徊勿進。②磐桓：同「盤桓」，徘徊、逗留的意思。③居：住、處。

【語譯】屯卦初爻，徘徊流連，宜固守安居不進，宜建設諸侯國。

【義理】安居勿進，先蓄積實力，把自己的根基打穩。

【案例】古公亶父之先祖公劉率領著眾人，攜帶乾糧及弓箭戈矛，騎馬遷移至豳（今陝西彬縣、旬邑一帶）。公劉登上山頭又下至原野，仔細觀察地勢及水源，認定此處適宜居住，於是在此開墾農田、引水灌溉、丈量並分配土地。來歸者不斷增加，百姓住滿河岸兩側，物產日益豐足，於是建都於此，成立國家。這些事蹟記錄在《詩經·大雅·公劉》，而《史記·周本紀》亦言「周道之興，自此始也。」

六二①，屯如，邅如②，乘馬班如③，匪④寇⑤，婚媾⑥，女子貞不字⑦，十年乃字⑧。

【注釋】①六二：陰柔在二階，既中且正，與九五有應，進則入上卦坎險，故爻辭提示屯駐勿進。②邅如：前進困難，難行不進的樣子。③班如：排列成班。④匪：非、不是。⑤寇：盜匪。⑥婚媾：婚配、嫁娶。⑦字：女子出嫁。⑧十年乃字：經過十年女子才答應出嫁。此處指經過很長時間，待本身體質強健後，才答應與人結盟或合

作。

【語譯】屯卦第二爻，屯駐積聚，難行不前進。騎馬排列成班，不是盜匪，是來求婚配，女子堅持不嫁，十年後，才同意出嫁。

【義理】屯積實力而不躁進，有前來尋求合作的人，由於自己實力不足，所以婉拒，待實力堅強後才予以同意。總而言之，累積實力的階段要堅定自己的目標，不受外來的誘惑而改變自己的步調。《逸周書·文傳》：「有十年之積者王，有五年之積者霸，無一年之積者亡。」

【案例】元朝末年，民心思變，在「驅除胡虜、恢復中華」之民族大義號召下，各地抗元勢力興起，卻也彼此激烈競爭。朱元璋採取浙東名士朱升「高築牆、廣積糧、緩稱王」的謀略，蓄積實力，不輕易出戰。等到時機成熟，才逐一擊潰陳友諒、張士誠、方國珍諸部，奠定北上掃除元軍、建立明朝的基礎。

六三①，即②鹿无虞③，惟④入于林中，君子幾⑤，不如舍⑥，往吝⑦。

【注釋】①六三：陰柔在三階，失正，無應，有行事失當之象。②即：接近，此處引申為捕捉。③虞：古代掌管山澤鳥獸的官吏。④惟：但是。⑤幾：此處指見機行事。⑥舍：捨棄。⑦吝：遺憾、羞愧。

【語譯】屯卦第三爻，前往捕捉野鹿卻沒有掌管山林的官員陪同，但是進入樹林中，君子見機行事，感覺不如

放棄，繼續前往會有所遺憾。

【義理】進入林中打獵，如果沒有專業人士引導，非但不容易捕獲獵物，還可能迷路而發生憾事。因此，謀求事業有成，需要專業人才的輔助。

【案例】治理國家或者平定天下都需要專業人才輔佐才能夠成功。如果沒有優秀的人才出謀劃策、穩妥施政，非但難以達成目標，還可能會引發民怨、失去民心。因此，本爻特別強調人才的重要性。

六四①，乘馬班如，求婚媾，往吉，无②不利。

【注釋】①六四：陰柔在四階屬高位，得正，與初九有應，有禮賢下士之象。②无：無。

【語譯】屯卦第四爻，騎馬排列成班，欲求婚配，前往則吉祥，無所不利。

【義理】屯積有形物資之外，人才也需要積聚。主動前往求取賢才，大為有利。

【案例】殷商末期，紂王暴虐無道，而周文王素有仁德之名，更對外廣招賢才。許多賢士都前來依附，除了有南宮适、散宜生、閎夭、太顚、鬻熊、辛甲之外，周文王還禮賢下士，在渭水邊與姜尚（姜太公）相談甚歡，並以車駕親迎入宮，禮聘為軍師。這些賢臣在滅商興周的大業上確實都能發揮所長，作出卓越的貢獻。

九五①，屯其②膏③；小貞吉，大貞凶。

【注釋】①九五：陽剛處君位，既中且正，與六二有應，有下施恩澤之象。②其：他的。此處指九五。③膏：恩澤。

【語譯】屯卦第五爻，積累領導人的恩澤；堅持小施恩惠則吉祥，堅持大施恩惠則凶險。

【義理】除了積聚物資及人才之外，積累領導人的恩澤以獲取民心也很重要，宜小施恩惠，不宜大施恩惠。

【案例】君主施給人民好處，可以積累恩澤，獲取民心，但是要有限度。如果把屯積的物資大部分發放給人民以博取民眾歡心，萬一發生水災、旱災或兵災，造成糧食嚴重短缺，屆時將何以因應？因此，累積恩澤當量力而為。小施恩惠則小耗損，可得吉利；大施恩惠則大耗損，易有凶險。

上六①，乘馬班如，泣血②漣如③。

【注釋】①上六：陰柔得正，處極地，無應，有屯積至極而反轉成空之象。②泣血：無聲痛哭而淚如血湧，形容極度的悲傷。③漣如：流淚不止的樣子。

【語譯】屯卦上爻，騎馬排列成班，因傷心流淚而哭紅了眼。

【義理】「物極必反」是自然界一種常見的現象，當屯積豐足到極點時，有可能會反轉成空。

【案例】自公劉遷移至豳（今陝西彬縣、旬邑一帶），歷經數代之經營，傳至古公亶父時，因戎狄侵擾日

益嚴重，被迫與親信們騎上馬，領著百姓出走，以圖另覓安身之地。回首觀望，歷代苦心經營的產業將轉眼成空，面臨此情此景，通常人都會悲從中來，傷心流淚而難以自已。時至公元二〇二一年五月，美國宣布自阿富汗撤軍，塔利班部隊隨卽以迅雷不及掩耳之勢，快速攻佔阿富汗大部分城鎮。許多百姓因畏懼塔利班勢力而紛紛逃往國外，人們忍痛放棄辛苦積累的房地、家產，只爲了能苟全性命於亂世。

（07）師卦

師，貞丈人吉，无咎。

初六，師出以律，否臧凶。

九二，在師，中吉，无咎，王三錫命。

六三，師或輿尸，凶。

六四，師左次，无咎。

六五，田有禽，利執言，无咎。長子帥師，弟子輿尸，貞凶。

上六，大君有命，開國承家，小人勿用。

地水，師卦。從卦象來看，上卦爲地，下卦爲水；水滲入地下，猶如藏兵於民，有兵衆之象，故名師卦。卦辭解讀如下：

師①，貞丈人②吉，无咎。

【注釋】①師：兵衆、軍隊。②丈人：古代對老年男子的尊稱。此處指歷練豐富、老謀深算的年長者。

【語譯】軍隊，堅持任用老謀深算、歷練豐富的年長者，吉利，沒有災過。

【義理】任用老謀深算、歷練豐富的年長者來率領軍隊，比較牢靠。

【案例】《孫子兵法》云：「兵者，詭道也。故能而示之不能，用而示之不用，近而示之遠，遠而示之近。利而誘之，亂而取之，實而備之，強而避之，怒而撓之，卑而驕之，佚而勞之，親而離之。攻其無備，出其不意，此兵家之勝，不可先傳也。」從以上之論述我們知道，軍事謀略與戰爭成敗有密切之關係，而善用軍事謀略非有賢將不足以達成。此外，衝動急躁且缺乏經驗的人來統領軍隊，很容易將部隊帶入死亡的陷阱，而老謀深算、歷練豐富的人治軍嚴謹，用兵謹慎，比較能贏得最後的勝利。所謂「千軍易得，一將難求」，優秀的將領不容易獲得。周文王拜姜子牙為太師時，姜子牙已年過七十。周武王繼位後，仍拜姜子牙為軍師，尊其為「師尚父」。在武王伐紂的戰爭中，姜子牙統領大軍擊潰殷紂王的部隊，商朝滅亡。在《太公兵法》中有一段談論「將才」的敍述：「太公曰：將不仁則三軍不親，將不勇則三軍不銳，將不智則三軍大疑，將不明則三軍大傾，將不精微則三軍失其機，將不常戒則三軍失其備，將不彊力則三軍失其職。故將者

人之司命，三軍與之俱治、與之俱亂。得賢將者兵彊國昌，不得賢將者兵弱國亡。」由此可見，將領的選任是多麼重要。

　　初六①，師出以律②，否③臧④凶。

　　【注釋】①初六：陰柔處下，失正，無應，有行事失當之象。②律：法令、規則。此處指軍隊的法規、紀律。③否：不。④臧：善。

　　【語譯】師卦初爻，出兵作戰要有紀律，軍紀不良則有凶險。

　　【義理】出兵作戰首先要求紀律，軍紀不良必有災殃。

　　【案例】行軍作戰如果沒有紀律，則與烏合之衆或土匪流寇有何差異？一般而言，成立軍隊的目的主要是保國衛民、安定家邦，如果沒有紀律，部隊將如一盤散沙，如何凝聚戰力以抵禦外侮？因此，軍隊最基本的要求就是要有良好的紀律。

　　九二①，在師，中吉，无咎，王三錫命②。

　　【注釋】①九二：陽剛在二階，爲本卦唯一之陽爻，得中，失正，與六五有應，有受命爲將帥之象。②王三錫命：君王三次賜予詔命。此處指受到君王正式重用爲命官。

【語譯】師卦第二爻，主將在軍中持守中道則吉利，無災過，君王三次賜予詔命，重用為正式命官。

【義理】軍隊主將要正式任命，治軍須不偏不倚，嚴守中道。

【案例】兵眾聚集，人多口雜，將領主事宜謹守中道。言行適中而不偏頗，處事折中而不偏執，待人則立場居中而不偏聽也不偏信，如此則有助於軍隊之治理。此外，主將受到君王正式任命，既可以激勵忠誠士氣，也可以提高主將在軍中之威望。相傳漢高祖劉邦曾經構築「拜將壇」，舉行儀式拜韓信為大將軍。而後，韓信佈署十面埋伏陣勢，殲滅敵兵無數，迫使西楚霸王項羽在烏江自刎，進而協助劉邦取得天下。

六三①，師或輿尸②，凶。

【注釋】①六三：陰柔在三階，失正，與上無應，與下逆比，有勢孤力單且行事失當之象。②輿尸：用車載運屍體。此處指傷亡慘重。

【語譯】師卦第三爻，或許會有用車載運屍體的嚴重傷亡及挫敗，有凶險。

【義理】軍隊處危厲之境，勢孤力單又行動失策，容易遭受嚴重的傷亡及挫敗。

【案例】本爻位處三階，根據《易傳・繫辭下》：「三多凶。」有軍隊處境危厲之象。此外，陰爻在陽位而失正，與上無應，與下逆比，更有勢孤力單，行動失當，

易遭挫敗之象。軍隊面臨這種情境，要多加警惕，行動尤需謹慎。

六四①，師左次②，无咎。

【注釋】①六四：陰柔在四階，得正，無應，有行事柔順得宜之象。②左次：後退駐紮、退守。
【語譯】師卦第四爻，軍隊後退駐紮，沒有災過。
【義理】統帥部隊應順應情勢，當退則退，保留實力，沒有災過。
【案例】本爻位處四階，根據《易傳・繫辭下》：「四多懼。」顯示軍隊處此位階尤須戒慎恐懼。此外，陰爻在陰位得正，與下無應，有苦無外援、順應情勢、行動得宜之象。因此，軍隊面臨這種情境，當謹慎評估，該撤退就撤退，以保存實力，所謂「留得青山在，不怕沒柴燒」。

六五①，田有禽②，利執言③，无咎。長子④帥師⑤，弟子⑥輿尸，貞凶。

【注釋】①六五：陰柔處君位，得中，失正，與九二有應，有君主行事柔中，然或有所失之象。②禽：指鳥類，或鳥獸的總稱。③執言：發表意見或提出建議。④長子：年齡最大的兒子。⑤帥師：率領軍隊。⑥弟子：年幼的人、學生。

【語譯】師卦第五爻，田地中有鳥獸侵入，宜提出驅趕的建議，沒有災過。指派年齡最大的兒子統帥軍隊，年輕的弟子將用車輛裝載大量屍體，堅持這樣做會有凶險。

【義理】敵人已進犯我領土，我方可名正言順地出兵討伐，沒有過錯。不任用老謀深算的年長者，而指派年齡最大的兒子統帥軍隊，將會有嚴重的傷亡，堅持這樣做則凶多吉少。

【案例】一九四一年十二月七日日本偷襲珍珠港，造成美軍重大傷亡。經媒體報導後，引發全美譁然。次日，羅斯福總統赴美國國會報告，請求對日宣戰，隨即獲得國會及廣大民意的支持，此即為「田有禽，利執言，无咎。」的寫照。至於爻辭後段「長子帥師，弟子輿尸，貞凶。」則與卦辭「貞丈人吉」形成對比。畢竟，長子並非丈人，不任用老謀深算、歷練豐富的年長者，而指派缺乏歷練的長子為主將，在面對殘酷且詭詐多變的戰場考驗時，只怕是凶多吉少。

上六①，大君②有命③，開國④承家⑤，小人勿用。

【注釋】①上六：陰柔處極地，得正，無應，有用兵至極之象。②大君：天子、君王。③有命：指獲有天命。④開國：創建國家。此處指建立周朝及分封諸侯。⑤承家：繼承家業。此處指繼承文王等祖先的志業。

【語譯】師卦上爻，天子獲有天命，開創國家，繼承家業，小人則不予任用。

【義理】從《周易》作者的角度而言，用兵的終極目標是建立周朝及分封諸侯，繼承文王等祖先的志業。當國家創立時，不可任用小人，以免國家基業日漸遭受小人的剝蝕。

【案例】武王翦除殷商，建立周朝，是得到上天允許而獲有天命的天子。除了分封諸侯，創建新的國家（如：封姜子牙於齊、封周公旦於魯、封召公奭於燕、封畢公高於畢、封叔鮮於管、封叔度於蔡、封叔處於霍、封叔武於郕、封叔振鐸於曹、封紂王之子武庚於殷地、封神農之後於焦、封黃帝之後於祝、封帝堯之後於薊、封帝舜之後於陳、封大禹之後於杞……等），也繼承了文王討伐紂王之志業。有鑑於小人如蛀蟲，會逐漸侵蝕國家之基業，因此對於有功的小人可授予財帛、珍寶等作爲獎賞，卻不可任用爲命官。

（16）豫卦

豫，利建侯，行師。

初六，鳴豫，凶。

六二，介于石，不終日，貞吉。

六三，盱豫，悔；遲，有悔。

九四，由豫，大有得；勿疑，朋盍簪。

六五，貞疾，恆不死。

上六，冥豫成，有渝无咎。

雷地，豫卦。從卦象來看，上卦爲雷、爲動、爲後，下卦爲地、爲順、爲先；順而後動，有順其性而動則萬物欣悅之象，故名豫卦。卦辭解讀如下：

豫①，利建侯，行師②。

【注釋】①豫：歡喜、快樂。②行師：用兵。

【語譯】歡樂，有利於建設諸侯國，對外用兵。

【義理】順應民心則人民歡樂，願意配合行動。這個道理可以運用在建設國家或出兵作戰等事情上。黃老之術崇尚「順乎自然、無爲而治」，與本卦義理有異曲同工之妙。如果能順應人民的需要，則人民會歡喜地配合行動，感覺不出政府有強制的作爲，事情很自然地就能夠順利完成。引申至動物、植物等自然界，乃至人文社會亦是如此，順其性而爲，事物皆能順暢地發展。

【案例】《詩經・大雅・緜》中描述：古公亶父率領著流離失所的民眾來到岐山腳下，經由實地勘察及龜卜顯示，該處是安居樂業的好地方。於是，民眾歡天喜地展開勞動；墾荒、開渠、起屋、造房、構築高大的城郭及宮廟，有的鏟土入筐，有的投土上牆，有的築版打夯，有的削平凸牆，成百道牆一起構築，隆隆聲、嘭嘭聲，群眾嘈雜工作的聲音蓋過了鼓聲。野草、雜木都拔除，道路修得

寬大又平整，附近散居的昆夷族人都紛紛遷離而不敢靠近。從以上的文字我們可以感受到，百姓滿心歡喜地投入建設。爲什麼？因爲「安居樂業、豐衣足食」是民之所欲；能順應民心，採取行動，施政就會順暢通達。

初六①，鳴②豫，凶。

【注釋】①初六：陰柔處下，失正，與九四有應，有失當而名聲遠揚之象。②鳴：發出聲音。此處指名聲遠揚。

【語譯】豫卦初爻，歡樂的名聲遠揚在外，有凶險。

【義理】喜好尋歡作樂則容易荒廢事業，名聲傳揚在外則容易引來貶抑或侵伐。

【案例】獨樂與衆樂不同。與民同樂是衆樂，衆樂容易帶來向心力，可以運用在組織、團體的發展上。獨樂是自我娛樂，過度地尋歡作樂容易荒廢學業或事業，名聲傳揚在外只有壞處，沒有好處。

六二①，介②于③石，不終日④，貞吉。

【注釋】①六二：陰柔在二階，得中且正，無應，有歡樂得宜之象。②介：耿直。③于：好像、如。④終日：一整天。

【語譯】豫卦第二爻，個性耿直如石，不會整天沉迷於歡樂，固守則吉祥。

【義理】個性耿直，行事中庸。既能享受歡樂，也能堅守原則，不沉迷其中，則吉祥。

【案例】有些人個性耿直、不苟言笑，但是欣逢喜事時也能配合大家一同歡樂，卻不習慣長時間沉迷其中。像這樣能夠不整天沉迷於歡樂，基本上就沒有太大的危害。

六三①，盱②豫，悔；遲，有悔。

【注釋】①六三：陰柔在三階，失正，無應，與九四親比，有迎合媚上尋歡作樂之象。②盱：睜眼直視、仰望。

【語譯】豫卦第三爻，仰望上意尋歡作樂，會有悔恨；悔悟得太晚，會有更大的悔恨。

【義理】迎合長上一同尋歡作樂，時間久了會出問題；悔悟得太晚，會有大的遺憾。

【案例】《史記·佞幸列傳》記載：李延年因犯法受到宮刑，而後在宮中負責養狗。有一天，平陽公主向漢武帝提起李延年的妹妹善於舞蹈，武帝召見後甚為喜愛，將其納入後宮，之後稱李夫人，生昌邑王劉髆。其兄李延年因長於音律、歌唱，且能創作、編曲，也頗得武帝歡喜。此外，李延年善於逢迎奉承、娛樂皇帝，而後成為武帝的男寵，與皇上夜晚共寢，早上同起，身分顯貴非比尋常。日子久了，態度也變得驕縱起來。李夫人去世後，皇上對李延年的喜愛逐漸冷淡。隨後，李延年及其弟李季犯了與宮人淫亂的罪，遭漢武帝下令誅殺全族。

九四①，由②豫，大有得，勿疑，朋③盍④簪⑤。

【注釋】①九四：陽剛在四階屬高位，失正，與初六
有應，與六三親比，有與眾陰同歡之象。②由：緣故、緣
由。③朋：友人。④盍：何不、聚合。⑤簪：古代用來固
定頭髮的頭飾。盍簪：指友人相聚。

【語譯】豫卦第四爻，有緣由的歡樂，可大有所獲，
不要猜疑，與朋友聚合。

【義理】眾人喜樂的事，可以集合眾人一起去完成。

【案例】《詩經・大雅・靈臺》記載：周文王計劃要
建靈臺，並且說這件事不急。可是老百姓好像子女一樣，
自動趕來工作，沒有多久就把工作完成了。設置靈臺的園
林中有肥壯的母鹿，有羽毛潤潔的白鳥，美麗的池沼中滿
是魚在跳躍。此外，配備有大鼓、大鐘，優美的鼓聲、鐘
聲令人歡樂而流連忘返。孟子在《孟子・梁惠王》中評論
道：「文王以民力爲臺爲沼，而民歡樂之，謂其臺曰靈
臺，謂其沼曰靈沼，樂其有麋鹿魚鱉。古之人與民偕樂，
故能樂也。」總而言之，與民同樂能深得民心，能帶領百
姓去做百姓喜歡的事，事情就可以順利地完成。

六五①，貞疾②，恆③不死。

【注釋】①六五：陰柔處君位，得中，失正，無應，
有失當卻能守中之象。②疾：小病。③恆：長久、經常。

【語譯】豫卦第五爻，固守安樂的毛病，卻能把持中

科學
方法與
周易
新解：運用科學方法破解周易謎團

道，可長久不滅亡。

【義理】雖然堅持人生要享受歡樂，卻能把持中道而有所節制，因此可避免敗亡。

【案例】有些人認為人生就是要享樂，這樣生活才有樂趣，然而過度享樂可能對心志、學習、財富、健康、事業等方面都會有不利的影響；如果懂得節制，避免玩物喪志，則既可以享受人生，也不會因享樂而受到嚴重的傷害。

上六①，冥豫②成，有渝③无咎。

【注釋】①上六：陰柔處極地，得正，無應，有過度享樂而能改正之象。②冥：幽暗、深沉。冥豫：沉迷於歡樂。③渝：改變。

【語譯】豫卦上爻，沉迷於享樂的情況已經形成，有所改正才能沒有災過。

【義理】玩物喪志、過度享樂的情況必須改正，唯有如此才能免除過失及災禍。

【案例】《史記・殷本紀》記載：殷商末期，紂王寵愛妲己，修建花園，構築酒池、肉林，讓男女裸身在其間追逐嬉戲，通宵達旦盡情玩樂，以致荒廢了政事。祖伊、微子等忠臣陸續前往勸諫，紂王非但不聽，還殺比干，廢商容，因而大失民心。由於紂王始終不知悔改，到最後，兵敗國亡，自焚而死。

（18）蠱卦

蠱，元亨，利涉大川；先甲三日，後甲三日。

初六，幹父之蠱，有子，考无咎，屬終吉。

九二，幹母之蠱，不可貞。

九三，幹父之蠱，小有悔，无大咎。

六四，裕父之蠱，往見吝。

六五，幹父之蠱，用譽。

上九，不事王侯，高尚其事。

山風，蠱卦。從卦象來看，上卦爲山，下卦爲風；山下有落葉、水分積滯，長年容易形成瘴癘毒氣，如果有風則可將其掃除，故山下有風乃除蠱之象，因而取名蠱卦。卦辭解讀如下：

蠱①，元亨，利涉大川；先甲②三日③，後甲三日。

【注釋】①蠱：毒蟲、毒物。此處指存在於組織或團體中之毒害。②甲：天干的第一位，常用於排序第一的代稱。甲日爲舊曆每旬的第一天，古人以天干計日，政令多選定甲日頒布實施。③三日：三天。由於三也代表多數，故亦可指多日。先甲三日：甲日前三日或多日。此處指政

令實施前的一段時間。

【語譯】掃除毒害，可大獲亨通，有利於度過困難險阻；在政令實施前的一段時間及後一段時間要有配套措施。

【義理】團體中存在之積弊陋習或頑劣份子有如毒害，適時加以掃除則有利於團體之健康發展，而由於體質獲得改善，將更有能力接受困難之挑戰。通常，積弊存在已久，盤根錯節，一時難以清除，所以除弊的手法要特別細緻，需要在政令實施之前、後採取一些配套措施。本卦所謂之毒害，廣義而言，可包括有形及無形之毒害；內自不良之思想、心性，外至不良之習慣，乃至團體中之頑劣份子、貪腐等積弊陋習，舉凡對於團體或個人有害之事物均屬之。本卦義理亦可運用在個人陋習之檢討，常見的有：做事拖拖拉拉、生活奢侈浪費、不守時經常遲到等，嚴重的有：吸毒、嗑藥、酗酒、濫賭等，如果將陋習去除，對於未來之發展必然大有助益。

【案例】殷紂王喜愛飲酒，曾造酒池、肉林以為享樂，而殷商臣民普遍也嗜好飲酒。周公攝政後，顧慮到這種陋習容易讓人喪失道德、犯上作亂，甚至造成亡國，所以在《尚書・周書・酒誥》中指示康叔要在衛國，也就是殷商遺民舊居之地，實施限酒令。規定在祭祀天地、祖先或孝敬君主、父母等特定情況下才可以飲酒。由於殷商遺民嗜酒之積弊已深，一時間難以更改，因此限酒令如何貫徹執行是施政上的一大考驗。記得一九九七年台灣實施「騎乘機車須戴安全帽」的規定，實施之前為了讓民眾了

解相關規定並宣導交通安全知識，所以先有一段時間是「宣導期」，政令頒布後，有一段時間是「勸導期」，勸導還不習慣的機車族要儘快進入狀況，勸導期過後才執行裁罰。對於這種積習難改之事宜有配套措施，事前多宣導，事後多勸導，才不會搞得民怨四起，使施政陷入進退維谷的窘境。

初六①，幹②父之蠱③，有子，考④无咎，屬終吉。

【注釋】①初六：陰柔處下，有小輩除弊之象。②幹：做、處理。③幹父之蠱：處理父輩所遺留的毒害。④考：老父或已故之父。

【語譯】蠱卦初爻，處理父輩所遺留的毒害，有這樣的兒子，父親沒有災過，雖然有危險，最後還是吉祥。

【義理】由於男子多在外工作，故所謂父輩所遺留的毒害多半與國家組織、社會機構有關。後輩處理國家或社會組織中前輩所遺留下來的弊害，可以彌補前人的過失。除弊過程中或許會遭遇不小的阻抗，雖然有些風險，但是合理的改革終究會獲得大多數人的肯定與支持。

【案例】和珅是中國歷史上有名的貪官，由於其忠心事主且善於逢迎，所以甚得乾隆皇帝寵愛，即使和珅有貪歛錢財的風評，乾隆在世時也沒有人深加追究。然而，乾隆一駕崩，嘉慶帝即召和珅進宮守靈，以隔絕其與外界黨羽之聯繫。隨後以洩密、瀆職、巨斂錢財等罪名賜和珅自縊並抄沒其家產。從貪腐的角度而言，和珅確實是一條長

年敗壞朝廷風氣的毒蟲。嘉慶帝掃除父輩所遺留的毒物，雖然有遭到反噬的風險，由於事前縝密規劃，事後安撫群臣，所以沒有產生動亂等危害。往上追溯，雍正之賜死年羹堯、康熙之擒拿鰲拜，都是在清除父輩所遺留驕妄之權臣，也都在事前經過秘密佈署，在事後清除其殘餘勢力，以求克盡全功。

九二①，幹母之蠱②，不可貞。

【注釋】①九二：陽剛在二階，陽居陰位，得中，與六五有應，有除弊應及母輩之象。②幹母之蠱：處理母輩所遺留的毒害。

【語譯】蠱卦第二爻，處理母輩所遺留的毒害，不可一昧地堅持。

【義理】由於母輩多在家庭中主持家務，故所謂母輩所遺留的毒害多半與家庭或家族有關。晚輩處理母輩所遺留的弊害，由於牽涉到親情，且家庭中除了講理也要講情，處理上更要講求中道，所以針對某些弊害可以視情況睜一隻眼、閉一隻眼，沒必要堅持嚴辦到底。

【案例】迷信可說是一種積弊陋習，雖然可以給人一種盲目的信心，但是也可能因為這種盲目的信心而導致或大或小的災難。身為母親總是關愛自己的子女及家庭，每年為家人求平安符、點平安燈、安太歲等，雖然有迷信之嫌，卻對家人生活及家庭經濟沒有太大妨礙，如此就沒有必要堅持己見去否定母親的做法。

九三①，幹父之蠱，小②有悔，无大咎。

【注釋】①九三：陽剛在三階，陽居陽位，有剛毅除弊之象。②小：稍微。

【語譯】蠱卦第三爻，處理父輩所遺留的毒害，稍有悔恨，沒有大的災過。

【義理】剛毅果決地處理國家或社會中的毒害，或許會小有悔恨，卻沒有大的災過。

【案例】國安局特勤人員利用公務出入境方便走私香菸是長久以來的積弊陋習，經媒體批露後，引起大眾廣泛的議論與撻伐。掃除這項積弊，有賴個性剛正不阿的主事者以剛毅果決的態度來加以整頓，雖然會擋人好處，招來不滿而略有悔恨，但會贏回團體組織的尊嚴，不再爲人所詬病。

六四①，裕②父之蠱，往見吝。

【注釋】①六四：陰柔在四階屬高位，陰居陰位，有陰柔過度而未能除弊之象。②裕：寬容。

【語譯】蠱卦第四爻，寬容父輩所遺留之毒害，長此以往會發生遺憾的事。

【義理】對於國家或社會中存在之弊害，採取寬容的方式來處理，時間久了，就會出問題。

【案例】酒後開車是台灣社會中存在已久的問題。早年取締及裁罰較爲寬鬆，因此酒駕事故頻傳，且有愈來愈

嚴重的趨勢，造成許多不幸的家庭。而後，經由多次修法提高罰則，警方更列為每年重點取締項目，近年來，酒駕肇事及傷亡人數開始呈現下降的趨勢。顯然地，對於酒駕這種陋習，如果採取寬鬆的方式來處理，問題就會愈來愈嚴重。

六五①，幹父之蠱，用譽②。

【注釋】①六五：陰柔處君位，得中，陰居陽位，與九二相應，有所應者多譽之象。②譽：美好的名聲。

【語譯】蠱卦第五爻，處理父輩所遺留的毒害，可用榮譽的方式。

【義理】領導者用榮譽的方式來處理國家或社會中存在的弊害。

【案例】早年公務機構中存在著人情關說的作法也是一種積弊陋習。尤其在用人方面，透過私人關係進用一些親友或其子女等，久而久之，形成冗員過多或者出現劣幣驅逐良幣的情形。有朝一日，必須面臨組織精簡的棘手問題時，如何來貫徹執行？有一種方式就是派遣沒有人情包袱的新任主官來接手，原單位主官則以榮退或榮調的方式來處理，大家保持顏面，各自有上下台階，讓工作交接能夠順利完成。

上九①，不事②王侯，高尚③其事④。

【注釋】①上九：陽剛處極地，陽居陰位，有除弊已盡之象。②不事：不服事、不從事。③高尙：清高、高潔。④其事：此處指處理毒害這件事。

【語譯】蠱卦上爻，不爲王侯工作，以彰顯處理毒害這件事是清高的工作。

【義理】除弊這件事做完後就功成身退，以表明動機是純正、清高的，並不是爲了謀一己之利。

【案例】掃除毒害是一件容易得罪人的事，難免會招來批判，說除弊是拿他們來開刀，眞正的目的是藉機謀取個人利益。爲了表明除弊的動機是純正的、清高的，並不是爲了謀一己之利，有一種做法就是在除弊任務完成後毅然辭去公職，以杜悠悠之口。除弊這件事究竟該不該做？自可由世人公評。

（19）臨卦

臨，元亨，利貞。至于八月有凶。

初九，咸臨，貞吉。

九二，咸臨，吉，无不利。

六三，甘臨，无攸利。既憂之，无咎。

六四，至臨，无咎。

六五，知臨，大君之宜，吉。

上六，敦臨，吉，无咎。

地澤，臨卦。從卦象來看，上卦為地，下卦為澤；水澤邊上高聳的土地有如懸崖，有居高臨下之勢，故名臨卦。卦辭解讀如下：

臨①，元亨，利貞。至于八月有凶②。

【注釋】①臨：由上往下看。引申為上對下之視察、管理的意思。②至于八月有凶：來到八月有凶險。此處以時令來比喻天候入秋有陰氣漸盛，陽氣漸衰，霜寒將至的景況。

【語譯】上級視導、管理下級，可大為亨通，宜固守上下之形勢。到八月入秋時，陰氣漸盛、陽氣漸衰，將有凶險。

【義理】「居高臨下」是一種形勢，有利於領導、管理下級，可大為亨通，而職位、名望、輩份在高位的形勢宜謹慎固守。不過，日子久了情勢會有所改變，所謂「十年河東，十年河西」，不同時期須面對不同的挑戰。本卦義理適用於政府機關、民間機構、社團組織，甚至家庭之管理。六爻則進一步闡述不同位階之領導統御術。

【案例】唐玄宗李隆基儀表堂堂、才能出眾、善謀略、有膽識，取得政權後，前三十年，英明果斷，知人善任，用姚崇、宋璟等能臣為相，革新朝政，勵精圖治，使國家政治、經濟、文化實力都達到高峰，史稱「開元盛世」。然而，唐玄宗在位後期，開始沉迷享樂，怠忽政務，除了聽信寵妃讒言，還重用李林甫、楊國忠、安祿山

等小人任事。宦官高力士多次勸諫玄宗，愼防大權旁落，失去君威。無奈朝政日益昏亂，安祿山、史思明造反，非但使得唐朝國勢由盛轉衰，也造成朝廷內上下易位，太子肅宗得勢登上大位，玄宗失勢被軟禁在太極宮內，抑鬱而終。

初九①，咸②臨，貞吉。

【注釋】①初九：陽剛處下，得正，與六四有應，有剛正感應之象。②咸：感應。

【語譯】臨卦初爻，用剛正之德感召的方式來治理下屬，固守則吉利。

【義理】管理部屬不能僅憑職位高、權力大，還要懂得領導統御之術；尤其是帶領技術含量較高的單位，腦力、經驗、技術不是單靠官位高，下達命令就可以激發出來的。領導者以自身剛毅、端正的德行去感化部屬，就是一種運用感召力的領導方式。

【案例】某位年輕人剛從軍校畢業，抽籤分發到部隊，雖然他的軍階比士官長或戰士們都高，但是資歷與經驗卻相對甚淺，在一些資深的士官長眼中就看這個毛頭小伙子要如何來領導大家？僅憑著官威頤指氣使，並不能讓部屬心悅誠服，因此而產生陽奉陰違、虛應故事，甚至暗中搞鬼的事情也不足爲怪，最後搞得團隊離心離德，氣氛冰冷緊張，這不是很好的領導方式。相反的，爲了與屬下搏感情，大家稱兄道弟把酒言歡，甚至貪小便宜接受餽

贈，這樣雖然會得到一些兄弟的支持，卻會讓更多的部屬看不起，因此也不是很好的領導方式。年輕軍官初下部隊，應該認清自己的職位與權責，雖然經驗不足，但凡事多預先設想，多向同僚請教，臨場指揮時，才能夠剛毅、果斷，不致猶豫不決而顯得軟弱且缺乏自信。此外，私生活也要檢點，雖然要親近下屬，卻不能有失儀態。做人正派、處事公正，以剛正的德行博取部屬的尊敬，必然有助於領導、管理工作之推展。

九二①，咸臨，吉，无不利。

【注釋】①九二：陽剛在二階，失正，得中，與六五有應，有剛中感應之象。

【語譯】臨卦第二爻，用剛中之德感召的方式來治理下屬，吉祥，無所不利。

【義理】用剛毅、中庸的德行去感化部屬，也是一種運用感召力的領導方式。

【案例】領導人除了剛毅、正派之外，執守中道也非常重要。面對部屬時，言語要適中而不偏激；因為偏執於某一方的言論就容易引起另一方的反彈，對於管理來說，就是自找麻煩。在處理部屬間之爭訟時也要嚴守中間立場，不偏袒任何一方。不偏聽偏信、不厚此薄彼，以剛中的德行來領導部屬，屬下多半會心悅誠服。

六三①，甘②臨，无攸利。既憂之，无咎。

【注釋】①六三：陰柔在三階，失正，無應，下卦主爻有歡愉卻失當之象。②甘：甜美的。

【語譯】臨卦第三爻，用甜頭取悅的方式來治理下屬，沒什麼好處，既然擔憂如此不妥當，就不會有災過。

【義理】用甜頭取悅的方式來治理下屬，未必有利。要思考當讚美或利誘失效時，該如何領導部屬？能事先想清楚，就能避免災過。

【案例】用口頭取悅或利益誘導的方法來領導部屬，確實是一種常見的領導方式。但是，物質資源有限，不能任何事都要靠讚美或利益才能推動。何況有些人自命清高，不求名利，只在混日子，這樣對團隊士氣也會有不良影響。所以，領導統御之術除了誘之以利外，動之以情、說之以理、震之以威怒都應列入考慮。

六四①，至②臨，无咎。

【注釋】①六四：陰柔在四階屬高位，得正，與初九有應，有親下得宜之象。②至：親近、前往。

【語譯】臨卦第四爻，用親近下屬的方式來治理部屬，沒有災過。

【義理】用親近下屬，搏感情的方式來領導、管理部屬，也是一種有效的做法。

【案例】高階主管應避免與基層脫節，如果不接地氣，不了解基層狀況，管理就容易出問題。領導者應主動前往親近部屬，了解基層之困難並盡力給予協助，以搏感

情的方式來獲得基層支持，使管理工作更加順暢通達。

六五①，知②臨，大君③之宜④，吉。

【注釋】①六五：陰柔處君位，得中，失正，與九二有應，有柔中用人之象。②知：通「智」。此處指智慧、智謀。③大君：天子、君王。④宜：適合。

【語譯】臨卦第五爻，用智謀的方式來治理下屬，這是最適合君王的領導方式，吉利。

【義理】以知人善任、分層負責、民族大義等智謀的方式來治理下屬，是高階領導者所適用的領導方式。

【案例】高階領導者不宜自恃才高而事必親為，更不可嫉忌賢才而專權獨斷。有智謀的領導者能運用眾人之智、眾人之力來成就大事業。《史記·高祖本紀》中記載：漢高祖劉邦在擊敗項羽，取得天下後，曾與群臣探討成功的要素，其中特別指出「張良、蕭何、韓信是非常傑出的人才，我能用他們，所以才能夠取得天下。」

上六①，敦臨，吉，无咎。

【注釋】①上六：陰柔處極地，得正，無應，有陰柔得宜之象。②敦：樸實寬厚。

【語譯】臨卦上爻，用樸實寬厚的方式來治理下屬，吉祥，沒有災過。

【義理】管理之終極境界為組織內上、下各盡其職，

一切運作均能步上軌道，領導者用寬和仁厚的方式來治理，而事務也能順暢地推展。

【案例】漢朝初期，由於久經戰亂，民生凋敝，爲了安撫百姓，朝廷採用黃老治術，實施「輕徭薄賦」、「與民休息」的寬厚政策。漢文帝爲了減輕人民負擔，多次降低稅賦，自己生活則崇尚儉樸，貴族官吏也不敢奢華過度。此外，鼓勵農民生產，改善獄政，並因民女緹縈上書救父而廢除自古以來之肉刑。對於匈奴則採取和親政策，儘量減少戰爭，使得人民有休養生息的機會。文帝去世後，漢景帝即位，承襲前朝政策，對內仁厚愛民，對外不輕易用兵，百姓安居樂業，人民生活富足，是中國歷史上有名的治世，史稱「文景之治」。

（42）益卦

益，利有攸往，利涉大川。

初九，利用為大作，元吉，无咎。

六二，或益之十朋之龜，弗克違，永貞吉。王用享于帝，吉。

六三，益之用凶事，无咎。有孚中行，告公用圭。

六四，中行告公從，利用為依遷國。

九五，有孚惠心，勿問元吉，有孚惠我德。

上九，莫益之，或擊之。立心勿恆，凶。

　　風雷，益卦。從卦象來看，上卦爲風，下卦爲雷；乃天地否卦經損失上卦之一陽爻及增加下卦之一陽爻而成，有損上益下之象，故名益卦。卦辭解讀如下：

　　益①，利有攸往，利涉大川。

　　【注釋】①益：增加、好處。
　　【語譯】增益，宜有前往的目標，有利於度過大河般的險阻。
　　【義理】損上益下，人事上的意義爲減損上位者之利益以增加下位者之利益，這樣做常有特定的目的，由於下位者受到好處，所以會支持上位者而共同努力度過難關。本卦義理除了闡述上、下位之損益關係，亦可延伸運用於個人社會交往、家庭經營、國家及機構治理，乃至國際間之外交互動等。
　　【案例】國際間發生地震、海嘯、飢荒、傳染病等重大災變時，有能力的國家提供民生、救災物質或人力、技術等，以援助受害國家，其目的就是希望藉由人道救援來緩解災情並增進兩國間之邦誼。

　　初九①，利用爲大作②，元吉，无咎。

　　【注釋】①初九：陽剛處下，得正，與六四有應，有

位卑而受益之象。②大作：興作大事。

【語譯】益卦初爻，損上益下，可用來做大事業，大吉，沒有災過。

【義理】增加庶民百姓的利益，以此可率領民眾從事大的事業。

【案例】《詩經・大雅・緜》中描述古公亶父率領流離失所的民眾跋山涉水來到岐山腳下，全民展開墾荒、開渠、起屋、造房、修平道路、構築城郭及宮廟等工作。由於能夠獲得土地、房屋以作為安身之所，因此百姓們樂意參與勞動，共同完成國家的建設工作。

六二①，或益之十朋②之龜，弗克③違④，永⑤貞吉。王用享⑥于帝⑦，吉。

【注釋】①六二：陰柔在二階，得中且正，與九五有應，有能臣為君王所用之象。②十朋：古代以貝殼為貨幣，五貝為一串，兩串為一朋，十朋代表價值昂貴。③克：能夠。④違：避開。⑤永：恆長、久遠。⑥享：祭祀、進獻、受用。⑦帝：天帝、上帝。

【語譯】益卦第二爻，給他價值昂貴的靈龜，讓他無法推辭，長久固守此法則吉祥。君王用他來安排祭祀天帝，吉祥。

【義理】給予士大夫樂於接納而難以推辭的寶物，以任用他掌理專業或重要的事務。

【案例】「天下沒有白吃的午餐」，想要請人幫忙，

自己總要表現出十足的誠意。贈送對方工作上需要或興趣有關的昂貴物品，通常對方都會愛不釋手，難以推辭。《三國演義》中有「寶馬贈英雄」的故事，曹操贈關羽赤兔馬及財帛、衣物，並上表加封爵位，其目的就是希望關羽能爲己所用。

六三①，益之用凶事②，无咎。有孚③中行④，告公⑤用圭⑥。

【注釋】①六三：陰柔在三階，與上九有應，處下卦之上位，有受益頗豐之象。②凶事：凶險之事。此處指戰事。③有孚：有誠信。④中行：合乎中道行事。⑤公：可指中央最高的三種官職或泛指朝廷中之高官，亦可作長輩或男子的敬稱。此處指諸侯。⑥圭：古代天子以玉圭大小冊封諸侯，爲一種信符，大者爲公，小者爲侯、伯。圭字由兩個土字所組成，其意爲以圭丈量土地，由諸侯管理該地及人民並負責守衛疆土。

【語譯】益卦第三爻，給他好處，用來行使凶險之事，無災過。心有誠信，行事中庸，用玉圭之權益告知公卿。

【義理】用封地之權益，誠信中庸地告知諸侯去執行征戰之事，沒有災過。

【案例】帶兵打仗是凶險賣命的工作，能贏得勝利，君王通常會給予豐厚的獎賞。姜太公輔佐周武王討伐殷紂王，取得天下後，受封於齊國，除了享有諸侯的權益外，

也須擔負防衛疆土、繳納歲貢、聽候王廷差遣等義務。

六四①，中行告公從②，利用為依③遷國④。

【注釋】①六四：陰柔在四階屬高位，得正，與初九有應，與上親比，有親上益下之象。②從：依順、採取。③依：按照、遵循。④遷國：遷移國都。

【語譯】益卦第四爻，行事中庸，告知公卿相關權益而獲得採納，以此為依據來處理遷移國都之事。

【義理】客觀公正地行事且獲得公卿貴族的認同，以此為依據來推展重大政務。

【案例】政治經常要講求折中、妥協，尤其是牽涉到公眾利益的事，可用溝通協調、相互妥協的方式來謀求解決。遷移國都更是茲事體大，必須客觀公正地分析利弊得失，謀求各方利益之最大化或損失最小化，取得各方代表之支持，依據共識才能順利推展後續之工作。

九五①，有孚惠②心，勿問元吉，有孚惠我③德④。

【注釋】①九五：陽剛處君位，得中且正，與六二有應，與下親比，有賢君惠下之象。②惠：給予好處。③我：指九五爻。④德：德澤、恩澤、恩惠。

【語譯】益卦第五爻，君王有誠信施惠於下的心，不用問也知道大為吉利，有誠信施惠我的恩澤。

【義理】君主有施惠於下的心意，且有誠信地施惠其

恩澤，不必占問，必然大爲吉利。

【案例】領導人有施惠於下的心意，更重要的是必須有誠信地加以兌現，否則只是口頭上給人好處，用假話玩弄下屬，這樣很容易招來怨恨與災禍。《禮記·表記》子曰：「口惠而實不至，怨菑及其身。」所說的是同樣的道理。

上九①，莫②益之，或擊之。立心③勿恆④，凶。

【注釋】①上九：陽剛處極地，失正，與六三有應，有剛毅失正，反益爲損之象。②莫：不要。③立心：立下心願、成心。④勿恆：不長久。

【語譯】益卦上爻，不給他好處，甚或打擊他。立下的心願卻不能持久，有凶險。

【義理】增益走到極端反成爲減損。當初的受惠者開始變心，非但無法再獲得好處，甚至可能遭到打擊，有凶險。

【案例】武王克商後，封紂王之子武庚於殷商舊都之地。爲了防止武庚叛亂，在周圍又分封三個弟弟，卽管叔、蔡叔、霍叔，以進行監視，是爲「三監」。武王去世後，太子成王繼位，因年幼由叔叔周公旦代爲攝政，此事引起管叔及蔡叔的不滿，聯合霍叔及武庚一同作亂，是爲「三監之亂」。周公奉成王之命率師東征。根據《史記》記載，費時三年才弭平叛亂，誅殺武庚及管叔，流放蔡叔，之後將殷商頑民遷移至洛邑加以管束。武庚、管叔、蔡叔、霍叔均曾受惠於周王朝，不能長久保持忠誠，由於

變心而遭致大小不等的災禍。

（六）平天下

（49）革卦

革，巳日乃孚，元亨，利貞，悔亡。

初九，鞏用黃牛之革。

六二，巳日乃革之，征吉，无咎。

九三，征凶，貞厲。革言三就，有孚。

九四，悔亡，有孚改命，吉。

九五，大人虎變，未占有孚。

上六，君子豹變，小人革面，征凶，居貞吉。

澤火，革卦。從卦象來看，上卦為澤、為兌、為少
女，下卦為火、為離、為中女；少女位居中女之上，有違
倫常而易生變革之象，故名革卦。卦辭解讀如下：

革①，巳日②乃孚③，元亨，利貞，悔亡。

【注釋】①革：改變、變更，或指去毛且經過加工
的獸皮。②巳日：巳，地支的第六位，以時辰而言將近正
午，以月分而言乃處夏季，皆為陽氣正盛之時，有如社會

氛圍熱絡。巳日，此處指變革氣氛甚爲熱絡之時。③孚：
信實、信服。

【語譯】變革，氣氛正盛之時民衆多半能信服，堅守
如此可大爲亨通，沒有悔恨。

【義理】實施變革要選擇氣氛正盛之時，此時民衆
多半能信服而且支持，唯有如此變革的工作才能夠順利完
成。四季的變革也是如此，春季累積陽氣而轉變爲夏季，
夏季累積陰氣而轉變爲秋季，秋季持續累積陰氣而轉變爲
冬季，冬季累積陽氣而轉變爲春季。人事上，要求變革的
聲音不斷累積，在恰當的時機點上推動變革，阻力相對較
小也比較容易成功。

【案例】《史記‧周本紀》記載：周武王九年，武王
與諸方國會師盟津（今河南省孟津縣），諸侯皆曰：「紂
可伐矣。」武王曰：「汝未知天命，未可也。」於是，班
師而還。這件事說明了武王繼承文王的遺志，計劃出兵討
伐紂王，但是對於發動的時機卻非常講究。兩年後，武王
認爲紂王累積的民怨已深，叛離他的人愈來愈多，於是再
度與諸侯會師盟津，共同出兵討伐紂王。由於變革的時機
恰當，諸方國皆能信服，故而革命能夠勢如破竹，一舉獲
得成功。

初九①，鞏②用黃牛之革③。

【注釋】①初九：陽剛處下又居陽位，無應，有動而
不進之象。②鞏：牢固、用皮革綑綁。③黃牛之革：黃牛

的皮革，屬堅韌而難以扯斷之物。

【語譯】革卦初爻，用黃牛的皮革牢牢捆綁住。

【義理】變革必須等待時機成熟才能行動，所以初期要像用黃牛的皮革綑綁住一樣，不宜衝動躁進。

【案例】初爻，在空間上代表位階低，在時間上代表開始或初期。九，代表陽爻。初九乃陽爻居陽位，有躁動之象，與六四爻無應，代表雖有動作卻沒有前進。爻辭提示：變革必須等待時機，在初期要像用黃牛的皮革綑綁住一樣，不宜躁進；否則，非但無濟於事，還可能招來凶險。

六二①，巳日乃革之，征吉，无咎。

【注釋】①六二：陰柔在二階，得中，與九五相應，有行事中庸，進則有功之象。

【語譯】革卦第二爻，在變革氣氛正盛之時展開變革行動，進取則吉利，沒有災過。

【義理】在變革氣氛正盛之時展開變革行動，民眾多半能信服而且支持，應把握時機，積極進取。

【案例】在要求變革的聲音高漲之時展開變革行動，最容易水到渠成，完成變革的工作。本爻辭的說法正呼應了卦辭的論述。

九三①，征凶，貞厲。革言②三就③，有孚。

【注釋】①九三：陽剛在三階且居陽位，與上六相應，有躁進之象。②革言：變革的言論。③三就：三，有多的意思；就，從事或完成的意思。三就，此處指多次從事。

【語譯】革卦第三爻，急進有凶險，堅持這樣做會有危險。多次從事變革的論述，使人有所信服。

【義理】在要求變革的聲音尚不普遍時，急躁地採取行動則有凶險。此時，應反覆宣傳改革的言論，讓民眾認同且有所信服。

【案例】變革的時機尚未成熟就急著採取行動，如此躁進，非但容易失敗，還可能招來危險。要先做宣導的工作，讓民眾了解變革的需要。即使是發表言論，也要注意技巧，以降低受害的風險。透過反覆的宣傳以爭取廣大民眾的支持，當人氣累積到相當程度時，就能醞釀出改革的契機。

九四①，悔亡，有孚改命②，吉。

【注釋】①九四：陽剛在四階，無應，爻象顯示不進，然本爻已進入上卦，有變革之時機已近成熟且君位近在咫尺，有動或無悔之象。②改命：改變舊有的天命。

【語譯】革卦第四爻，沒有悔恨，對於變革有所信服，可改變舊有的天命，吉利。

【義理】廣大民眾對於變革的說法有所信服，則可以改變舊有的天命。

【案例】許多諸侯國及民眾都認同殷紂王確實荒淫無道，應該有所改變時，就是發動革命的恰當時機。武王號令一出，諸侯紛紛響應，結果紂王喪失舊有之天命，而由武王承接新的天命。

九五①，大人②虎變③，未④占有孚。

【注釋】①九五：陽剛處君位，得中，與六二有應，有進則多譽之象。②大人：對於德行崇高或地位尊貴者的稱呼，或指成年人。③虎變：此處指變革的行動有如老虎般果斷威猛。④未：不曾、沒有。

【語譯】革卦第五爻，地位尊貴的大人改革行動有如老虎般果斷威猛，不用占卜吉凶就有信心。

【義理】領導者改革的行動果斷又威猛，很有信心地帶領著群眾去執行。

【案例】武王伐紂的革命戰爭其行動是果斷威猛又深具信心的。根據《史記·齊太公世家》記載：武王第二次準備出兵伐紂時，龜卜的兆象顯示不吉，而且突然有狂風暴雨來襲，公卿們都心生恐懼，只有姜太公獨排眾議，認為不必相信龜兆，要相信民心。由於其積極勸諫武王，武王於是下定決心出兵。事實證明，姜太公的判斷是正確的。

上六①，君子②豹變③，小人④革面⑤，征凶，居⑥貞吉。

【注釋】①上六：陰柔處極地，與九三有應，有變革終了，進則多凶之象。②君子：古代指地位高貴的人，後來指才德出眾者，亦是對男子的尊稱。③豹變：此處指改變的速度有如豹子般迅捷。④小人：品格卑劣的人，或指平民百姓。⑤革面：改變外貌。⑥居：住、止息。

【語譯】革卦上爻，有才德的君子改變的速度有如豹子般迅捷，品格卑劣的小人只是改變外貌，繼續進行變革會有凶險，堅持止息則吉祥。

【義理】變革已經完成，君子能認清天命，因此能迅速改變。小人只是表面應付，革面卻未革心，卽使如此，武裝革命之時間不宜太長，打擊面也不宜太廣，適可而止，後續則儘量以道德教化爲主。

【案例】紂王的庶兄微子因苦諫紂王無效而離開紂王。武王克商後，微子令人左側牽羊、右側執茅，自己則坦露上身雙手反綁，跪行至武王面前，主動表達投誠之意。武王替微子解開繩索，恢復他原有的爵位。「三監之亂」後，微子更受封於宋，此乃「君子豹變」乎？相對地，武王克商後，紂王之子武庚受封於殷地，卻只是表面臣服，革面卻未革心。武王去世後，武庚受管叔、蔡叔慫恿發動叛亂，最後被周公用武力所平定，此則「小人革面」乎？武王克商後，取代紂王而承受天命，於是分封諸侯、推展新政，之後更下令將戰馬安置於華山之南，拉車的牛放牧在桃林的土丘上，收繳兵器並解散軍隊，以此昭示天下不再用兵。換言之，武裝革命到此爲止，希望能安撫殷商舊臣，讓百姓安居樂業，此卽「居貞吉」乎？以上

故事記載在《史記・周本紀》及《史記・宋微子世家》之中。

（50）鼎卦

鼎，元吉，亨。

初六，鼎顛趾，利出否，得妾以其子，无咎。

九二，鼎有實，我仇有疾，不我能即，吉。

九三，鼎耳革，其行塞，雉膏不食。方雨虧悔，終吉。

九四，鼎折足，覆公餗，其形渥，凶。

六五，鼎黃耳金鉉，利貞。

上九，鼎玉鉉，大吉，无不利。

火風，鼎卦。從卦象來看，上卦爲火，下卦爲風，合組而成六爻；初六有如鼎足，九二、九三、九四如鼎腹，六五如鼎耳，上九如鼎杠，整體具有鼎器的形象，故名鼎卦。卦辭解讀如下：

鼎①，元吉，亨。

【注釋】①鼎：古代烹煮用的器物，一般是三足兩耳，亦爲國家政權的象徵。據傳大禹鑄九鼎，代表九州，

為國之重器，象徵政權。

【語譯】新政，大吉，順暢通達。

【義理】革卦談革除舊制，鼎卦談實施新政。新政能順應天理民心，故可順暢通達。本卦雖然談的是平天下的新政，而其中義理亦可引申作為齊家、治國乃至公司行號、機構團體經營之參考。

【案例】武王克商後，分封諸侯，建立周朝，開始實施新政。爾後歷經周公攝政，成王、康王執政，相繼推展禮樂等典章制度，使中華民族之物質及精神文明達到新的高峰，而為後世孔子所稱頌。其新政內容之發想於《逸周書·大聚》中可略見一斑。

初六①，鼎顛趾②，利出否③，得妾以其子④，无咎。

【注釋】①初六：陰柔處下，居陽位，有初展新政之象。②顛趾：顛倒鼎足，即將鼎顛倒過來。此處指顛覆舊政權。③出否：倒出不好的東西。此處指革除舊有不好的事物。④得妾以其子：因為生了兒子而將其立為妾。此處指有了新人與新政。

【語譯】鼎卦初爻，除舊就像將鼎顛倒過來，有利於倒出不好的東西，布新則像生了兒子就將其立為新妾，沒有災過。

【義理】首先要清除舊有不好的人事及制度，以便樹立新政權，實施好的新政。

【案例】首先要清除殷商舊有不好的人事及制度，包括造成殷商敗亡的陋習，如：奢華浪費、好酒成風等不良習性。唯有如此，才有利於推展節約務實、爲民興利、崇禮好樂的新政策。

　　九二①，鼎有實②，我仇③有疾④，不我能即⑤，吉。

　　【注釋】①九二：陽剛在二階，居陰位，得中，與六五有應，與下親比，有新政寬緊適中、上下皆悅之象。②實：充實的內容物。此處指新政充實且美好。③仇：讎敵。④疾：憎恨。⑤即：靠近。此處指靠近而施加傷害。
　　【語譯】鼎卦第二爻，新政就像鼎內充滿的美食，卽使是憎恨我的仇敵也無法靠近而加害於我，吉祥。
　　【義理】新政的內容充實且美好，卽使是舊勢力等反對派也無從詆毀與破壞。
　　【案例】新政的內容必須設計得既充實且美好，讓反對勢力無所挑剔。因爲美好的政策百姓容易接受，有助於國家政權的穩定，同時讓反對勢力失去著力點，可防止殷商舊勢力復辟。《逸周書‧度訓》云：「賞多罰少，政之美也；罰多賞少，政之惡也。」能善待百姓，爲民興利，順應天理民心，就是美好的政策。

　　九三①，鼎耳②革③，其行塞④，雉膏⑤不食。方⑥雨虧⑦悔，終吉。

【注釋】①九三：陽剛在三階，居陽位，無應，有施政陽剛過度之象。②鼎耳：鼎的耳朵部位，指六五爻。③革：改變。④塞：阻隔不通。⑤雉膏：肥美的野雞肉，泛指美好的食物。⑥方：將、才。⑦虧：減少、耗損。

【語譯】鼎卦第三爻，新政出狀況就像鼎器的耳部有變異，執行上出現阻礙，鼎內美好的食物無法供人食用。將降下陰陽調和之雨使問題化解，可減少悔恨，終究會吉祥。

【義理】新政權人事有問題，使得執行出現阻礙，必須先調和折中，化解矛盾，才能全力推展新政。

【案例】九三爻，陽剛居陽位，有陽剛過度之象。爻辭「鼎耳革」指六五之陰柔遭遇陽剛過度之九三，而產生陰陽不合的矛盾現象。這就好像新政權內部有鷹派與鴿派的矛盾，而使得新政策的推行遇到阻礙，以至於新政策的好處無法嘉惠於百姓。基於此，新政權內部的矛盾必須調和，不宜過剛，亦不宜過柔。新政策之推展宜剛柔相濟、恩威並用、軟硬兼施，以求達到最好的效果。《逸周書‧多士》是周公奉成王之命，向跟隨武庚叛亂而後被迫遷移至洛邑之殷商遺民的講話，其中提到：你們有罪，但今天我不殺害你們，只是將你們遷至洛邑，而且不再任用頑劣的殷商舊臣，你們不需要埋怨，只要你們安分、順從就可以在洛邑安居樂業。由以上這段話，我們可以體認出周公在施政上恩威並用、軟硬兼施的政治手腕。

九四①，鼎折②足，覆③公餗④，其形⑤渥⑥，凶。

【注釋】①九四：陽剛在四階，居陰位，與初六有應，與上逆比，有施政違逆上意之象。②折：弄斷、彎曲。③覆：翻倒、傾倒。④公餗：王公之豐盛美食。⑤其形：指鼎的外部形象。⑥渥：沾潤。

【語譯】鼎卦第四爻，新政推展失當就像弄斷了鼎足，將鼎內王公之豐盛美食傾倒出來，沾染到鼎器上，有凶險。

【義理】新政推展失當，讓百姓無法享受朝廷的美意，反而玷汙了新政，有凶險。

【案例】北宋時期，國家財政窘迫又面臨外族侵擾，因此王安石提出「富國強兵」的變法主張。神宗皇帝相當認同，於是提拔王安石為相，大力推展變法新政。王安石變法原本立意良善，希望不增加百姓稅賦卻能增加國庫收入；然而，官吏執行失當，導致誤國、誤民，並且玷污了變法新政。以有關農業財經的「青苗法」為例：在每年青黃不接的時候，百姓可以向官府申請較民間更低利息的貸款，一來嘉惠農民，二來可以增加國庫收入；但是在執行時，許多經手的官員卻私自加價，甚至強迫百姓貸款，新政變成官僚們的斂財工具，最後在農民百姓及大地主、商人、貴族等利益團體的杯葛下，王安石的這項變法以失敗告終，還讓人對變法新政產生惡劣的印象。

六五①，鼎黃②耳金③鉉④，利貞。

【注釋】①六五：陰柔處君位，得中，居陽位，與

九二有應，有施政柔中帶剛之象。②黃：是土地的顏色，象徵柔中。此處指新政須順應天理民情、合乎中道。③金：金屬的一種，象徵堅固。此處指實踐須堅定。④鉉：鼎杠，古代舉鼎的器物。

【語譯】鼎卦第五爻，新政像鼎的黃耳金杠，能順應天理民情、合乎中道且堅定實踐，宜固守。

【義理】新政須順應天理民心、合乎中道且堅定實踐。

【案例】武王伐紂，在大軍渡過盟津後，發表誓師文告，即《尚書‧泰誓》，其中提到：「天視自我民視，天聽自我民聽。」意思是：上天所見的來自於百姓所見的，上天所聽的來自於百姓所聽的。換言之，天意是透過廣大的民意來展現的，而廣大的民意就是天意。殷紂王之施政違逆天理、民心，所以失去了政權。美好的政策須順應天理、民心，而且必須堅定地付諸實踐。古代賢帝堯、舜、禹，傳授治理天下的心法，記錄在《尚書‧大禹謨》中，即「人心惟危，道心惟微，惟精惟一，允執厥中。」人心是危險的，因為人有慾望，有時為了滿足私慾而奸巧行惡。道心是天地自然之理，相對而言是客觀而理性的。然而，在強烈感性的慾望驅使下，理性的道心常顯得微弱而難以捉摸，唯有精誠專一，才能允當地把握住中道。換言之，治理天下必須執守中道，也就是天理與人情要兼顧。能夠順天應人才是美好的施政。

上九①，鼎玉鉉②，大吉，无不利。

【注釋】①上九：陽剛居陰位，處極地，有施政至極、剛柔相濟之象。②玉鉉：以玉裝飾舉鼎的器物。此處指新政之實踐須堅定且溫潤美好。

【語譯】鼎卦上爻，實施新政像嵌玉的鼎杠，堅固且溫潤美好，大爲吉利，無所不利。

【義理】新政推展的極致，在實施溫和而堅定之治理。

【案例】新政推展的極致，在採取寬緩教化的方式，實施溫和而堅定之治理。這與臨卦「上六，敦臨，吉，无咎。」領導者最終以寬和敦厚的方式來臨下治理，兩者之精神是一致的。《尚書·康誥》記載，周公告誡康叔有關文王尚德愼刑的傳統，提醒斷案和施刑要謹愼，要多花幾天時間仔細推敲考量；此外，也要多了解當地的民情風俗，甚至多請教殷商大老，用寬緩教化的方式引導殷商遺民，實施寬鬆仁厚的政策以安養百姓來保有天下。畢竟，百姓不宜長期處在嚴酷的管束之中，就像弦樂器的琴弦調得太緊則有斷裂的危險，調得太鬆則奏不出美好的音樂，總是要鬆緊適度，才能發揮最好的效果。施政也是如此，溫和而堅定地治理才是長久之策。

（51）震卦

震，亨。震來虩虩，笑言啞啞，震驚百里，不喪匕

鬯。

初九，震來虩虩，後笑言啞啞，吉。
六二，震來厲，億喪貝，躋于九陵，勿逐，七日得。
六三，震蘇蘇，震行无眚。
九四，震遂泥。
六五，震往來厲，億无喪，有事。
上六，震索索，視矍矍，征凶。震不于其躬，于其
鄰，无咎，婚媾有言。

　　雷雷，震卦。從卦象來看，上卦爲雷，下卦亦爲雷；
雷爲震、爲動，上下皆震動，有震懼之象，故名震卦。卦
辭解讀如下：

　　震①，亨。震來虩虩②，笑言啞啞③，震驚百里④，
不喪匕鬯⑤。

　　【注釋】①震：巨大的力量使物驚恐或顫動。②虩
虩：恐懼的樣子。③啞啞：笑聲。④百里：古時諸侯封地
百里，後用以稱諸侯國。⑤匕鬯：古代宗廟祭祀用的勺匙
與香酒。此處指宗廟祭祀。
　　【語譯】震懼，可亨通。震懼來臨令人十分驚恐，而
後人們多能談笑自若，震懼整個諸侯國，不廢棄其祖先之
祭祀。
　　【義理】卦辭云：「震，亨。」指的是運用武力等

手段，產生震懾作用，以達到制服或警告對方之目的。然而，使用武力震懾時必須注意：第一，打擊的對象要限縮，不與大多數無辜百姓爲敵。所以，許多人能像卦辭所述「笑言啞啞」。第二，打擊的對象爲諸侯等少數帶頭的領導者，而不是整個宗族，所以要保留其祖先的祭祀，故卦辭言「不喪匕鬯」。換言之，卽使是武力討伐，也要施行王道，避免霸道。

【案例】從卦序觀察，革卦談「武王革除殷命」，鼎卦談「實施周朝新政」，震卦談「平定三監之亂」，三個卦彼此間有因果順序。周武王去世後，成王年幼尚無法親政，乃由周公代爲攝理政務。管叔、蔡叔心有不滿，於是慫恿霍叔及紂王之子武庚一起作亂。周公得到姜太公、召公等人的支持，並奉成王之命出兵討伐，歷時三年，終於平定「三監之亂」。爲了不斷絕殷商族人對祖先的祭祀，於是封紂王之庶兄微子於宋。

初九①，震來虩虩，後笑言啞啞，吉。

【注釋】①初九：陽剛處下，得正，無應，有百姓無咎之象。

【語譯】震卦初爻，震懾來臨令人驚恐，而後因罪不及身能談笑自若，吉祥。

【義理】震懾打擊特定對象，儘量不波及無辜百姓，縮小打擊面是有利的做法。

【案例】《逸周書·克殷》記載：武王克商後，釋

放被紂王囚禁的箕子及人犯，發放紂王在鹿臺的錢財及巨橋的米糧給貧窮百姓。試想：紂王在牧野之戰失利後逃回朝歌，當時全城百姓只怕是驚恐不安吧？而後，周師入城並未濫殺無辜，民眾受到安撫，武王甚至散發錢糧賑濟百姓，這不就是卦、爻辭所言「震來虩虩，後笑言啞啞」的情景嗎？即使是周公東征，掃平管、蔡、武庚及奄國等之作亂後，也僅是針對頑劣之殷商遺民實施遷移洛邑的管控措施，對於其他無辜百姓並未遷怒而濫加懲罰。由此可見，文王、武王、周公一脈相承，施行王道，注重教化，以此來治理天下。現代戰爭除了軍事戰之外，也講求政治作戰。分化敵人，爭取廣大民眾支持的統戰工作，經常是導致戰爭成敗或政權穩定與否的關鍵。

六二①，震來厲②，億③喪貝④，躋⑤于九陵⑥，勿逐⑦，七日⑧得。

【注釋】①六二：陰柔在二階，得中且正，無應，有士大夫行事柔順中正之象。②厲：兇猛。③億：古以十萬為億，今以萬萬為億，代表很大的數目。④貝：古代的貨幣。億喪貝：指財物損失很大。⑤躋：登上、升上。⑥九陵：高山峻嶺。⑦勿逐：不去追求。⑧七日：為陰陽循環的一個週期。此處指情勢由動盪轉為安穩。

【語譯】震卦第二爻，震懼來得十分兇猛，造成財務上很大的損失，登上高山去躲避，不要急著追索，局勢轉變後可失而復得。

【義理】震懾打擊的力量相當兇猛，造成嚴重的損失，士大夫等官員要儘量遠避，不要急著追索，以免牽連其中，等到局勢安定後或可失而復得。

【案例】本爻提示，在遭受震懾討伐的過程中，各級官員要主動走避，勿助紂為虐而牽連其中，雖然失去官位，日後仍然可能恢復。類似的例子記載在《史記・宋微子世家》紂王的庶兄微子因苦諫紂王無效而擔心國之將亡，經與箕子、比干討論後，比干勸其離開，微子自己也認為苦勸紂王無效，已仁至義盡，不如遠行以避禍。武王克商後，微子令人左側牽羊、右側執茅，自己則坦露上身雙手反綁，跪行至武王面前，主動表達投誠之意，武王替微子解開繩索，恢復他原有的爵位。「三監之亂」後，微子更受封於宋。

六三①，震蘇蘇②，震行③无眚④。

【注釋】①六三：陰柔在三階，失正，無應，與上親比，象徵諸侯親上卻行為有失，故爻辭提示宜戒慎行事。②蘇蘇：畏懼不安的樣子。③震行：受到震撼而謹慎行事。④眚：過錯、災難。

【語譯】震卦第三爻，震懾令人恐懼不安，由於受到震撼而謹慎行事就不會有災難。

【義理】震懾打擊讓人恐懼不安，諸侯等有實力的領導者受到震撼而戒慎恐懼、安分行事，如此就不會有災難。

【案例】周公東征，掃平管、蔡、武庚及奄國等之作亂後，對於境內各方勢力確實產生一定程度的震懾作用。諸侯及貴族們內心受到震撼，行事更加謹慎，言語更加安分。天下局勢較諸武王在世時之憂患情況來得安穩許多，爲後來的「成康盛世」打下良好基礎。

九四①，震遂②泥③。

【注釋】①九四：陽剛在四階屬高位，失正，無應，與上逆比，有公卿貴族違逆上意而行事失當之象。②遂：通「墜」，墜落的意思。③泥：水和土的混合物。此處指泥沼。

【語譯】震卦第四爻，受到震懾而墜入泥沼。

【義理】違逆上意的公卿貴族受到打擊，以致墜入困境而難以脫身。

【案例】本爻位居四階屬高位，象徵公卿貴族，與象徵君王之六五爻逆比，有違逆君主之象。實際的例子就是管叔、蔡叔慫恿武庚一起作亂。而後，周公奉成王之命出兵討伐，歷時三年，武庚、管叔、蔡叔及霍叔均難以擺脫受懲處的命運。

六五①，震往來厲②，億无喪③，有事④。

【注釋】①六五：陰柔處君位，得中，失正，無應，有天子行事柔順且持守中道之象。②震往來厲：前往震

撼，招來危險。此處指前去討伐對方，本身也可能招來危險。③億無喪：沒有損失。此處指萬無一失。④有事：天子巡狩祭天告至。

【語譯】震卦第五爻，前往震懾對方，本身也可能招來危險，順天而行，持守中道，可萬無一失，祭祀以稟告上天。

【義理】天子出兵討伐，自身也有風險。順天而行，持守中道，能獲得庇佑，可保萬無一失。

【案例】震卦六爻中，唯有本爻言「震往」，其餘五爻皆有「震來」之意。換言之，六五爻居君位，是前往發出震懾力量的天子，其餘五爻則皆是受到震撼的臣民。六五屬陰爻，象徵天子能柔順處事。天子所柔順者為天，即順乎天命，亦即天意。六五居上卦之中位，有持守中道之象。綜合爻象與爻辭，本爻主旨：天子出兵討伐臣屬，自身也有遭到反噬的風險，故不可窮兵黷武，濫施無度，而要順乎天理民心，把握中道，如此使用震懾的力量，才能上告天聽，獲得上天的護佑。

上六①，震索索②，視矍矍③，征凶。震不于其躬④，于其鄰，无咎，婚媾⑤有言⑥。

【注釋】①上六：陰柔處極地，得正，無應，有資深貴族行事得宜之象。②索索：四肢顫慄，恐懼不安的樣子。③矍矍：驚懼四顧的樣子。④躬：自身。⑤婚媾：婚姻、嫁娶。⑥有言：有話說。此處指有閒言閒語。

【語譯】震卦上爻，受到震懾而四肢顫慄，兩眼也驚惶四顧，前行則有凶險。震撼打擊沒有臨到自己，而是降臨到鄰居，所幸沒有災過，彼此若有婚姻關係，則會招來閒言閒語。

【義理】資深貴族受到震懾而驚惶不安，此時宜靜守，不宜妄動。震撼打擊到鄰居，所幸自己沒事，若與鄰居有婚姻關係，則容易招來閒言閒語，宜避免遭受牽連。

【案例】天子出兵討伐叛逆，已退休而不在位之資深貴族亦深受震懾而驚惶不安，此時宜靜守，不宜妄動，以免遭到誤會。震撼打擊到鄰居，雖然自己沒事，若與鄰居結親則易遭猜忌而惹來閒話。如果婚姻關係已經存在，則應考慮適度切割或主動報備。如果正有聯姻打算，則應有所警覺，考慮延期或放棄以避免牽連受害。

（52）艮卦

艮其背，不獲其身；行其庭，不見其人，无咎。

初六，艮其趾，无咎，利永貞。

六二，艮其腓，不拯其隨，其心不快。

九三，艮其限，列其夤，厲薰心。

六四，艮其身，无咎。

六五，艮其輔，言有序，悔亡。

上九，敦艮，吉。

山山，艮卦。從卦象來看，上卦爲外、爲山、爲止，下卦爲內，亦爲山、爲止；內外皆止，猶如內心想法及外在行爲皆知止守分，有艮止之象，故名艮卦。卦辭解讀如下：

艮①其背②，不獲其身③；行其庭④，不見其人⑤，无咎。

【注釋】①艮：止、停住、攔阻。②背：人體後腰以上至頸以下的部位。③不獲其身：不取身體的本能慾望而動作。此處指不隨任眼、耳、鼻、舌、肢體等之本能慾望而動作，有自我抑止、自我約束的意思。④庭：院子、廳堂。⑤行其庭不見其人：在他的庭院中行走，外人無法看見他。此處指在自家庭院中行走而不逾越圍牆，所以外人看不到他，也就是能知止守分，不逾越行事。

【語譯】抑止他的背部，不取身體的本能慾望而動作；在他的庭院中行走而不逾越範圍，外人看不到他，如此則無災過。

【義理】不聽任本能慾望驅使，而能自我約束；在規範中行動，而能不逾越界限。像這樣知止守分，不逾越行事，就不會惹來災禍。

【案例】從卦序觀察，革卦談「武王革除殷命」，鼎卦談「實施周朝新政」，震卦談「平定三監之亂」，艮卦在告誡臣民要「知止守分」。《尚書·周書·多方》記

載：周公東征，掃平管、蔡、武庚及奄國等之作亂後，回到宗周，代表周成王對衆諸侯國及殷商舊臣重申告誡，其中提到周王朝取代殷商而承受天命，如果大家順從天命，服從周的領導，勤勉於政務，治理好田地，朝廷會給予大的獎賞；如果違抗王命，甚至聽人教唆而犯上作亂，就會遭受朝廷重大的懲罰。此番告誡就是在提醒衆諸侯國及殷商舊臣，要自我約束，服從周的領導，切勿犯上作亂，做出逾越本分的事。簡而言之，就是要「知止守分，不逾越行事」。

初六①，艮其趾②，无咎，利永貞。

【注釋】①初六：陰柔處下且居陽位，無應，有止於初始之象。②趾：腳、腳指頭。

【語譯】艮卦初爻，抑止他象徵起心動念之腳趾，沒有災過，宜永遠堅守。

【義理】以腳趾象徵起心動念卻未前行。對於不合乎天理而妄想妄爲的事情，一開始起心動念就要自我抑止，如此知止守分，就不會有災禍，要永遠這樣堅持。

【案例】紂王之子武庚受到管叔、蔡叔的慫恿，勾結殷商舊屬發動叛亂。武庚就是在起心動念時不知自我抑止，繼續往聯絡、布署等行動方向邁進，最後招引來大禍。

六二①，艮其腓②，不拯③其隨④，其心不快。

【注釋】①六二：陰柔在二階且居陰位，得中，無應，有柔中知止之象。②腓：脛骨後的肉，即小腿肚。③拯：援救、救助。④隨：跟從，指初九。

【語譯】艮卦第二爻，抑止他象徵有所行動之小腿肚，不能救助跟隨的腳趾，心中感到不暢快。

【義理】以小腿肚象徵有前進的動作。對於妄想妄爲或不守本分的事情，剛開始行動就自我抑止，雖然還沒有釀成災禍，卻由於有起心動念而頗感遺憾。

【案例】紂王之子武庚受到管叔、蔡叔的慫恿，勾結殷商舊屬發動叛亂。如果在採取行動時就能幡然悔悟，自我抑止，或許就不會釀成大禍，最多只是悔恨誤聽讒言心生妄念，可能留下不好的紀錄而心有不快。

九三①，艮其限②，列③其夤④，厲薰心⑤。

【注釋】①九三：陽剛在三階且居陽位，無應，有陽剛躁動而遭抑止之象。②限：指定的範圍、界限。此處指人體上下交界處的腰部。③列：通「裂」，分裂。④夤：夾脊肉。⑤厲薰心：危險像火一樣燒灼著心。

【語譯】艮卦第三爻，抑止他象徵行動到一半的腰，撕裂了背脊肉，危險像火一樣燒灼他的心。

【義理】妄想妄爲或不安分的事已進行到一半，突然受到制止而造成分裂，處境危險，令其憂心如焚。

【案例】本爻陽剛居陽位，是本卦中唯一陽剛過度之爻，有妄動躁進之象。又九三爲陽爻，位於四陰爻之中，

猶如上半身與下半身的中間，屬於人體之腰部。人在行進中突然煞住腰部，就好像玩「一二三木頭人」的遊戲，下半身雖然停止了，上半身難免還會晃動。引申到紂王之子武庚作亂的事，叛亂的行動已經進行到一半，突然遭到周公前來討伐制止，叛亂團體內部有的要戰、有的要和而產生分裂，叛亂首腦由於處境危險而憂心如焚。

六四①，艮其身②，无咎。

【注釋】①六四：陰柔在四階且居陰位，無應，有陰柔自抑之象。②身：人體頸部以下至腳以上的部位。

【語譯】艮卦第四爻，抑止他的身體而不妄動，沒有災過。

【義理】自我抑止而不妄為，如此就沒有災禍。

【案例】社會上的情殺、財殺、仇殺案件，許多都是由於禁不住身心的誘惑或情緒失控所造成的。對於不合乎天理，也就是天理難容的事，我們能夠自我約束，不胡作非為，自然就不會咎由自取，而能避免許多災禍。

六五①，艮其輔②，言有序③，悔亡。

【注釋】①六五：陰柔處君位且居陽地，得中，無應，有口舌自抑之象。②輔：臉頰。此處指口舌。③序：次第，即有大小、先後。此處指講話有大小分寸、有先後順序。

【語譯】艮卦第五爻，抑止他象徵口舌言語之臉頰，講話有先後次序，有大小分寸，悔恨會消除。

【義理】能辨明長幼尊卑而自我約束，避免沒大沒小搶著發言或說話沒有分寸，言語柔和而合乎中道，不妄語、不妄議，就不會禍從口出而後悔莫及。

【案例】不當言而言，則為妄言；當言不言，則為抑止過度。當言則言，不當言則不言，且言語柔和而不偏激，如此才合乎中道。除此之外，言語尚須注意長幼尊卑，避免搶著發言，或沒大沒小說話沒有分寸。在言語上能自我約束，就不會禍從口出而後悔莫及。

上九①，敦②艮，吉。

【注釋】①上九：陽剛處極地且居陰位，無應，有陽剛自抑之象。②敦：樸實、寬厚而不刻薄。此處指老實本分。

【語譯】艮卦上爻，老實本分地自我抑止，吉祥。

【義理】老實本分地自我約束，不逾越行事，就不會引來災禍。

【案例】周武王去世後，成王年幼尚無法親政，乃由叔父周公旦代為攝理政務。根據《今本竹書紀年》記載：七年後，周公還政於成王，由成王親自執政。由此可見，周公知止守分，不妄想，不妄為，規規矩矩地將王權移交給成王，最終獲得成王高度的信賴與尊敬。

第九章

新解與傳統解讀之比較

　　在第七章及第八章中，我們運用「條件制約解易法」完成了包括需卦在內的二十七個卦的解讀。接下來，將新的解讀與傳統的解釋進行比較，分析其間有何差異？由於歷朝歷代解讀《周易》之著作甚多，而本書因篇幅有限，只能選擇較具代表性的版本來作比較。本文採用的八個版本及選用理由，說明如下：

（1）〔唐〕孔穎達《周易正義》：彼棄兩漢象數，取王弼《周易注》為之作疏，而成為唐代官方之學，且被後世許多學者認為是註解《易經》的正統之作，故列入參考。

（2）〔北宋〕程頤《周易程氏傳》：其以理學思想解經，此書在後世享有盛名，清代顧炎武認為宋明易學以程頤《易傳》為第一，故列入參考。

（3）〔南宋〕朱熹《周易本義》：此書兼採義理、象數，故列入參考。

（4）〔南宋〕楊萬里《誠齋易傳》：該書援引歷史事蹟印證卦、爻辭，故列入參考。

（5）〔明〕來知德《周易集註》：來氏曾移居山林，鑽研《易》理二十九年，而成此書。由於

其兼顧理、氣、象數，參互旁通，自成一說，其論述在當時被稱爲絕學，故亦列入參考。

（6）〔清〕李光地《御纂周易折中》：此書取程子義理、朱子象數，並參酌歷代諸儒及其個人心得，融會折中，編纂而成。雖然作者有賣友求榮之嫌，而爲許多學者所不齒，然而從學術研究的立場，仍應審視其折中的觀點。

（7）〔近代〕李鏡池《周易通義》：李氏師承歷史學家顧頡剛古史辨思想，從古代事件的角度解釋卦、爻辭，因此也列入參考。

（8）〔近代〕郭建勳《新譯易經讀本》：此書筆者認爲是解釋最爲明晰的版本之一，故列入參考。

新解與傳統解釋之比較，擬採取四項標準，其內容及理由如下：

（1）有無觀象：《周易》內容包括卦象及文字，如果不觀察卦象、爻象，只查考文字，則容易以偏概全或斷章取義，故將「有無觀象」列爲比較之項目。

（2）有無義理：《周易》卦、爻辭多爲隱喻，因此除了字面解釋之外，內含的義理才是精髓之所在。吾人讀《易》，若不探求義理，則所爲何來？因此，個人認爲「有無義理」亦應列爲比較之項目。

（3）義理是否明確且合理：即使論述義理，若語意含混或牽強附會，則令人難以吸收。因此，義理是否明確且合理，也應該列入比較。

（4）有無史事印證：歷史事件，尤其是商、周兩代之歷史事件若能與卦、爻辭相互印證，則有助於提升解讀之可靠性。此外，藉由史事說明更能讓讀者理解卦、爻辭之涵義。因此，將「有無史事印證」亦列入比較之項目。

以下針對歷代頗具爭議的三個卦，即屯卦、需卦與艮卦，進行比較：

（一）屯卦之比較

屯卦卦辭

【周易原文】屯，元亨，利貞。勿用有攸往，利建侯。

【孔穎達】正義曰：屯，難也。剛柔始交而難生，初相逢遇，故云「屯，難也」。以陰陽始交而爲難，因難物始大通，故「元亨」也。萬物大亨，乃得利益而貞正，故「利貞」也。但「屯」之四德，劣於「乾」之四德，故屯乃元亨，亨乃利貞。「乾」之四德，無所不包。此即「勿用有攸往」，又別言「利建侯」，不如乾之無所不利。此已上說「屯」之自然之四德，聖人當法之。正義曰：「勿用有攸往，利建侯」者，以其屯難之世，世道初創，其物

未寧，故宜「利建侯」以寧之。此二句釋人事也。

【程頤】「屯」有大亨之道，而處之利在貞固，非貞固何以濟屯？方屯之時，未可有所往也。天下之屯，豈獨力所能濟？必廣資輔助，故「利建侯」也。

【朱熹】震、坎，皆三畫卦之名。震，一陽動於二陰之下，故其德爲動，其象爲雷。坎，一陽陷於二陰之間，故其德爲陷、爲險，其象爲雲、爲雨、爲水。屯，六畫卦之名也，難也，物始生而未通之意。故其爲字，象草屮穿地始出而未申也。其卦以震遇坎，乾坤始交而遇險陷，故其名爲屯。震動在下，坎險在上，是能動乎險中。能動雖可以亨，而在險，則宜守正，而未可遽進。故筮得之者，其占爲大亨而利於正，但未可遽有所往耳。又，初九，陽居陰下，而爲成卦之主，是能以賢下人，得民而可君之象。故筮立君者，遇之則吉也。

【楊萬里】物屯求亨，時屯亦求亨，然時屯求亨。其道有三，惟至正爲能正天下之不正，故曰利貞；惟不欲速爲能成功之速，故曰勿用有攸往；惟多助爲能克寡助，故曰利建侯。漢高帝平秦項之亂，除秦苛法，爲義帝發喪，得屯之利貞；不王之關中而王之蜀漢，隱忍就國而不敢校，得屯之勿用有攸往；會固陵而諸侯不至，亟捐齊梁，以王信越得屯之利建侯。二帝三王，亨屯之三道，高帝未及也，而亨屯之功如此，而況及之者乎。

【來知德】乾坤始交，而遇險陷，故名爲屯。所以氣始交未暢曰屯，物勾萌未舒曰屯，世多難未泰曰屯，造化人事皆相同也。震動在下，坎陷在上，險中能動，是有

撥亂興衰之才者，故占者元亨，然猶在險中，則宜守正而
未可遽進，故勿用有攸往。勿用者，以震性多動，故戒之
也。然大難方殷，無君則亂，故當立君以統治。初九陽在
陰下，而爲成卦之主，是能以賢下人，得民而可君者也。
占者必從人心之所屬望，立之爲主，斯利矣，故利建侯。
建侯者立君也。險難在前，中爻艮止，勿用攸往之象。震
一君二民，建侯之象。

【李光地】[本義]震坎皆三畫卦之名。震一陽動於二
陰之下，故其德爲動，其象爲雷。坎一陽陷於二陰之間，
故其德爲陷爲險，其象爲雲爲雨爲水。屯，六畫卦之名
也，難也，物始生而未通之意，故其爲字，象屮穿地始出
而未申也。其卦以震遇坎，乾坤始交而遇險陷，故其名爲
屯。震動在下，坎險在上，是能動乎險中。能動雖可以
亨，而在險則宜守正而未可遽進。故筮得之者，其占爲大
亨而利於正，但未可遽有所往耳。又初九陽居陰下，而爲
成卦之主，是能以賢下人，得民而可君之象，故筮立君者
遇之則吉也。[程傳]屯有大亨之道，而處之利在貞固，非
貞固何以濟屯？方屯之時，未可有所往也。天下之屯，
豈獨力所能濟？必廣資輔助，故「利建侯」也。[集說]○
《朱子語類》云：屯是陰陽未通之時，蹇是流行之中有蹇
滯，困則窮矣。○問：《彖》曰「利建侯」，而《本義》
取初九陽居陰下爲成卦之主，何也？曰：成卦之主，皆說
於彖辭下，如屯之初九「利建侯」，大有之五，同人之二
皆如此。又問：屯「利建侯」，此占恐與乾卦「利見大
人」同例。曰：然。若是自卜爲君者得之，則所謂「建

科學
方法與
周易

新解：運用科學方法破解周易謎團

侯」者乃己也；若是卜立君者得之，則所謂「建侯」者乃
君也。○趙氏汝楳曰：卦辭總一卦之大義，爻辭則探卦辭
之所指。因六爻之象之義，析而明之。如「吉无不利」，
則亨利之義；「磐桓」「班如」「幾不如舍」「小正」，
皆「勿用有攸往」之義。初之建侯，即顯卦象利建侯之辭
爲初而發。餘卦放此。○胡氏炳文曰：屯蒙繼乾坤之後，
上下體有震、坎、艮，乾坤交而成也。震則乾坤之始交，
故先焉。初以一陽居陰下而爲成卦之主。「元亨」，震之
動；「利貞」，爲震遇坎而言也。非「不利有攸往」，不
可輕用以往也。易言「利建侯」者二：豫「建侯」，上震
也；屯「建侯」，下震也。震長子，「震驚百里」，皆有
侯象。○蔡氏清曰：屯、蹇雖俱訓難，而義差異。困亦不
同。屯是起腳時之難，蹇是中間之難，困則終窮，而難斯
甚矣。○又曰：「利貞，勿用有攸往」，二句一意，故
《象傳》只解「利貞」。○又曰：《本義》所謂以陽下
陰，及初九之《象傳》所謂「以貴下賤」，皆是主德言，
非以位言也。故曰：是能以賢下人，得民而可君之象。

　　【李鏡池】屯，難也。內容不一，以「難」義爲連
貫。「屯其膏」之屯則借爲囤，積聚也，以屯作爲形式聯
繫。「利居貞（安居）」和「利建侯（建侯封國）」爲
利，與屯難之義相反，屬於附載。凡類事之卦，與總義無
關的都屬附載。屯卦雖事類不一，而以屯難爲連貫，故
「利居貞」、「利建侯」爲附載。安居是農業生活，建侯
封國是政治。「勿用有攸往」，「勿用」，不利；行旅有
困難。

【郭建勳】屯，卦名，下卦爲震，上卦爲坎。屯卦具有初生與艱難的雙重意義。從字的本義上看，屯字的象形乃植物破土萌生的形狀，故《說文》曰：「屯，難也，象艸木之初生，屯然而難。」從卦象看，屯下卦爲震，上卦爲坎，震義爲動，坎義爲險，動於險中，必有艱難。再次，從卦的排列順序上看，乾、坤兩卦之後緊接著即爲屯卦，這是因爲乾、坤象徵天地，隨著天地陰陽的交合，萬物開始生長，乃以屯卦繫乾坤之後，正如《序卦傳》所言：「有天地然後萬物生焉，盈天地之間者唯萬物，故受之以屯。屯者，盈也；屯者，物之始生也。」○屯卦象徵初生的艱難情況，雖有初始、通達、和諧、貞正的德性，但也不宜隨意前行，如先建立諸侯必將有利。

【本書新解】[卦象]水雷，屯卦。從卦象來看，上卦爲水、爲險、爲後，下卦爲雷、爲動、爲先；動而後有險，故宜靜不宜動，有屯駐積聚之象，故名屯卦。[語譯]屯駐積聚，可大爲亨通，宜固守屯積之事。不大力施展於所要前往的遠程目標，宜先建設諸侯國。[義理]屯積實力，把國家先建設好。對於遠程的目標，暫時不要大力開展。本卦相關義理可用於治國，亦可引申應用於成家、立業等事情上。[案例]周文王之先祖古公亶父當年在豳地，因不堪戎狄長年侵擾，乃率衆渡過漆水、沮水並越過梁山，來到岐山腳下（今陝西岐山縣一帶）。經由龜卜顯示此地是塊寶地，於是砍伐雜樹、丈量土地、開墾農田、修築道路、構築城廓、興建宮室，人民勤奮工作，倉廩逐年充實，國勢日益強盛，遂改國號周。這段時期，周人之重

點在建設國家，而平定天下的遠程目標尚未開展，此即為屯卦之寫照。以上事蹟記錄在《詩經・大雅・緜》等文獻中。

屯卦第一爻

【周易原文】初九，磐桓，利居貞，利建侯。

【孔穎達】正義曰：磐桓，不進之貌。處屯之初，動即難生，故「磐桓」也。不可進，唯宜利居處貞正，亦宜建立諸侯。

【程頤】初以陽爻在下，乃剛明之才，當屯難之世，居下位者也。未能便往濟屯，故磐桓也。方屯之初，不磐桓而遽進，則犯難矣，故宜居正而固其志。凡人處屯難，則鮮能守正。苟无貞固之守，則將失義，安能濟時之屯乎？居屯之世，方屯於下，所宜有助，乃居屯濟屯之道也。故取建侯之義，謂求輔助也。

【朱熹】磐桓，難進之貌。屯難之初，以陽在下，又居動體，而上應陰柔險陷之爻，故有磐桓之象。然居得其正，故其占利於居貞。又本成卦之主，以陽下陰，為民所歸，侯之象也。故其象又如此，而占者如是，則利建以為侯也。

【楊萬里】象曰：雖磐桓，志行正也，以貴下賤，大得民也。君子濟屯患无才，有才患无位。初九以剛明之才而居下位，非二非四，雖欲有為，未可也。姑磐桓不進，以待時而已，然豈真不為哉？居正有待，而其志未嘗不欲行其正也。居而不貞則无德，行而不正則无功，周公言居

貞，而孔子言行正，然後濟屯之功德備矣。然則何以行吾志？何以濟夫屯？建侯以求助，自卑以得民，則志可行，屯可濟矣。初九在下而遠君，建侯非我職也。而初九能之乎？賈林合李抱眞，王武俊之驩，而朱滔遁，唐遂以安，林遠君而无位者也。劉琨失王浚、猗廬之援，而幽并亡，晉遂失中原，琨遠君而有位者也。初九患无志耳，有有爲之志，而輔以建侯之助，何職之拘，何位之俟哉。故濟屯者志爲大，初九遠君无位，聖人猶許其有志，而況有志而近君有位者乎？震之初以一陽爲二陰之主，故曰貴；二陰賤而一陽下之，故曰下賤。

【來知德】磐大石也，鴻漸于磐之磐也。中爻艮石之象也。桓大柱也，《檀弓》所謂桓楹也。震陽木，桓之象也。張橫渠以磐桓猶言柱石是也。自馬融以磐旋釋磐桓，後來儒者皆如馬融之釋，其實非也。八卦正位，震在初，乃爻之極善者。國家屯難，得此剛正之才，乃倚之以爲柱石者也，故曰磐桓，唐之郭子儀是也。震爲大塗，柱石在于大塗之上，震本欲動，而艮止不動，有柱石欲動不動之象，所以利居貞，而又利建侯，非難進之貌也。故小《象》曰：雖磐桓，志行正也。曰心志在于行，則欲動不動可知矣。九當屯難之初，有此剛正大才，生于其時，故有磐桓之象。然險陷在前，本爻居得其正，故占者利於居正以守己。若爲民所歸，勢不可辭，則又宜建侯以從民望，救時之屯可也。居貞者利在我，建侯者利在民，故占者兩有所利。

【李光地】[本義]磐桓，難進之貌。屯難之初，以陽

在下，又居動體，而上應陰柔險陷之爻，故有磐桓之象。然居得其正，故其占利於居貞。又本成卦之主，以陽下陰，爲民所歸，侯之象也，故其象又如此，而占者如是，則利建以爲侯也。[程傳]初以陽爻在下，乃剛明之才，當屯難之世，居下位者也。未能便往濟屯，故磐桓也。方屯之初，不磐桓而遽進，則犯難矣，故宜居正而固其志。凡人處屯難，則鮮能守正。苟无貞固之守，則將失義，安能濟時之屯乎？居屯之世，方屯於下，所宜有助，乃居屯濟屯之道也。故取建侯之義，謂求輔助也。[集說]○《朱子語類》：問「利建侯」。曰：彖辭一句，蓋取初九一爻之義。初九蓋成卦之主也。一陽居二陰之下，有以賢下人之象，有爲民歸往之象，故《象》曰：「以貴下賤，大得民也。」○項氏安世曰：凡卦皆有主爻，皆具本卦之德，如乾九五具乾之德，故爲天德之爻。坤六二具坤之德，故爲地道之爻。屯以初九爲主，故爻辭全類卦辭。其曰「磐桓，利居貞」，則「勿用有攸往」也。又曰「利建侯」，無可疑矣。○胡氏炳文曰：文王卦辭，有專主成卦之主而言者，周公首於此爻之辭發之。卦主震，震主初。磐桓卽勿用有攸往，利居貞卽利貞。卦言利建侯者，其事也，利於建初以爲侯也。爻言利建侯者，其人也，如初之才，利建以爲侯也。爻言磐桓，主爲侯者而言，宜緩。卦言利建侯而不寧，主建侯者而言，不宜緩。○蔡氏清曰：居貞者，以時勢未可進而不遽進也。爻之磐桓，卽卦所謂屯也。爻之利居貞，卽卦辭所謂利貞勿用有攸往也。利建侯又作象看。而占在其中。如子克家例。

【李鏡池】「磐桓」，猶徘徊。徘徊不前，行難也。「利居貞」，貞問居而得吉兆。與「利建侯」都屬于附載。

【郭建勳】屯卦初爻，一陽初動，雖有生機但力量不夠，故有進退難定之象。○屯卦的初爻，象徵進退難定、徘徊流連的情狀，保持貞正的德行必將有利，王者建立諸侯，固其根本，亦必將有利。

【本書新解】[爻象]初九：陽剛處下，得正，與六四有應，進則入上卦坎險，故爻辭提示徘徊勿進。[語譯]屯卦初爻，徘徊流連，宜固守安居不進，宜建設諸侯國。[義理]安居勿進，先蓄積實力，把自己的根基打穩。[案例]古公亶父之先祖公劉率領著衆人，攜帶乾糧及弓箭戈矛，騎馬遷移至豳（今陝西彬縣、旬邑一帶）。公劉登上山頭又下至原野，仔細觀察地勢及水源，認定此處適宜居住，於是在此開墾農田、引水灌溉、丈量並分配土地。來歸者不斷增加，百姓住滿河岸兩側，物產日益豐足，於是建都於此，成立國家。這些事蹟記錄在《詩經·大雅·公劉》，而《史記·周本紀》亦言「周道之興，自此始也。」

屯卦第二爻

【周易原文】六二，屯如，邅如，乘馬班如，匪寇，婚媾，女子貞不字，十年乃字。

【孔穎達】正義曰：「屯如邅如」者，屯是屯難，邅是邅回，如是語辭也。言六二欲應於九五，卽畏初九逼

之，不敢前進，故「屯如邅如」也。「乘馬班如」者，《子夏傳》云：「班如者，謂相牽不進也」。馬季長云：「班，班旋不進也」。言二欲乘馬往適於五，正道未通，故班旋而不進也。「匪寇婚媾」者，寇謂初也，言二非有初九與巳作寇害，則得其五爲婚媾矣。馬季長云：「重婚曰媾。」鄭玄云：「媾猶會也。」「女子貞不字」者，貞，正也，女子，謂六二也，女子以守貞正，不受初九之愛，「字」訓愛也。「十年乃字」者，十年難息之後，卽初不害巳也。乃得往適於五，受五之字愛。十者數之極，數極則變，故云「十年」也。

【程頤】二以陰柔居屯之世，雖正應在上，而逼於初剛，故屯難。邅，回；如，辭也。乘馬，欲行也。欲從正應而復班如，不能進也。班，分布之義。下馬爲班，與馬異處也。二當屯世，雖不能自濟，而居中得正，有應在上，不失義者也。然逼近於初，陰乃陽所求，柔者剛所陵。柔當屯時，固難自濟，又爲剛陽所逼，故爲難也。設匪逼于寇難，則往求于婚媾矣。婚媾，正應也。寇，非理而至者。二守中正，不苟合於初，所以「不字」。苟貞固不易，至於十年。屯極必通，乃獲正應而字育矣。以女子陰柔，苟能守其志節，久必獲通，況君子守道不回乎！初爲賢明剛正之人，而爲寇以侵逼於人，何也？曰：此自據二以柔近剛而爲義，更不計初之德如何也。《易》之取義如此。

【朱熹】班，分佈不進之貌。字，許嫁也。《禮》曰：「女子許嫁，笄而字。」六二，陰柔中正，有應於

上，而乘初剛，故爲所難而邅回不進。然初非爲寇也，乃求與己爲婚媾耳。但己守正，故不之許，至於十年，數窮理極，則妄求者去，正應者合，而可許矣。爻有此象，故因以戒占者。

【楊萬里】象曰：六二之難，乘剛也；十年乃字，反常也。屯之六二，以陰柔之德，居大臣之位，非不欲濟時之屯也。然下則偪於初之剛，而乃爲已之寇，上欲親於君之應，而有近之嫌，故邅如而不能行，班如而不能進。然則何以處之？如女子然，與其從寇而字，不若守正而不字，雖未得親於婚，久則寇定而自成其婚。婚而字焉，何遲之有？此王導相晉之事也。上有元明之二君，而下有王敦之強臣，導乃以寬大之度，柔順之才，處強臣之上，非乘剛遇寇而何？惟導守正不撓，而下不比於敦，待時觀變，而上不危其國，久而寇自平焉，君自信焉，國自安焉。此十年乃字，復其常之效也。謝安之於桓溫，初則伐其壁人之謀，徐而寢其九錫之命，強臣自斃，而王室以寧，亦屯之六二也。雖然，六二之邅如班如者，其病在於陰柔而无剛明之才耳。舜之於四凶，周公之於管蔡，孔子之於少正卯，何邅班之有。

【來知德】屯、邅皆不能前進之意。班與《書》班師並，岳飛班師班字同。回還不進之意。震於馬爲馵足，爲作足，班如之象也。應爻爲坎，坎爲盜，寇之象也。指初也，婦嫁曰婚，再嫁曰媾，婚媾指五也。變兌爲少女，女子之象也。字者許嫁也。《禮》：女子許嫁，笄而字。此女子則指六二也。貞者正也，不字者不字於初也。乃字

者，乃字于五也。中爻艮止，不字之象也。中爻坤土，土數成于十，十之象也。若以人事論，光武當屯難之時，竇融割據，志在光武，爲隗囂所隔，乘馬班如也。久之終歸于漢，十年乃字也。六二柔順中正，當屯難之時，上與五應，但乘初之剛，故爲所難，有屯邅班如之象，不得進與五合，使非初之寇難，卽與五成其婚媾，不至十年之久矣。惟因初之難，六二守其中正，不肯與之苟合，所以不字，至于十年之久。難久必通，乃反其常，而字正應矣，故又有此象也。占者當如是則可。

【李光地】[本義]班，分布不進之貌。字，許嫁也。《禮》曰：女子許嫁，笄而字。六二陰柔中正，有應於上，而乘初剛，故爲所難，而邅回不進。然初非爲寇也，乃求與己爲婚媾耳，但己守正，故不之許，至於十年，數窮理極，則妄求者去。正應者合，而可許矣。爻有此象，故因以戒占者。[程傳]二以陰柔居屯之世，雖正應在上，而逼於初剛，故屯難邅回。如，辭也。乘馬，欲行也。欲從正應而復班如，不能進也。班，分布之義。下馬爲班，與馬異處也。二當屯世，雖不能自濟，而居中得正，有應在上，不失義者也。然逼近於初，陰乃陽所求，柔者剛所陵。柔當屯時，固難自濟，又爲剛陽所逼，故爲難也。設匪逼於寇難，則往求子婚媾矣。婚媾，正應也。寇，非理而至者。二守中正，不苟合於初，所以不字。苟貞固不易，至於十年，屯極必通，乃獲正應而字育矣。以女子陰柔，苟能守其志節，久必獲通，況君子守道不回乎。初爲賢明剛正之人，而爲寇以侵逼於人，何也？曰：此自據二

以柔近剛而爲義，更不計初之德如何也。易之取義如此。

[集說]〇張氏浚曰：「女子貞不字，十年乃字」，蓋以二抱節守志於艱難之世，而不失其貞也，若太公在海濱，伊尹在莘野，孔明在南陽，義不苟合，是爲女貞。〇《朱子語類》云：耿氏解「女子貞不字」作許嫁筓而字。貞不字者，未許嫁也，卻與婚媾之義相通。伊川說作字育之字。[案]易言「匪寇婚媾」者凡三：屯二、賁四、睽上也。《本義》與程傳說不同，學者擇而從之可也。然賁之爲卦，非有屯難睽隔之象，則爻義有所難通者。詳玩辭意，「屯如邅如，乘馬斑如」，與「賁如皤如，白馬翰如」文體正相似。其下文皆接之曰「匪寇婚媾」。然則「屯如邅如」，及「賁如皤如」，皆當讀斷，蓋兩爻之自處者如是也。「乘馬班如」及「白馬翰如」，皆當連下「匪寇婚媾」讀，言彼乘馬者非寇，乃吾之婚媾也。此之「乘馬班如」謂五，賁之「白馬翰如」謂初，言「匪寇婚媾」，不過指明其爲正應而可從耳。此卦下雷上云，雷聲盤回，故言「磐桓」「邅如」者，下卦也。雲物班布，故言班如者，上卦也。四與上皆言「乘馬班如」，五之爲「乘馬班如」，則於六二言之。此亦可備一說也。

【李鏡池】「屯邅」，猶徘徊，行難也。「如」，副詞。屯邅、蹇連，同爲艱難之意，迭韻連語。「班」同旋，回旋不進。爲什麼乘馬而艱難回旋呢？這不是劫掠，而是爲婚姻來的。這種婚姻是原始社會中期的對偶婚。對偶婚就是一種族外婚。但對偶婚與劫掠婚處在同一時期，其形式也有點相似。兩者之間很易引起誤會，故有「匪

寇，婚媾」說明之必要。族外婚相當困難，故入屯難卦。另一難事是婦女孕育。婦女貞問「字」娠，不孕，要十年才孕，這就是難事。古代婦女不生育就會被休棄，說「十年乃字」有同情婦女之意。說她本來是難孕的，不要休棄她，等著吧。

【郭建勳】此爻以陰居下卦之中，爲女子之象；九五爻以陽居上卦之中，爲男子之象。乘馬求婚者卽指九五爻。兩爻相應正如男女相悅，本可嫁娶，但上有三、四兩陰「阻格」，下有初九一陽相逼，六二爻面臨如此局勢，唯有耐心等待方可遂其所願，故云「十年乃字」。○屯卦的第二爻，象徵在艱難困頓的情況下徬徨不前，那些騎馬的人排列著紛紛而來，他們不是強盜而是前來求婚的人；女子守貞而不急於出嫁，寧願等上十年才嫁給自己喜歡的人。

【本書新解】[爻象]六二：陰柔在二階，旣中且正，與九五有應，進則入上卦坎險，故爻辭提示屯駐勿進。[語譯]屯卦第二爻，屯駐積聚，難行不前進。騎馬排列成班，不是盜匪，是來求婚配，女子堅持不嫁，十年後，才同意出嫁。[義理]屯積實力而不躁進，有前來尋求合作的人，由於自己實力不足，所以婉拒，待實力堅強後才予以同意。總而言之，累積實力的階段要堅定自己的目標，不受外來的誘惑而改變自己的步調。《逸周書·文傳》：「有十年之積者王，有五年之積者霸，無一年之積者亡。」[案例]元朝末年，民心思變，在「驅除胡虜、恢復中華」之民族大義號召下，各地抗元勢力興起，卻也彼

此激烈競爭。朱元璋採取浙東名士朱升「高築牆、廣積糧、緩稱王」的謀略，蓄積實力，不輕易出戰。等到時機成熟，才逐一擊潰陳友諒、張士誠、方國珍諸部，奠定北上掃除元軍、建立明朝的基礎。

屯卦第三爻

【周易原文】六三，卽鹿无虞，惟入于林中，君子幾，不如舍，往吝。

【孔穎達】正義曰：「卽鹿無虞」者，卽，就也。虞謂虞官，如人之田獵，欲從就於鹿，當有虞官助已，商度形勢可否，乃始得鹿，若無虞官，卽虛入於林木之中，必不得虞，故云「唯入於林中」。此是假物為喻。今六三欲往從五，如就鹿也。五自應二，今乃不自揆度彼五之情納已以否，是「無虞」也。卽徒往向五，五所不納，是徒入於林中。「君子幾，不如舍」者，幾，辭也。夫君子之動，自知可否，豈取恨辱哉！見此形勢，卽不如休舍也。言六三不如舍此求五之心勿往也。「往吝」者，若往求五，卽有悔吝也。

【程頤】六三以柔居剛，柔既不能安屯，居剛而不中正，則妄動，雖貪于所求，既不足以自濟，又无應援，將安之乎？如卽鹿而无虞人也。入山林者，必有虞人以導之。无導之者，則惟陷入于林莽中。君子見事之幾微，不若舍而勿逐，往則徒取窮吝而已。

【朱熹】陰柔居下，不中不正，上无正應，妄行取困，為逐鹿无虞陷入林中之象。君子見幾，不如舍去。若

往逐而不舍，必致羞吝。戒占者宜如是也。

【楊萬里】象曰：卽鹿无虞，以從禽也；君子舍之，往吝窮也。三无剛明之才，而居震動之極，妄意於濟屯之功業，所謂卽鹿。然五應二而不應三，三妄動而无上應，无應則无功，所謂无虞，而鹿入林中也。君子當此者，舍而退則見幾而无悔，往而進則遇險而必窮。蓋功无幸成，業无孤興。郭林宗所以不仕於漢，管幼安所以不仕於魏，非无憂世之心也。鹿譬則功也，虞人譬則應也。

【來知德】卽者就也，鹿當作麓爲是，舊註亦有作麓者。蓋此卦有麓之象，故當作麓，非無據也。中爻艮爲山，山足曰麓，三居中爻，艮之足，麓之象也。虞者虞人也，三四爲人位，虞人之象也。入山逐獸，必有虞人發縱指示，無虞者，無正應之象也。震錯巽，巽爲入，入之象也。上艮爲木堅多節，下震爲竹，林中之象也。言就山足逐獸，無虞人指示，乃陷入于林中也。坎錯離明，見幾之象也。舍者，舍而不逐也，亦艮止之象也。六三陰柔，不中不正，又無應與，當屯難之時，故有卽麓無虞入于林中之象。君子見幾，不如舍去，若往逐而不舍，必致羞吝，其象如此，戒占者當如是也。

【李光地】[本義]陰柔居下，不中不正，上無正應，妄行取困，爲逐鹿无虞，陷入林中之象。君子見幾不如舍去，若往逐而不舍，必致羞吝。戒占者宜如是也。[程傳]六三以柔居剛，柔旣不能安屯，居剛而不中正則妄動，雖貪於所求，旣不足以自濟，又无應援，將安之乎？如卽鹿而无虞人也。入山林者，必有虞人以導之。无導之者，則

246

惟陷入于林莽中。君子見事之幾微，不若舍而勿逐，往則徒取窮吝而已。[集說]《朱子語類》：問「卽鹿无虞」。曰：虞只是虞人，六三陰柔在下而居陽位，陰不安於陰，則貪求妄行，不中不正，又上無正應，妄行取困，所以爲卽鹿无虞，陷入林中之象。沙隨盛稱唐人郭京易好近寄得來，說鹿當作麓，《象辭》當作卽麓无虞，何以從禽也？問郭據何書？曰：渠云曾得王輔嗣親手與韓康伯注底易本，然難考據。

【李鏡池】此爻說狩獵之難。君子打獵，到了山腳（鹿借爲麓）。山深林密，又沒有熟悉山林的人。他考慮要不要進林中去呢？他是機智（幾借爲機）的，考慮結果認爲不熟悉山林，進去不但打不到禽獸，還有危險。不要進去，不如離開。虞，掌管山林的官，意爲熟悉山林的人，老獵戶之類。惟，思維。吝，漢《易》作遴，難行也。「往，吝」當連上文，說進去有困難。

【郭建勳】屯卦的第三爻，象徵無助不可冒進，如同追捕野鹿沒有虞人的幫助徒然空入叢林之中，這時君子應當相機行事，不如捨棄它，如果堅持前往，必將帶來憾惜。

【本書新解】[爻象]六三：陰柔在三階，失正，無應，有行事失當之象。[語譯]屯卦第三爻，前往捕捉野鹿卻沒有掌管山林的官員陪同，但是進入樹林中，君子見機行事，感覺不如放棄，繼續前往會有所遺憾。[義理]進入林中打獵，如果沒有專業人士引導，非但不容易捕獲獵物，還可能迷路而發生憾事。因此，謀求事業有成，需要

專業人才的輔助。[案例]治理國家或平定天下都需要專業人才輔佐才能夠成功。如果沒有優秀的人才出謀劃策、穩妥施政，非但難以達成目標，更可能會引發民怨、失去民心。因此，本爻特別強調人才的重要性。

屯卦第四爻

【周易原文】六四，乘馬班如，求婚媾，往吉，无不利。

【孔穎達】正義曰：六四應初，故「乘馬」也。慮二妨已路，故初時班如旋也。二既不從於初，故四求之爲婚，必得媾合，所以「往吉，無不利」。

【程頤】六四以柔順君之位，得於上者也。而其才不足以濟屯，故欲進而復止，乘馬班如也。己既不足以濟時之屯，若能求賢以自輔，則可濟矣。初陽剛之賢，乃是正應，己之婚媾也。若求此陽剛之婚媾，往與共輔陽剛中正之君，濟時之屯，則吉而无所不利也。居公卿之位，己之才雖不足以濟時之屯，若能求在下之賢，親而用之，何所不濟哉？

【朱熹】陰柔居屯，不能上進，故爲乘馬班如之象。然初九守正居下，以應於己，故其占爲下求婚媾則吉也。

【楊萬里】象曰：求而往明也。六四居上而陰柔，非濟屯之才，故乘馬而不進。初九在下而剛明，爲六四之應，故求助則必往，此六四有自知之明，无疾賢之私者也。魏无知、徐庶以之，求助之謂。

【來知德】坎爲馬，又有馬象。求者四求之也，往

者初往之也。自內而之外曰往，如小往大來，往蹇來反是也。本爻變，中爻成巽，則爲長女。震爲長男，婚媾之象也。非眞婚媾也，求賢以濟難，有此象也。舊說陰無求陽之理，可謂不知象旨者矣。六四陰柔，居近君之地，當屯難之時，欲進而復止，故有乘馬班如之象。初能得民，可以有爲。四乃陰陽正應，未有蒙大難而不求其初者，故又有求婚媾之象。初于此時若欣然卽往，資其剛正之才，以濟其屯，其吉可知矣。而四近其君者，亦無不利也，故其占又如此。

【李光地】[本義]陰柔居屯，不能上進，故爲乘馬班如之象。然初九守正居下，以應於己，故其占爲下求婚媾則吉也。[程傳]六四以柔順居近君之位，得於上者也。而其才不足以濟屯，故欲進而復止，乘馬班如也。己旣不足以濟時之屯，若能求賢以自輔，則可濟矣。初陽剛之賢，乃是正應，己之婚媾也。若求此陽剛之婚媾，往與共輔陽剛中正之君，濟時之屯，則吉而无所不利也。居公卿之位，己之才雖不足以濟時之屯，若能求在下之賢，親而用之，何所不濟哉？[集說]○胡氏炳文曰：凡爻例，上爲往，下爲來。六四下而從初，亦謂之往者。據我適人，於文當言往，不可言來。如需上六「三人來」，據人適我，可謂之來，不可謂往也。

【李鏡池】同六二，也是族外婚，對偶婚。乘馬去「求」而回旋不前，有困難。「求婚媾」，先求婚，再訂婚。

【郭建勳】此爻居於上卦，地位尊貴能以上求下，

取剛濟柔，將有利於打破艱難局面，有利於事業的發展。○屯卦的第四爻，象徵禮賢下士，就像騎馬紛紛前往求婚配，去了必得吉祥，沒有什麼不利。

【本書新解】[爻象]六四：陰柔在四階屬高位，得正，與初九有應，有禮賢下士之象。[語譯]屯卦第四爻，騎馬排列成班，欲求婚配，前往則吉祥，無所不利。[義理]屯積有形物資之外，人才也需要積聚。主動前往求取賢才，大為有利。[案例]殷商末期，紂王暴虐無道，而周文王素有仁德之名，更對外廣招賢才。許多賢士都前來依附，除了有南宮适、散宜生、閎夭、太顛、鬻熊、辛甲之外，周文王還禮賢下士，在渭水邊與姜尚（姜太公）相談甚歡，並以車駕親迎入宮，禮聘為軍師。這些賢臣在滅商興周的大業上確實都能發揮所長，作出卓越的貢獻。

屯卦第五爻

【周易原文】九五，屯其膏；小貞吉，大貞凶。

【孔穎達】正義曰：「屯其膏」者，「膏」謂膏澤恩惠之類，言九五既居尊位，當恢弘博施，唯系應在二，而所施者褊狹，是「屯難其膏」。「小貞吉，大貞凶」者，貞，正也。出納之吝謂之有司，是小正為吉。若大人不能恢弘博施，是大正為凶。

【程頤】五居尊得正，而當屯時，若有剛明之賢為之輔，則能濟屯矣。以其无臣也，故屯其膏。人君之尊，雖屯難之世，於其名位非有損也，唯其施為有所不行，德澤有所不下，是屯其膏。人君之屯也，既膏澤有所不下，是

威權不在己也。威權去己而欲驟正之，求凶之道，魯昭公高貴鄉公之事是也，故小貞則吉也。小貞，則漸正之也，若盤庚周宣，修德用賢，復先王之政，諸侯復朝。謂以道馴致，爲之不暴也。又非恬然不爲，若唐之僖昭也。不爲則常屯以至于亡矣。

【朱熹】九五雖以陽剛中正居尊位，然當屯之時，陷於險中，雖有六二正應，而陰柔才弱，不足以濟。初九得民於下，衆皆歸之。九五坎體，有膏潤而不得施，爲屯其膏之象。占者以處小事，則守正猶可獲吉，以處大事，則雖守正而不免於凶。

【楊萬里】象曰：屯其膏，施未光也。九五以剛明之君，居屯難之世，宜其撥亂反正有餘也。然其澤猶屯而未光，其所正可小而不可大，是屯難終不可濟乎？有君无臣故也。六四近臣則弱，六三近臣則又弱，六二大臣則又弱，然則九五將欲有爲，誰與？有爲惟一初九，則遠而在下。賢而在下，則如无賢，臣而在遠，則如无臣。唐之文宗，初恥爲凡主，非不剛也，終自以爲不及赧獻，大貞則凶也。何也？觀近臣，則訓注也；觀大臣，則涯餗也；觀遠臣，則度與德裕也。用不必才，才不必用，而欲平閹宦之禍，故曰君強臣羸。航无楫維，无臣有主，去虓得虎。

【來知德】膏者膏澤也，以坎體有膏澤霑潤之象，故曰膏，《詩》陰雨膏之是其義也。本卦名屯，故曰屯膏，陽大陰小，六居二，九居五，皆得其正，故皆稱貞。小貞者臣也，指二也。大貞者君也，指五也。故六二言女子貞，而此亦言貞，六爻惟二五言貞。九五以陽剛中正居

尊，亦有德有位者。但當屯之時，陷于險中，爲陰所掩，雖有六二正應，而陰柔不足以濟事。且初九得民于下，民皆歸之，無臣無民，所以有屯其膏不得施爲之象，故占者所居之位，如六二爲臣，小貞則吉，如九五爲君，大貞則凶也。

【李光地】[本義]九五雖以陽剛中正居尊位，然當屯之時，陷於險中，雖有六二正應，而陰柔才弱，不足以濟。初九得民於下，衆皆歸之。九五坎體，有膏潤而不得施，爲「屯其膏」之象。占者以處小事，則守正猶可獲吉。以處大事，則雖正而不免於凶。[程傳]五居尊得正，而當屯時，若有剛明之賢爲之輔，則能濟屯矣。以其无臣也，故「屯其膏」。人君之尊，雖屯難之世，於其名位，非有損也。唯其施爲有所不行，德澤有所不下，是「屯其膏」。人君之屯也，既膏澤有所不下，是威權不在己也。威權去己而欲驟正之，求凶之道，魯昭公高貴鄉公之事是也，故小貞則吉也。小貞則漸正之也，若盤庚周宣，脩德用賢，復先王之政，諸侯復朝。謂以道馴致，爲之不暴也。又非恬然不爲，若唐之僖昭也。不爲則常屯以至於亡矣。[集說]○項氏安世曰：屯不以九五爲主者，建侯以爲主。五本在高位，非建侯也。初九動乎險中，故爲濟屯之主。天造草昧，皆自下起，五能主事，則不屯矣。○魏氏了翁曰：《周禮》有大貞，謂大卜，如遷國立君之事。五處險中，不利有所作爲，但可小事，不可大事。曰「小貞吉，大貞凶」，猶《書》所謂作內吉、作外凶，用靜吉，用作凶者。○趙氏汝楳曰：我方在險，德澤未加於民，下

科學
方法與
周易
新解：運用科學方法破解周易謎團

焉群陰，蒙昧未孚，唯當寬其政教，簡其號令，使徐就吾之經理，乃可得吉。若驟用整齊振刷之術，人將駭懼紛散，凶孰甚焉。故新國用輕典。〇梁氏寅曰：小正者，以漸而正之也。小正則吉者，以在於其位而為所可為也。大正則凶者，以時勢既失而不可以強為也。為可為於可為之時則從，為不可為於不可為之時則凶，可無慎哉。

【李鏡池】這說的又是狩獵之難。由於打獵困難，不一定能常有收穫。根據經驗教訓，把一些肥肉囤積起來，以便打不到禽獸時有的吃。鼎九三「雉膏不食」即此「屯其膏」之類。「小貞」和「大貞」相對，大貞即占問大事，即戰爭和祭祀；小貞是占問小事，即戰爭、祭祀以外的事，範圍很廣。

【郭建勳】九五爻為屯卦的君位，得中得正，本應膏澤天下施恩於民，但處於屯難困頓的情況，只能控制在一定的範圍內，假如超過限度造成基礎的虧損，反而可能帶來凶險的結果。〇屯卦的第五爻，言君子處於屯難困頓之時，應當在一定的範圍內膏澤天下。施恩的範圍適當縮小且能保持貞正之性，必獲吉祥；但如果施恩的範圍太大，虧損了根本，那麼即使能保持貞正也可能帶來凶險的結果。

【本書新解】[爻象]九五：陽剛處君位，既中且正，與六二有應，有下施恩澤之象。[語譯]屯卦第五爻，積累領導人的恩澤；堅持小施恩惠則吉祥，堅持大施恩惠則凶險。[義理]除了積聚物資及人才之外，積累領導人的恩澤以獲取民心也很重要，宜小施恩惠，不宜大施恩惠。[案

例]君主施給人民好處，可以積累恩澤，獲取民心，但是要有限度。如果把屯積的物資大部分發放給人民以博取民眾歡心，萬一發生水災、旱災或兵災，造成糧食嚴重短缺，屆時將何以因應？因此，累積恩澤當量力而爲。小施恩惠則小耗損，可得吉利；大施恩惠則大耗損，易有凶險。

屯卦第六爻

【周易原文】上六，乘馬班如，泣血漣如。

【孔穎達】正義曰：處險難之極，而下無應援，若欲前進，卽無所之適，故「乘馬班如」，「窮困闉厄，無所委仰」，故「泣血漣如」。

【程頤】六以陰柔居屯之終，在險之極，而无應援，居則不安，動无所之，乘馬欲往，復班如不進，窮厄之甚，至於泣血漣如，屯之極也。若陽剛而有助，則屯既極，可濟矣。

【朱熹】陰柔无應，處屯之終。進无所之，憂懼而已。故其象如此。

【楊萬里】象曰：泣血漣如，何可長也。窮否反泰，極屯反亨。屯之上，難之極也。然非剛明之極，何以亨屯難之極？今乃以六之柔而當之，進无必爲之才，退有无益之泣。求夕亡，朝得之，求朝亡，夕得之，何可長也？唐之僖昭是已。

【來知德】六爻皆言馬者，震坎皆爲馬也。皆言班如者，當屯難之時也。坎爲加憂，爲血卦，爲水，泣血漣如

254

之象也。才柔不足以濟屯，去初最遠，又無應與，故有此
象。

　　【李光地】[本義]陰柔无應，處屯之終，進无所之，
憂懼而已，故其象如此。[程傳]六以陰柔居屯之終，在險
之極，而无應援，居則不安，動无所之。乘馬欲往，復班
如不進，窮厄之甚，至於泣血漣如，屯之極也。若陽剛而
有助，則屯既極可濟矣。[集說]梁氏寅曰：屯之極，乃亨
之時也。而上六陰柔無應。不離於險，是安有亨之時哉？
坎爲血卦，又爲加憂，泣血漣如之象也。[案]卦者時也，
爻者位也，此聖經之明文，而歷代諸儒所據以爲說者，不
可易也。然沿襲之久，每局於見之拘，遂流爲說之誤。何
則？其所目爲時者，一時也。其所指爲位者，一時之位
也。如屯則定爲多難之世，而凡卦之六位，皆處於斯世，
而有事於屯者也。夫是以二爲初所阻，五爲初所逼，遂使
一卦六爻，止爲一時之用，而其說亦多駁雜而不槩於理，
此談經之敝也。蓋易卦之所謂時者，人人有之，如屯則士
有士之屯，窮居未達者是也。君臣有君臣之屯，志未就、
功未成者是也。甚而庶民商賈之賤，其不逢年而鈍於市
者，皆屯也。聖人繫辭，可以包天下萬世之無窮，豈爲一
時一事設哉？苟達此義，則初自爲初之屯，德可以有爲而
時未至也。二自爲二之屯，道可以有合而時宜待也。五自
爲五之屯，澤未可以遠施，則爲之宜以漸也。其餘三爻，
義皆倣是。蓋同在屯卦，則皆有屯象。異其所處之位，則
各有處屯之理。中間以承乘比應取義者，亦虛象爾。故二
之乘剛，但取多難之象，初不指初之爲侯也。五之屯膏，

但取未通之象，亦不因初之爲侯也。今曰二爲初阻，五爲初逼，則初乃卦之大梗，而易爲衰世之書，豈聖人意哉？六十四卦之理，皆當以此例觀之，庶乎辭無窒礙而義可得矣。

【李鏡池】這就是和對偶婚同時的劫掠婚。女子被劫，她不願意，大哭大喊，「泣血漣如」，哭的慘傷。泣血，淚盡而繼之以血，極言其悲痛；「漣」，水的波瀾，形容流淚之多。

【郭建勳】此爻居屯卦最上一爻，初創的艱難已發展至極點，難極而易，局面卽將出現轉機，但此時正如黎明前的黑暗、臨產前的巨痛，故有「泣血漣如」之象。○屯卦的上爻，象徵艱難局面卽將扭轉之前的極端困頓，如同騎馬的人排列著紛紛去尋找出路，卻只能傷心而不停地流下血淚。

【本書新解】[爻象]上六：陰柔得正，處極地，無應，有屯積至極而反轉成空之象。[語譯]屯卦上爻，騎馬排列成班，因傷心流淚而哭紅了眼。[義理]「物極必反」是自然界一種常見的現象，當屯積豐足到極點時，有可能會反轉成空。[案例]自公劉遷移至豳（今陝西彬縣、旬邑一帶），歷經數代之經營，傳至古公亶父時，因戎狄侵擾日益嚴重，被迫與親信們騎上馬，領著百姓出走，以圖另覓安身之地。回首觀望，歷代苦心經營的產業將轉眼成空，面臨此情此景，通常人都會悲從中來，傷心流淚而難以自已。時至公元二○二一年五月，美國宣布自阿富汗撤軍，塔利班部隊隨卽以迅雷不及掩耳之勢，快速攻佔阿富

汗大部分城鎮。許多百姓因畏懼塔利班勢力而紛紛逃往國
外，人們忍痛放棄辛苦積累的房地、家產，只爲了能苟全
性命於亂世。

新解與傳統解釋之比較，列表如下：

屯卦卦辭	有無觀象	有無義理	義理是否明確/合理	史事印證	備考
孔穎達	有	有	感覺牽強	無	
程頤	無	有	感覺牽強	無	
朱熹	有	有	感覺牽強	無	
楊萬里	無	有	感覺牽強	有	
來知德	有	有	感覺牽強	無	
李光地	有	有	感覺牽強	無	
李鏡池	無	無	……	無	
郭建勳	有	有	感覺牽強	無	
本書新解	有	有	是	有	

屯卦初爻	有無觀象	有無義理	義理是否明確/合理	史事印證	備考
孔穎達	無	有	是	無	
程頤	有	有	是	無	
朱熹	有	有	是	無	
楊萬里	有	有	是	有	
來知德	有	有	是	無	

李光地	有	有	是	無	
李鏡池	無	無	……	無	
郭建勳	有	有	是	無	
本書新解	有	有	是	有	

屯卦第二爻	有無觀象	有無義理	義理是否明確/合理	史事印證	備考
孔穎達	有	有	感覺牽強	無	
程頤	有	有	感覺牽強	無	
朱熹	有	有	是	無	
楊萬里	有	有	感覺牽強	有	
來知德	有	有	感覺牽強	有	
李光地	有	有	程朱二子說法相左	有	
李鏡池	無	無	……	無	
郭建勳	有	有	感覺牽強	無	
本書新解	有	有	是	有	

屯卦第三爻	有無觀象	有無義理	義理是否明確/合理	史事印證	備考
孔穎達	有	有	是	無	
程頤	有	有	是	無	
朱熹	有	有	是	無	

楊萬里	有	有	是	有	
來知德	有	有	是	無	
李光地	有	有	是	無	
李鏡池	無	無	……	無	
郭建勳	無	有	是	無	
本書新解	有	有	是	無	

屯卦 第四爻	有無 觀象	有無 義理	義理是否 明確/合理	史事 印證	備考
孔穎達	有	有	是	無	
程頤	有	有	是	無	
朱熹	有	有	是	無	
楊萬里	有	有	是	有	
來知德	有	有	是	無	
李光地	有	有	是	無	
李鏡池	無	無	……	無	
郭建勳	有	有	是	無	
本書新解	有	有	是	有	

屯卦 第五爻	有無 觀象	有無 義理	義理是否 明確/合理	史事 印證	備考
孔穎達	有	有	感覺牽強	無	
程頤	有	有	感覺牽強	有	

	有無觀象	有無義理	義理是否明確/合理	史事印證	備考
朱熹	有	有	感覺牽強	無	
楊萬里	有	有	感覺牽強	有	
來知德	有	有	感覺牽強	無	
李光地	有	有	感覺牽強	有	
李鏡池	無	無	……	無	
郭建勳	有	有	是	無	
本書新解	有	有	是	無	

屯卦上爻	有無觀象	有無義理	義理是否明確/合理	史事印證	備考
孔穎達	有	有	感覺牽強	無	
程頤	有	有	感覺牽強	無	
朱熹	有	有	感覺牽強	無	
楊萬里	有	有	感覺牽強	有	
來知德	有	有	感覺牽強	無	
李光地	有	有	感覺牽強	無	
李鏡池	無	無	……	無	
郭建勳	有	有	感覺牽強	無	
本書新解	有	有	是	有	

由以上表格，我們發現：

（1）除了李鏡池的版本未採取觀象之法，其餘八家
均觀察卦象、爻象來解讀卦、爻辭。

（2）除了李鏡池的版本只作卦、爻辭字面的解釋而無卦、爻辭義理外，其餘八家大致都有卦、爻辭義理。

（3）除了本書新解及楊萬里的版本有史事印證外，其餘七家缺乏史事印證。

（4）楊萬里版本之史事印證偏向於以卦、爻辭義理來印證史事，而本書新解之史事印證則偏向於以商、周時期之歷史事件來佐證卦、爻辭。

（5）對於屯卦卦、爻辭的解釋，本書新解與傳統解讀出現明顯的差異。本書新解運用「條件制約解易法」解讀出屯卦之卦、爻辭義理如下：

「屯駐.積聚，建設諸侯國以厚植實力，對於討伐紂王、平定天下的遠程目標則暫時不要大力施展。」六爻則是「屯積」過程中的一些重要提示：

①以「利居貞」強調，要安居勿進，以蓄積實力。

②以「女子貞不字，十年乃字」比喻，在屯積實力的過程中要堅定目標，不受外來誘惑而改變自己的步調，等到時機成熟時，才同意展開行動。

③以「即鹿無虞」比喻，謀求事業有成，需要專業人才輔佐。

④以「求婚媾，往吉」比喻，要主動前往以求取賢才。

⑤以「屯其膏」比喻，積累領導者對百姓的恩
　澤以獲取民心，但是下施恩澤應當有度，不
　能過度散發財物而有損「屯積」之原意。

⑥以「泣血漣如」比喻，屯積到極點時，或許
　會反轉成空而傷心落淚。

　　從卦辭到爻辭，「屯」字的解釋都是「屯積」的
意思。所以，屯卦的「屯」字讀音唸「豚」，而不唸
「諄」。此外，從卦序、卦象、卦辭、爻象、爻辭整體來
看，本書新解對於屯卦卦辭及爻辭的解釋相對較為明晰而
且貫通，並以商、周之史事佐證卦、爻辭的說法。反觀傳
統解讀，對於屯卦卦辭及第二、五、六爻爻辭的解釋感覺
頗為牽強，實在有必要再進行推敲並加以釐清。

（二）需卦之比較

需卦卦辭

　　【周易原文】需，有孚，光亨，貞吉，利涉大川。

　　【孔穎達】正義曰：此需卦系辭也。「需」者，待
也。物初蒙稚，待養而成，無信即不立，所待唯信也，故
云「需有孚」，言「需」之為體，唯有信也。「光亨貞
吉」者，若能有信，即需道光明物得亨通，於正則吉，故
云「光亨貞吉」也。「利涉大川」者，以剛健而進，即不
患於險，乾德乃亨，故云「利涉大川」。

　　【程頤】需者，須待也。以二體言之，乾之剛健上
進而遇險未能進也，故為需待之義。以卦才言之，五居君

位，爲需之主，有剛健中正之德而誠信充實於中。中實有孚也，有孚則光明，而能亨通、得貞正而吉也。以此而需，何所不濟？雖險无難矣，故利涉大川也。凡貞吉有既正且吉者，有得正則吉者，當辯也。

【朱熹】需，待也。以乾遇坎，乾健坎險，以剛遇險，而不遽進以陷於險，待之義也。孚，信之在中者也。其卦九五以坎體中實，陽剛中正而居尊位，爲有孚得正之象。坎水在前，乾健臨之，將涉水而不輕進之象。故占者爲有所待，而能有信，則光亨矣。若又得正，則吉，而利涉大川。正固无所不利，而涉川尤貴於能待，則不欲速而犯難也。

【楊萬里】需者，有所須而動，有所待而發。傳曰：需，事之下。又曰：需，事之賊。言猶豫不決之害事也。而光且亨、且吉、且利，何也？易之需，非不決之需，見險而未可動，能動而能不動者也，孚且貞故也。孚者，以誠待詐，詐窮而誠自達；貞者，以正待邪，邪詘而正自伸。惟誠惟正，无敵於天下，是惟无動，動則亨吉，雖大川亦可涉而利也。先主所謂操以詐，孤以誠；操以暴，孤以仁，蓋假之者也。假之者且然，而況性之身之者乎！乾之剛健，誠且正也，坎之險陷，邪且詐也。大川坎也。

【來知德】需雖有所待，乃我所當待也，非不當待而待也。孚者，信之在中者也。坎體誠信，克實于中，孚之象也。光者此心光明，不爲私欲所蔽也。中爻離，光明之象也。亨者，此心亨泰，不爲私欲所窒也。坎爲通，亨通之象也。貞者事之正也。八卦正位，坎在五，陽剛中

正，爲需之主，正之象也，皆指五也。坎水在前，乾健臨之。乾知險，涉大川之象也。又中爻兌綜巽，坎水在前，巽木臨之，亦涉大川之象，詳見頤卦上九。孚貞者，盡所需之道。光亨吉利者，得所需之效。需若無實，必無光亨之時。需若不正，豈有吉利之理。言事若有所待，而心孚信，則光明而亨通矣。而事又出于其正，不行險以僥倖，則吉矣，故利涉大川。

【李光地】[本義]需，待也。以乾遇坎，乾健坎險，以剛遇險而不遽進以陷於險，待之義也。孚，信之在中者也。其卦九五以坎體中實，陽剛中正，而居尊位，爲有孚得正之象。坎水在前，乾健臨之，將涉水而不輕進之象。故占者爲有所待而能有信，則光亨矣。若又得正則吉，而利涉大川，正固无所不利，而涉川尤貴於能待，則不欲速而犯難也。[程傳]需者，須待也。以二體言之，乾之剛健上進而遇險，未能進也，故爲需待之義。以卦才言之，五居君位，爲需之主，有剛健中正之德，而誠信充實於中。中實，有孚也。有孚則光明而能亨通，得貞正而吉也。以此而需，何所不濟？雖險无難矣，故利涉大川也。凡貞吉，有旣正且吉者，有得正則吉者，當辨也。[集說]〇《朱子語類》云：需者寧耐之意，以剛遇險，時節如此，只得寧耐以待之。且如涉川者，多以不能寧耐致覆溺之禍，故需卦首言利涉大川。〇項氏安世曰：需非終不進也，抱實而遇險，有待而後進也。凡待者，皆以其中有可待之實也，我實有之，但能少待，必有光亨之理。若其無之，何待之有？故曰「需有孚光亨」。光亨者

不可以盈，必敬慎以終之，故曰貞吉。信能行此，則其待不虛，其進不溺，故曰利涉大川。「有孚光亨貞吉」者需之道也，「利涉大川」者，需之效也。○胡氏炳文曰：需而無實，無光且亨之時；需而非正，無吉且利之理；世有心雖誠實，而處事或有未正者，故曰孚，又曰貞。○林氏希元曰：凡人作事，皆責成於目前，其間多有阻礙而目前不可成者，其勢不容於不待。然不容不待者，其心多非所樂，其待也未必出於中誠，不免於急迫覬望之意，如此則懷抱不開，胸中許多暗昧抑塞，而不光明豁達，故聖人特發有孚之義。蓋遇事勢之未可為，即安於義命，從容以待機會，而不切切焉以厚覬望，則其待也，出於真實而非虛假矣。如此則心逸日休，胸襟灑落而無滯礙，不亦光明豁達乎？然使心安於需，而事或未出於正，則將來亦未必可成，必也所需之事，皆出於正，而無行險僥倖之為，則功深而效得，時動而事起，向者之所需，而今皆就緒矣，故吉。

【李鏡池】「需」，行旅之卦，商旅之義不顯。先說「有孚」，指商旅獲利。「利涉大川」，《易》常占。涉大川，行旅中一大問題，很危險。涉大川則非舟楫不可。古代舟楫未便，但剖木為舟，或用木札成木排，可以推知必有舟楫。「光亨」，猶大亨。《易》多說「元亨」，光亨同于元亨。

【郭建勳】需，卦名。下卦為乾，上卦為坎，詞義為等待。○需卦象徵等待時機只要心懷誠信，就能開創廣大亨通的前景。保持貞正可獲吉祥，有利於像渡過大河那樣

的克服艱難險阻。

【本書新解】[卦象]水天，需卦。從卦象來看，上卦爲水，下卦爲天；水在天上爲雲，必須等待條件成熟，才能變成雨水回落大地，由於有等待之象，故取名爲需卦。[語譯]等待，有誠信，心志光明通達，固守等待則吉利，宜用來度過險難。[義理]萬物成事都有一段醞釀、等待的過程，不可操之過急，等到時機成熟再採取行動則吉祥。就像要渡過寬闊的河流，等到水量較少或結冰的季節再行通過，相對比較安全，也比較容易達成目標。[案例]《史記·周本紀》記載「是時，諸侯不期而會盟津者八百諸侯。諸侯皆曰：『紂可伐矣。』武王曰：『女未知天命，未可也。』乃還師歸。」武王伐紂也是經過長時間的等待與準備，不會貿然出兵。過了兩年，紂王更加荒淫無道且大失民心，武王認爲時機已經成熟，才正式號召諸方國，發起弔民伐罪的戰爭，最後完成翦除殷商，建立周朝的目標。

需卦第一爻

【周易原文】初九，需于郊，利用恆，无咎。

【孔穎達】正義曰：但難在於坎，初九去難既遠，故待時在於郊。郊者是境上之地，亦去水遠也。「利用恆，無咎」者，恆，常也，遠難待時以避其害，故宜利保守其常，所以無咎，猶不能見幾速進，但得無咎而已。

【程頤】需者以遇險，故需而後進，初最遠於險，故爲需于郊。郊，曠遠之地也。處於曠遠，利在安守其常，

則无咎也。不能安常則躁動犯難，豈能需於遠而无過也？

【朱熹】郊，曠遠之地，未近於險之象也，而初九陽剛，又有能恆於其所之象，故戒占者能如是，則无咎也。

【楊萬里】象曰：需於郊，不犯難行也。利用恆无咎，未失常也。坎水爲險，初九去險遠矣。故需于郊，郊遠於水之地也。宅於水而資舟，備難者也；宅于郊而馮河，犯難者也。无難而犯難以求利，不若守常之爲利，无難而不安于守常，若穆公伐鄭，夫差伐齊，其咎何如哉？

【來知德】郊者，曠遠之地，未近于險之象也。乾爲郊，郊之象也，故同人小畜皆言郊。需于郊者，不冒險以前進也。恆者常也，安常守靜，以待時，不變所守之操也。利用恆无咎者，戒之也，言若無恆，猶有咎也。初九陽剛得正，未近于險，乃不冒險以前進者，故有需郊之象。然需于始者，或不能需于終，故必義命自安，恆于郊而不變，乃其所利也。戒占者能如此則无咎矣。

【李光地】[本義]郊，曠遠之地，未近於險之象也，而初九陽剛，又有能恆於其所之象，故戒占者能如是，則无咎也。[程傳]需者以遇險，故需而後進。初最遠於險，故爲需于郊。郊，曠遠之地也。處於曠遠，利在安守其常，則无咎也。不能安常，則躁動犯難，豈能需於遠而无過也？[集說]○孔氏穎達曰：難在於坎，初九去難既遠，故待於郊。郊者境上之地，去水遠也。恆，常也。遠難待時，以避其害，故宜保守其常，所以无咎。○梁氏寅曰：需下三爻，以去險遠近爲吉凶。初以陽處下，最遠於險，故爲需于郊之象。郊，荒遠之地也，而君子安處焉，故云

利用恆。

【李鏡池】在郊野爲雨淋濕，沒處避，只好走下去。「恆」，照常。

【郭建勳】此爻爲下乾初爻，離上卦坎險最遠，故以郊外爲喻。又此爻爲需卦之始，爾後將有較長的等待時間，故強調有恆心。○需卦的初爻，象徵等待剛剛開始，就像在遠離危險的郊外等待，保持恆心必將有利，沒有禍害。

【本書新解】[爻象]初九：本爻距離坎險最遠，本來很安全，但是初九爲陽爻又居陽位，性剛好動，且與六四爻有應，容易躁進而入坎險，故爻辭中提示要用恆心繼續等待，才不會引起災禍。[語譯]需卦初爻，在距離坎險甚遠的郊野等待，持之以恆，則無災過。[義理]在初始階段，距離目標還很遙遠，保持耐心地等待，不衝動躁進，則無災過。[案例]周人自稱西土小國，在面對殷商大國，早期多採取依附大國的政策，即使周侯季歷不明不白的死在殷都，也不敢採取長期激烈的抗爭，只能默默地生聚教訓，培養自己的實力。

需卦第二爻

【周易原文】九二，需于沙，小有言，終吉。

【孔穎達】正義曰：沙是水傍之地，去水漸近，待時於沙，故難稍近。雖未致寇，而「小有言」以相責讓。「近不逼難，遠不後時」，但「履健居中，以待要會」，雖小有責讓之言，而終得其吉也。

【程頤】坎爲水，水近則有沙。二去險漸近，故爲需于沙。漸近於險難，雖未至於患害，已小有言矣。凡患難之辭，大小有殊，小者至於有言，言語之傷至小者也。二以剛陽之才而居柔守中，寬裕自處，需之善也。雖去險漸近而未至於險，故小有言語之傷，而无大害，終得其吉也。

【朱熹】沙，則近於險矣。言語之傷，亦災害之小者。漸進近坎，故有此象。剛中能需，故得終吉。戒占者當如是也。

【楊萬里】象曰：需于沙，衍在中也。雖小有言，以吉終也。渚自水出曰沙，需于沙，則去水之險漸近矣。近水者未溺，沙傾則溺；近難者未隙，言出則隙。九二以陽居陰，則寬綽而有衍，以位居中，則正大而不過。寬而不過，則小有言之隙，可以窒而不開矣。吳濞以太子之隙，常出怨言矣。文帝寬而不詰，故終其世而亂不作，所謂終吉也。

【來知德】坎爲水，水近則有沙，沙則近于險矣。漸近于險，雖未至于患害，已小有言矣。小言者，衆人見譏之言也。避世之士，知前有坎陷之險，責之以潔身，用世之士，知九二剛中之才，責之以拯溺也。中爻爲兌口舌，小言之象也。終吉者，變爻離明，明哲保身，終不陷于險矣。二以陽剛之才，而居柔守中，蓋不冒險而進者，故有需于沙之象。占者如是，雖不免小有言，終得其吉也。

【李光地】[本義]沙則近於險矣。言語之傷，亦災害之小者，漸進近坎，故有此象。剛中能需，故得終吉，

戒占者當如是也。[程傳]坎爲水，水近則有沙。二去險漸近，故爲需于沙。漸近於險難，雖未至於患害，已小有言矣。凡患難之辭，大小有殊。小者至於有言，言語之傷，至小者也。二以剛陽之才，而居柔守中，寬裕自處，需之善也。雖去險漸近，而未至於險，故小有言語之傷而无大害，終得其吉也。[集說]〇孔氏穎達曰：沙是水旁之地，去水漸近，故難稍近而小有言。但履健居中以待要會，終得其吉也。〇胡氏炳文曰：初最遠坎，利用恆乃无咎。九二漸近坎，小有言矣。而曰終吉者，初九以剛居剛，恐其躁急，故雖遠險，猶有戒辭。九二以剛居柔，寬而得中，故雖近險而不害其爲吉。

【李鏡池】在洲沚中偶不小心，掉在水裡，爲水所涇。「小有言」，犯了小錯。言借爲愆，過錯也。「終吉」，終于沒事，涇了一點不要緊。

【郭建勳】此爻爲下乾中爻，相對初九而言，離上卦坎險又接近了一步，就像在離水不遠的沙洲上等待；處此地位，雖未至於患害，但還是稍受他人指責。〇需卦的第二爻，象徵持續地等待，就像在較近危險的沙洲上等待，將稍受他人閒言的指責，但最後必將獲得吉祥。

【本書新解】[爻象]九二：本爻距離坎險不遠，就像腳踩在河邊的沙地上，雖然沒有站在郊野上那麼踏實，但也不至於陷落到水裡。本爻爲陽爻，在陰位，又居下卦之中，因此行事剛柔相濟且中庸，所以終究還是吉祥。[語譯]需卦第二爻，在距離坎險不遠的沙地等待，稍有閒言閒語，終究還是會吉祥。[義理]在默默準備，等待時機成

科學方法與周易新解：運用科學方法破解周易謎團

熟的過程中，由於實力漸漸增長，難免會有人在背後挑撥，製造一些麻煩，只要行事中庸、處置得當，終究還是會吉祥。[案例]在等待時機成熟的過程中，由於實力日益增長，難免會有人在背後進行挑撥。《史記‧周本紀》記載：「崇侯虎譖西伯於殷紂曰：『西伯積善累德，諸侯皆向之，將不利於帝。』帝紂乃囚西伯於羑里。」崇侯虎的閒言閒語，讓文王被拘禁在羑里將近七年，然而文王小心應對，處置得宜，終能化險為夷回到周地。

需卦第三爻

【周易原文】九三，需于泥，致寇至。

【孔穎達】正義曰：泥者，水傍之地，泥溺之處，逼近於難，欲進其道，難必害已。故致寇至，猶且遲疑而需待時，雖卽有寇至，亦未為禍敗也。

【程頤】泥逼於水也，旣進逼於險，當致寇難之至也。三剛而不中，又居健體之上，有進動之象，故致寇也。苟非敬慎，則致喪敗矣。

【朱熹】泥，將陷於險矣。寇，則害之大者。九三去險愈近而過剛不中，故其象如此。

【楊萬里】象曰：需于泥，災在外也。自我致寇，敬慎不敗也。初需于郊，止而不敢進；二需于沙，進而不敢逼；三進而逼于水矣。泥者，逼于水者也。雖逼于水，未溺於水也。何也？坎之災猶在外也。災在外，而我逼之，是水不溺人，而人狎水者也。狎水死者，勿咎水；致寇敗者，勿咎寇，自我致之故也。雖然，善備无寇，善禦

无敗，既有寇矣，敬愼以禦之，猶不敗也。不敗於寇，不若不致夫寇，不致夫寇，不若不逼夫寇，三居健之極，進之勇，能不逼乎？不然，在外之災，安能寇我？楚非宋寇也，襄公與楚爭霸，而敗于泓，宋致寇而不敬愼也。晉非楚寇也，莊王與晉爭鄭而勝于邲，楚敬愼而晉否臧也。

【來知德】泥逼于水，將陷于險矣，寇之地也。坎爲盜在前，寇之象也。九三居健體之上，才位俱剛，進不顧前，邇于坎盜，故有需泥寇至之象。健體敬愼惕若，故占者不言凶。

【李光地】[本義]泥將陷於險矣，寇則害之大者。九三去險愈近而過剛不中，故其象如此。[程傳]泥逼於水也，既進逼於險，當致寇難之至也。三剛而不中，又居健體之上，有進動之象，故致寇也。苟非敬愼，則致喪敗矣。[集說]○王氏申子曰：泥則切近水矣，險已近，而又以剛用剛而進逼之，是招致寇難之至也。○龔氏煥曰：郊、沙、泥之象，視坎水遠近而爲言者也，易之取象如此。

【李鏡池】陷在泥濘裡爲泥所淫，夠苦了，更不幸的是有強盜來搶劫。商旅難免會遇到強劫的。

【郭建勳】此爻爲下乾上爻，已緊鄰上卦坎險，就像在水邊的泥濘中等待；且九三以陽剛居下卦之上，有亢進之象，故云不愼將招致強寇。○需卦的第三爻，象徵更長久的持續等待，就像在瀕臨危險的泥濘中等待，稍不愼重將招致像強寇一樣的危害到來。

【本書新解】[爻象]九三：本爻距離坎險甚近，就像

腳陷在河邊的泥沼地裡，雖然還沒跌落到水中，但是容易招引來麻煩。本爻爲陽爻，在陽位，性剛好動，與上六有應，近險地又躁進，容易有危害。[語譯]需卦第三爻，在緊鄰坎險的泥沼地等待，容易招引盜匪來到。[義理]在等待時機成熟的過程中，由於本身實力持續增強，難免會引起對手注意，如果還行事高調，輕舉妄動，有如近險地而又躁進，極可能引來侵擾等危害。[案例]周之實力日益增長，而文王仁德的美名又遠揚在外，許多人前來歸附。《今本竹書紀年》「帝辛（卽紂王）二十一年，春正月，諸侯朝周。伯夷、叔齊自孤竹歸於周。」由於諸侯朝周，行事太過高調，引來殷商大國的注意，兩年後，紂王藉故囚西伯姬昌（卽文王）於羑里。

需卦第四爻

【周易原文】六四，需于血，出自穴。

【孔穎達】正義曰：「需於血」者，謂陰陽相傷，故有血也。九三之陽而欲上進，此六四之陰而塞其路，兩相妨害，故稱「血」。言待時於血，猶待時於難中也。「出自穴」者，穴卽陰之路也，而處坎之始，是居穴者也。三來逼己，四不能拒，故出此所居之穴以避之，但順以聽命而得免咎也，故《象》云「需於血，順以聽命」也。

【程頤】四以陰柔之質處於險，而下當三陽之進，傷於險難者也，故云「需于血」。既傷于險難，則不能安處，必失其居，故云「出自穴」。穴，物之所安也。順以從時，不競於險難，所以不至於凶也。以柔居陰，非能競者也，

若陽居之，則必凶矣。蓋无中正之德，徒以剛競於險，適足以致凶耳。

【朱熹】血者，殺傷之地。穴者，險陷之所。四交坎體，入乎險矣，故爲需于血之象。然柔得其正，需而不進，故又爲出自穴之象。占者如是，則雖在傷地，而終得出也。

【楊萬里】象曰：需于血，順以聽也。陰陽相勝，亦相伺也。乾之三陽，所以需而未敢進者，伺坎之衰也。盜僧主人，亦伺主人，故六四亦需三陽之逼己也。雖然，三陽厄于險，故同力以濟險，四以一陰柔之資，而當三剛健之敵，傷于陽必矣。血者，傷也，物傷必避，避必順以聽命。出自穴者，傷于陽而避陽，且聽命于陽也。君子之于小人，不可窮也。三陽彙進，一陰退避，需之險於是濟矣。爲君子者，勿窮小人可也。王允旣誅董卓，而不宥催、氾；光弼垂定河北，而復圖思明，皆不開小人順聽之門之禍也。坎爲血卦。

【來知德】坎爲血，血之象也，又爲隱伏，穴之象也。偶居左右上下皆陽，亦穴之象也。血卽坎字，非見傷也。出自穴者，觀上六入于穴入字，此言出字，卽出入二字自明矣。言雖需于血，然猶出自穴外，未入于穴之深也。需卦近于坎，致寇至及入于坎，三爻皆吉者何也？蓋六四順于初之陽，上六陽來救援，皆應與有力。九五中正，所以皆吉也。凡看周公爻辭，要玩孔子小象，若以血爲殺傷之地，失小象順聽之旨矣。四交于坎，已入于險，故有需于血之象。然四與初爲正應，能順聽乎初，初乃乾

剛至健而知險，惟知其險，是出自穴外，不冒險以進，雖險而不險矣，故其象占如此。

【李光地】[本義]血者殺傷之地，穴者險陷之所。四爻坎體，入乎險矣，故爲需于血之象。然柔得其正，需而不進，故又爲出自穴之象。占者如是，則雖在傷地而終得出也。[程傳]四以陰柔之質處於險，而下當三陽之進，傷於險難者也，故云需于血。既傷於險難，則不能安處，必失其居，故云出自穴。穴，物之所安也。順以從時，不競於險難，所以不至於凶也。以柔居陰，非能競者也，若陽居之，則必凶矣。蓋无中正之德，徒以剛競於險，適足以致凶耳。[集說]○《朱子語類》：問：《程傳》釋穴，物之所安。曰：穴是陷處，喚作所安不得。柔得正了，需而不進，故能出於坎陷。○楊氏啓新曰：剛者能需，柔亦能需，何也？剛柔皆有善惡。剛之需，猶乾之健而知險也；柔之需，猶坤之簡而知阻也。

【李鏡池】穴是穴居野處的穴，如窰洞或地下室。陝人至今住窰洞。旅人晚上投宿人家，主人不歡迎，甚至搶劫，把他打傷，滿身血污逃出地穴。這是不幸的遭遇。

【郭建勳】此爻是就上卦坎險本身而言，六四處上坎之下，是極險之地，但因此爻陰柔得正，入於險中能冷靜等待，方能從險穴中脫出，故有化險爲夷之義。○需卦的第四爻，象徵等待已進入極爲艱險的階段，就像在血泊中等待，必須冷靜堅強方可從險境中脫出。

【本書新解】[爻象]六四：本爻居上坎之下端，已入坎險；然而，本身爲陰爻又在陰位，與初九有應，象徵

柔順處事且有下援，故能脫離險地。[語譯]需卦第四爻，在易遭殺戮的血泊之地等待，靠自己脫離險陷的所在。[義理]在等待時機成熟的過程中，卻落入有殺身之禍的險境，此時言行舉止、應對進退要特別柔順，雖有下屬之援助，主要得靠自己的作為來脫離險境。[案例]《史記·殷本紀》「九侯有好女，入之紂。九侯女不喜淫，紂怒，殺之，而醢九侯。鄂侯爭之彊，辨之疾，并脯鄂侯。西伯昌聞之，竊嘆。崇侯虎知之，以告紂，紂囚西伯羑里。西伯之臣閎夭之徒，求美女奇物善馬以獻紂，紂乃赦西伯。」西伯姬昌（即文王）被紂王囚禁在羑里，生死只在紂王一念之間，然而文王柔順事上（請參考第八章有關履卦之解釋），以自己的表現來消除紂王的疑慮，再配合屬下的疏通打點，拘禁近七年，終於得到紂王同意而得以脫身，安全返回周地。

需卦第五爻

【周易原文】九五，需于酒食，貞吉。

【孔穎達】正義曰：「需於酒食貞吉」者，五既為需之主，已得天位，無所復需，但以需待酒食以遞相宴樂而得貞吉。

【程頤】五以陽剛居中得正，位乎天，位克盡其道矣。以此而需，何需不獲？故宴安酒食以俟之，所須必得也。既得貞正，而所需必遂，可謂吉矣。

【朱熹】酒食，宴樂之具，言安以待之。九五陽剛中正，需于尊位，故有此象。占者如是正固，則得吉。

科
學
方法與
周易
新解：運用科學方法破解周易謎團

【楊萬里】象曰：酒食貞吉，以中正也。陽彙而進，陰引而退，九五以陽剛，居中得正，而位乎天位，險者夷，難者解，天下治平矣。於此何爲哉？涵養休息，與天下相安于无事而已。不可移濟險之道爲履平之道也。萬物需雨澤，人需飲食，天下需涵養。雲上于天，物之需也。需者，飲食之道，人之需也。需于酒食，貞吉，天下之需也。酒食者，養天下之謂，成、康、文、景得之矣。有險樂險則媮，周平王、晉元帝是也；无險行險則擾，秦始皇、漢武帝是也。

【來知德】坎，水酒象。中爻兌，食象。詳見困卦。酒食，宴樂之具。需于酒食者，安于日用飲食之常，以待之而已。貞吉者，正而自吉也，非戒也。九五，陽剛中正，居于尊位，蓋優游和平，不多事以自擾，無爲而治者也，故有需于酒食之象，其貞吉可知矣。占者有是貞，亦有是吉也，

【李光地】[本義]酒食，宴樂之具，言安以待之。九五陽剛中正，需於尊位，故有此象。占者如是而貞固，則得吉也。[程傳]五以陽剛居中得正，位乎天位，克盡其道矣。以此而需，何需不獲？故宴安酒食以俟之，所須必得也。既得貞正而所需必遂，可謂吉矣。[集說]○鄭氏維嶽曰：《繫辭》曰「需者飲食之道也」，《象》曰「君子以飲食宴樂」，爻曰「需于酒食」。以治道言，使斯民樂其樂而利其利，期治於必俟百年之後，而不爲近功者，須待之義也。○喬氏中和曰：九五之貞吉也，豈徒以酒食云哉？險而不陷，中自持也。[案]需之爲義最廣，其大者莫

如王道之以久而成化，而不急於淺近之功。聖學之以寬而居德，而不入於正助之弊。卦惟九五剛健中正以居尊位，是能盡需之道者，故《象傳》特舉此爻，以當彖辭之義；而《大象傳》又特取此爻爻辭，以蔽需義之全。蓋繼屯蒙之後，既治且教，而所謂休養生息，使之樂樂而利利，漸仁摩義，使之世變而風移者，其在於需乎？觀需之卦而不知此爻之義，但以諸爻處險之偏乎一義者概之，則需與蹇困何異哉？

【李鏡池】有的主人卻極表歡迎，好酒好肉款待。客人酒足飯飽，醉得一蹋糊塗身也弄濕了。這和「需于血」對稱，意在表明主人好客，客人幸遇。

【郭建勳】此爻以陽剛居於君位，得中得正，且等待已久，事物的發展已出現轉機，為君者應當見機而作，膏澤天下。○需卦的第五爻，象徵等待的轉機已經出現，為君者應當將德澤如同美酒佳餚一樣施給人民，保持貞正的德性可獲吉祥。

【本書新解】[爻象]九五：此爻以陽剛居君位，得中，有行事適中之象。[語譯]需卦第五爻，在飲食安樂中等待，固守中道，則吉祥。[義理]身居領導要職，言行適中以爭取對方信任，方可在安樂中等待時機的到來。[案例]《史記·殷本紀》「紂囚西伯羑里。西伯之臣閎夭之徒，求美女奇物善馬以獻紂，紂乃赦西伯。西伯出而獻洛西之地，以請除炮格之刑。紂乃許之，賜弓矢斧鉞，使得征伐，為西伯。」《史記·齊太公世家》「周西伯昌之脫羑里歸，與呂尚陰謀修德以傾商政，其事多兵權與奇計，

故後世之言兵及周之陰權皆宗太公爲本謀。」西伯姬昌
（卽文王）自羑里返周後，第二年，卽率領諸侯向紂王朝
貢。第三年，得到姜太公的輔佐。第五年，紂王賜文王有
權討伐叛逆。在這段時期，文王極力博取紂王的信任與重
用，因此不必擔心他人之離間，而可以在安樂的心境中繼
續等待時機的到來。

需卦第六爻

【周易原文】上六，入于穴，有不速之客三人來，敬
之，終吉。

【孔穎達】正義曰：「上六入於穴」者，上六陰爻，
故亦稱「穴」也。上六與三相應，三來之己，不爲禍害，
乃得爲己援助，故上六無所畏忌，乃「入於穴」而居也。
「有不速之客三人來」者，速，召也，不須召喚之客有三
人自來。三人謂「初九」、「九二」、「九三」。此三陽
務欲前進，但畏於險難，不能前進。其難既通，三陽務欲
上升，不須召喚而自來，故云「有不速之客三人來」也。
「敬之終吉」者，上六居無位之地，以一陰而爲三陽之
主，不可怠慢，故須恭敬此三陽，乃得終吉。

【程頤】需以險在前，需時而後進，上六居險之終，
終則變矣。在需之極，久而得矣。陰止於六，乃安其處，
故爲入于穴，穴所安也。安而既止，後者必至。不速之客
三人，謂下之三陽，乾之三陽非在下之物，需時而進者
也。需既極矣，故皆上進，不速不促之而自來也。上六既
需得其安處，羣剛之來，苟不起忌疾忿競之心，至誠盡敬

以待之，雖甚剛暴，豈有侵陵之理？故終吉也。或疑以陰居三陽之上，得爲安乎？曰：三陽乾體，志在上進，六陰位，非所止之正，故无爭奪之意，敬之則吉也。

【朱熹】陰居險極，无復有需，有陷而入穴之象。下應九三，九三與下二陽需極並進，爲不速客三人之象。柔不能禦而能順之，有敬之之象。占者當陷險中，然於非意之來，敬以待之，則得終吉也。

【楊萬里】象曰：不速之客來，敬之終吉，雖不當位，未大失也。險至上而終，需至上而極，險終則變，陽極則升。乾之三陽欲進，而坎爲險以阻之，至上六則終而變矣。三陽雖爲客，其需我之變久矣，我終能遏其來乎？敬以納之而已。主孤而客衆，主雖有危之勢，敬客以及主，主亦有安之理。入于穴者，主安也。桓溫作難于晉，晚而病亟，猶幸不殺王謝，晉室安而桓氏亦安，此其效也。不當位，陰居上，則僭也。僭而未大失者，小人敬君子，抑亦僭之救也與？不然，壅甚必決，蘊甚必裂，如秦末之法吏，漢季之閹寺，衆所快也，亦所憫也。君子之于小人亦然。

【來知德】陰居險陷之極，入于穴之象也，變巽爲入，亦入之象也。下應九三，陽合乎陰，陽主上進，不召請而自來之象也。我爲主，應爲客，三陽同體，客三人之象也。入穴窮困，望人救援之心甚切，喜其來而敬之之象也。終吉者，以陽至健知險，可以極溺也。上六居險之極，下應九三，故其象如此。占者之吉可知矣。

【李光地】[本義]陰居險極，无復有需，有陷而入穴

之象。下應九三，九三與下二陽，需極並進，爲不速客三人之象。柔不能禦而能順之，有敬之之象。占者當陷險中，然於非意之來，敬以待之，則得終吉也。[程傳]需以險在前，需時而後進。上六居險之終，終則變矣。在需之極，久而得矣。陰止於六，乃安其處，故爲入于穴。穴，所安也。安而既止，後者必至。不速之客三人，謂下之三陽。乾之三陽，非在下之物，需時而進者也。需既極矣，故皆上進，不速不促之而自來也。上六既需得其安處，群剛之來，苟不起忌疾忿競之心，至誠盡敬以待之，雖甚剛暴，豈有侵陵之理？故終吉也。或疑以陰居三陽之上，得爲安乎？曰：三陽乾體，志在上進，六陰位，非所止之正，故無爭奪之意，敬之則吉也。[集說]○胡氏炳文曰：入于穴，險極而陷之象。速者，主召客之辭。三人，乾三陽之象。下三陽非皆與上應也，有不速之象。上柔順，有敬之之象。上獨不言需，險之極，無復有需也。外卦險體二陰，皆有穴象。四出自穴而上則入于穴，何哉？六四柔正能需，猶可出於險，故曰出者，許其將然也。上六柔而當險之終，無復能需，惟入於險而已，故曰入者，言其已然也。然雖已入於險，非意之來，敬之終吉。君子未嘗無處險之道也○薛氏瑄曰：「有不速之客三人來，敬之終吉」，處橫逆之道也。○谷氏家杰曰：三居下卦之終，而示之以敬；上居上卦之終，而又示之以敬，則知處需者貴敬也。[總論]○蔣氏悌生曰：需，待也，以剛健之才，於險陷在前，當容忍待時，用柔而主靜。若不度時勢，恃剛忿躁而驟進，取敗亡必矣。初九去險尚遠，以用恒免咎。

九二漸近險，亦以用柔守中而終吉。九三已迫於險，象言敬慎不敗。六四已傷於險，以柔而不競，能出自穴。上六險陷之極，亦以能敬終吉。然則需待之時，能含忍守敬，皆可以免禍，需之時義大矣！

【李鏡池】不期而會，一連來了三位客人到地室投宿。主人又是一個好客的，一律殷勤招待，都很滿意。「不速」，不召自來。

【郭建勳】此爻居需卦最上一爻，「需」極而轉躁，故有入穴之象；然有下乾三陽前來協助，而上六又能敬待之，則可安然渡過坎險，完成等待的轉折。○需卦的上爻，象徵等待已達極限，陷入了險境之中，有三個未經邀請的客人前來，只要恭敬地對待他們，終歸能獲得吉祥。

【本書新解】[爻象]上六：本爻處極位，代表事將有變；換言之，有由等待轉變為行動之象。另本爻與九三有應，有連同會見九二及初九之象，故爻辭言不速之客三人。[語譯]需卦上爻，進入險陷之地，有一些意想不到的客人前來，恭敬謹慎地對待，終究會吉祥。[義理]等待的時機已到，開始採取行動，總會有人前來，或支持、或反對、或勸說、或談判，恭敬謹慎地對待，以免節外生枝，終究會吉祥。[案例]《史記・伯夷列傳》「伯夷、叔齊聞西伯昌善養老，盍往歸焉。及至，西伯卒，武王載木主，號為文王，東伐紂。伯夷、叔齊叩馬而諫曰：『父死不葬，爰及干戈，可謂孝乎？以臣弒君，可謂仁乎？』左右欲兵之。太公曰：『此義人也。』扶而去之。」武王出兵伐紂，伯夷、叔齊在路邊扣住武王的馬轡而進言阻止，左

右欲殺之，姜太公說彼等爲義人，於是攙扶他們離去。

新解與傳統解釋之比較，列表如下：

需卦卦辭	有無觀象	有無義理	義理是否明確/合理	史事印證	備考
孔穎達	有	有	是	無	
程頤	有	有	是	無	
朱熹	有	有	是	無	
楊萬里	有	有	是	有	
來知德	有	有	是	無	
李光地	有	有	是	無	
李鏡池	無	無	……	無	
郭建勳	無	有	是	無	
本書新解	有	有	是	有	

需卦初爻	有無觀象	有無義理	義理是否明確/合理	史事印證	備考
孔穎達	有	有	是	無	
程頤	有	有	是	無	
朱熹	有	有	是	無	
楊萬里	有	有	是	有	
來知德	有	有	是	無	
李光地	有	有	是	無	
李鏡池	無	無	……	無	

郭建勳	有	有	是	無	
本書新解	有	有	是	有	

需卦 第二爻	有無 觀象	有無 義理	義理是否 明確/合理	史事 印證	備考
孔穎達	有	有	是	無	
程頤	有	有	是	無	
朱熹	有	有	是	無	
楊萬里	有	有	是	有	
來知德	有	有	是	無	
李光地	有	有	是	無	
李鏡池	無	無	……	無	
郭建勳	有	有	是	無	
本書新解	有	有	是	有	

需卦 第三爻	有無 觀象	有無 義理	義理是否 明確/合理	史事 印證	備考
孔穎達	有	有	是	無	
程頤	有	有	是	無	
朱熹	有	有	是	無	
楊萬里	有	有	是	有	
來知德	有	有	是	無	
李光地	有	有	是	無	

科學
方法與
周易
新解：運用科學方法破解周易謎團

	有無觀象	有無義理	義理是否明確/合理	史事印證	備考
李鏡池	無	無	……	無	
郭建勳	有	有	是	無	
本書新解	有	有	是	有	

需卦 第四爻	有無 觀象	有無 義理	義理是否 明確/合理	史事 印證	備考
孔穎達	有	有	感覺牽強	無	
程頤	有	有	感覺牽強	無	
朱熹	有	有	是	無	
楊萬里	有	有	感覺牽強	有	
來知德	有	有	感覺牽強	無	
李光地	有	有	程朱二子說法 相反	無	
李鏡池	無	無	……	無	
郭建勳	有	有	是	無	
本書新解	有	有	是	有	

需卦 第五爻	有無 觀象	有無 義理	義理是否 明確/合理	史事 印證	備考
孔穎達	有	有	感覺牽強	無	
程頤	有	有	義理未明	無	
朱熹	有	有	義理未明	無	
楊萬里	有	有	感覺牽強	有	
來知德	有	有	感覺牽強	無	

李光地	有	有	義理未明	無	
李鏡池	無	無	……	無	
郭建勳	有	有	感覺牽強	無	
本書新解	有	有	是	有	

需卦上爻	有無觀象	有無義理	義理是否明確/合理	史事印證	備考
孔穎達	有	有	感覺牽強	無	
程頤	有	有	感覺牽強	無	
朱熹	有	有	感覺牽強	無	
楊萬里	有	有	感覺牽強	有	
來知德	有	有	感覺牽強	無	
李光地	有	有	程朱二子說法相反	無	
李鏡池	無	無	……	無	
郭建勳	有	有	感覺牽強	無	
本書新解	有	有	是	有	

由以上表格，我們發現：

（1）除了李鏡池的版本未採取觀象之法，其餘八家
　　　均觀察卦象、爻象來解讀卦、爻辭。

（2）除了李鏡池的版本只作卦、爻辭字面的解釋而
　　　無卦、爻辭義理外，其餘八家大致都有卦、爻
　　　辭義理。

（3）除了本書新解及楊萬里的版本有史事印證外，
其餘七家均無史事印證。

（4）楊萬里版本之史事印證偏向於以卦、爻辭義理
來印證史事，而本書新解之史事印證則偏向於
以商、周時期之歷史事件來佐證卦、爻辭。

（5）對於需卦卦辭及第一、二、三爻爻辭的解釋，
本書新解與傳統解釋大致相同，較無疑義。然
而，對於需卦第四、五、六爻爻辭的解釋，則
出現明顯的差異。本書新解運用「條件制約解
易法」解讀出需卦卦、爻辭義理如下：

「萬物成事都有一段醞釀、等待的過程，不可
操之過急，等待時機成熟再採取行動，比較吉
利。」需卦六爻則代表等待過程中之六種情勢
變化：

①以「需于郊，利用恆」比喻，初始階段有如
在距離坎險甚遠的地方等待，保持恆心，不
衝動躁進，則無災過。

②以「需于沙，小有言」比喻，實力漸長階段
有如在距離坎險不遠的地方等待，難免會有
閒言閒語從中挑撥，只要處置得當，終究還
是吉祥。

③以「需于泥，致寇至」比喻，實力續強階段
有如在緊鄰坎險的泥沼地等待，容易引起對
手注意，如果輕舉妄動，便會招來侵擾等危
害。

④以「需于血，出自穴」比喻，落入有殺身之
　禍的險境中等待，此時言行舉止、應對進退
　要特別柔順，主要須靠自己的表現來脫離險
　境。

⑤以「需于酒食」比喻，身居領導要職，言行
　適中以爭取對方信任，方可在安樂中等待時
　機的到來。

⑥以「入于穴」比喻，等待的時機已到，轉而
　採取行動；開始出兵進入殷紂王的地盤，會
　有贊成或反對的人前來遊說，謹慎因應終究
　吉祥。

　　仔細研讀傳統對需卦第四、五、六爻的解釋，發現各
家說法出現矛盾的現象，列舉如下：

　　◎針對需卦第四爻「六四，需于血，出自穴。」

　　第一種解釋，認爲六四爻處在穴中，有陽爻前來傷
害，六四爻不能安處，所以順應天命，脫離自己的穴居，
以免除災過。所以，認爲「穴」是安居之所。持這種看法
的有孔穎達、程頤、楊萬里。第二種解釋，認爲六四爻處
在險陷的穴中，由於柔順、等待而不躁進，所以能成功脫
離險穴。因此認爲「穴」是險陷之地。持這種看法的有朱
熹、來知德、郭建勳。李光地則將兩種解釋兼收並呈。

　　◎針對需卦第五爻「九五，需于酒食，貞吉。」

　　第一種解釋，認爲本爻已達尊位，在酒食宴樂中等
待，固守正道，就會如願而有所得。持這種看法的有孔穎

達、程頤、朱熹。第二種解釋，認爲本爻已達尊位，天下已經平定，應休養生息而與百姓在酒食安樂中等待，固守正道，就會吉利。持這種看法的有楊萬里、來知德、李光地、郭建勳。

◎針對需卦第六爻「上六，入于穴，有不速之客三人來，敬之，終吉。」

第一種解釋，認爲上六爻安處於穴，有三陽爻前來，能以恭敬待之，終究是吉祥。持這種看法的有孔穎達、程頤、楊萬里。第二種解釋，認爲上六爻陷入險穴之中，有三陽爻前來，只要恭敬地對待他們，終能獲得吉祥。持這種看法的有朱熹、來知德、郭建勳。至於李光地則將兩種解讀兼收並呈。

對於以上這些相互矛盾的解釋，吾人應何所適從？本書新解根據爻辭所描述的狀態，在商、周歷史中尋找相關事證，而作出如下之解讀：

①《今本竹書紀年》記載「帝辛（紂王）二十一年，春正月，諸侯朝周。伯夷、叔齊自孤竹歸於周。」兩年後，紂王藉故囚西伯姬昌（卽文王）於羑里，此卽爲需卦第三爻的情境。

②西伯姬昌被囚禁在羑里，由於柔順事上，再透過外部的疏通打點，七年後得以脫身，返回周地，此卽爲第四爻的情境。

③西伯姬昌自羑里返周後，第二年卽率領諸侯向紂王朝貢。而後，更獻洛西之地且得到紂王賜予征

伐大權。文王得到紂王的重用，因此不必擔心他人之閒言閒語或挑撥離間，而可以在飲食安樂的心境中繼續等待時機的到來，此即爲第五爻的情境。

④等待的時機已到，武王出兵伐紂，伯夷、叔齊在路邊扣馬進言，意圖阻止，左右欲殺之，姜太公說彼等爲義人，於是攙扶他們離去，此即爲第六爻的情境。

根據以上說明，本書新解認爲：

①需卦第四爻「六四，需于血，出自穴。」爻辭中所謂之「穴」爲險陷之所，即紂王所轄殷商之地。本爻重點在「出自穴」，藉由六四爻居陰位，與初九有應之爻象，顯示西伯昌（即文王）行事柔順，以自己的表現來消除紂王的疑慮，再配合屬下的疏通打點，故能脫離有殺身之禍的險境，此爲本爻精義之所在。

②需卦第五爻「九五，需于酒食，貞吉。」若只作字面解釋，則難以看見本爻所蘊含先人之智慧。經由史事印證，文王在離開羑里後的一些積極作爲曾贏得紂王的信任與重用，因此才能不畏閒言挑撥，而能在酒食安樂中無憂地等待。西方政治學中有所謂「休昔底德陷阱」（Thucydides Trap），就是在論述「既有強權」對「新興強權」的顧忌很容易引發戰爭。三千多年前，周之

興起也曾引起殷商之顧忌，然而周文王巧妙地化解了「休昔底德陷阱」。這可貴的經驗只是很簡潔、隱晦地記錄在需卦的九五爻辭中。

③需卦第六爻「上六，入于穴，有不速之客三人來，敬之，終吉。」爻辭中所謂之「穴」，如前所述爲險陷之所，指的是曾經困陷文王的殷商之地。本爻辭記述：武王伐紂準備進入殷商之地時，伯夷、叔齊在路邊企圖攔阻，左右軍士認爲該殺，姜太公說他們是義人，於是攙扶他們離去。這件事講述著一個道理，就是當我們朝向目標前進的時候，如果遭遇其他事物的干擾，要謹慎因應，以免節外生枝而影響目標的達成。由於武王伐紂時，車陣中載著文王的牌位，以文王仁德之名來號召諸方國，齊力完成文王弔民伐罪的遺願；而伯夷、叔齊兩兄弟是當代有名的仁義之士，妄殺賢人有損仁德之名，若引來各方非議更是徒增困擾，姜太公深明大義，妥善因應，引領大軍繼續前進，不久即在牧野之戰中擊敗紂王的軍隊，輔佐武王建立了周朝。

以上針對需卦完成了新解與傳統解釋之比較。從卦序、卦象、卦辭、爻象、爻辭整體來看，本書對於需卦卦辭及爻辭的解釋相對較爲明晰而且貫通，並以商、周之史事佐證卦、爻辭的說法。反觀傳統對於需卦第四、五、六爻的解釋，各家說法或者牽強，或者彼此矛盾，站在學術

研究的立場，實在有必要加以釐清。

（三）艮卦之比較

艮卦卦辭

【周易原文】艮其背，不獲其身；行其庭，不見其
人，无咎。

【孔穎達】正義曰：「艮其背，不獲其身，行其庭，
不見其人，無咎」者，「艮，止也」，靜止之義，此是象
山之卦，其以「艮」爲名。施之於人，則是止物之情，防
其動欲，故謂之止。「艮其背」者，此明施止之所也。施
止得所，則其道易成，施止不得其所，則其功難成，故
《老子》曰：「不見可欲，使心不亂也。」「背者，無見
之物也。」夫「無見則自然靜止」。夫欲防止之法，宜防
其未兆。既兆而止，則傷物情，故施止於無見之所，則不
隔物欲，得其所止也。若「施止於面」，則「對面而不相
通」，強止其情，則「奸邪並興」，而有兇咎。止而無
見，則所止在後，不與而相對。言有物對面而來，則情
欲有私於己。既止在後，則是施止無見。所止無見，何
見其身，故「不獲其身」。既「不獲其身」，則相背矣。
相背者，雖近而不相見，故「行其庭，不見其人」。如此
乃得「無咎」，故曰「艮其背，不獲其身，行其庭，不見
其人，無咎」也。又若能止於未兆，則是治之於未萌，若
對面不相交通，則是「否」之道也。但止其背，可得「無
咎」也。

【程頤】人之所以不能安其止者，動於欲也。欲牽於前，而求其止不可得也。故艮之道，當艮其背，所見者在前，而背乃背之，是所不見也。止於所不見，則无欲以亂其心，而止乃安。不獲其身，不見其身也，謂忘我也。无我則止矣；不能无我，无可止之道。行其庭，不見其人，庭除之間，至近也。在背則雖至近不見，謂不交於物也。外物不接，內欲不萌，如是而止，乃得止之道於止，爲无咎也。

【朱熹】艮，止也。一陽止於二陰之上，陽自下升，極上而止也。其象爲山，取坤地而隆其上之狀，亦止於極而不進之意也。其占則必能止于背而不有其身，行其庭而不見其人，乃无咎也。蓋身，動物也，唯背爲止。艮其背，則止於所當止也。止於所當止，則不隨身而動矣，是不有其身也。如是，則雖行於庭除有人之地，而亦不見其人矣。蓋艮其背而不獲其身者，止而止也，行其庭而不見其人者，行而止也。動靜各止其所，而皆主夫靜焉，所以得无咎也。

【楊萬里】艮，山也，不動如山，止之至也。曰艮其背，何也？易者，象也，象者，狀物以明理也。故頤如人之頤，噬嗑如人之噬，背如二人相重背而立也。二陰虛而眾者，耳目手足也，一陽實而孤者，背也。艮之貞，面內而背外，是艮其背，不自復見其身也。其悔，亦面前入之背而不見後人之面，是行其庭而不見其人也。君子觀貞之象，於是得忘我之學，觀悔之象，於是得忘物之學。忘我則中不出，忘物則外不入，中不出、外不入，止之至也。

毋意毋必毋固毋我，勿視勿聽勿言勿動，艮其背不獲其身
也。堂高數仞，食前方丈，侍妾數百，得志而弗為，行其
庭不見其人也。又何咎？貞內，故艮其背，悔外，故艮其
庭也。艮其背之上疑脫一艮。

【來知德】此卦辭以卦綜言，如井卦改邑不改井，塞
卦利西南之類，本卦綜震，四為人之身，故周公爻辭以四
為身。三畫之卦，二為人位，故曰人。庭則前庭，五也。
艮為門闕，故門之內中間為庭。震，行也，向上而行，面
向上，其背在下，故以陽之畫初與四為背。艮止也，向下
而立，面向下，其背在上，故以陽之畫三與上為背。上二
句以下卦言，下二句以上卦言，言止其背，則身在背後，
不見其四之身，行其庭，則背在人前，不見其二之人，所
以一止之間，既不見其己，又不見其人也。辭本元妙，令
人難曉。孔子知文王以卦綜成卦辭，所以象辭說一行字，
一動字，重一時字。

【李光地】[本義]艮，止也。一陽止於二陰之上，陽
自下升，極上而止也，其象為山，取坤地而隆其上之狀，
亦止於極而不進之意也。其占則必能止於背而不有其身，
行其庭而不見其人，乃无咎也。蓋身動物也，唯背為止，
艮其背，則止於所當止也。止於所當止，則不隨身而動
矣，是不有其身也。如是，則雖行於庭除有人之地，而亦
不見其人矣。蓋艮其背而不獲其身者，止而止也。行其庭
而不見其人者，行而止也。動靜各止其所，而皆主夫靜
焉，所以得无咎也。[程傳]人之所以不能安其止者，動於
欲也。欲牽於前而求其止，不可得也。故艮之道，當艮其

背，所見者在前，而背乃背之，是所不見也。止於所不見，則无欲以亂其心，而止乃安。不獲其身，不見其身也，謂忘我也。无我則止矣，不能无我，无可止之道。行其庭不見其人，庭除之間，至近也。在背則雖至近不見，謂不交於物也。外物不接，內欲不萌，如是而止，乃得止之道，於止爲无咎也。[集說]○周子曰：艮其背，背非見也，靜則止，止非爲也，爲不止矣，其道也深乎。○郭氏忠孝曰：人之耳目口鼻皆有欲也，至於背則無欲也。內欲不動，則外境不入，是以行其庭不見其人也。不獲其身，止其止矣。不見其人，止於行矣。內外兼止，故人欲滅而天理固存。孟子曰：養心莫善於寡欲，其艮其背之謂乎？○郭氏雍曰：《中庸》曰：喜怒哀樂之未發謂之中，艮之爲止，其在茲時乎。○《朱子語類》云：艮其背，只是言止也。人之四體皆能動，惟背不動，取止之義，止其所，則廓然而大公。○又云：艮其背便不獲其身，不獲其身便不見其人。行其庭對艮其背，只是對得輕，身爲動物，不道動都是妄，然而動斯妄矣，不動自无妄。○又云：艮其背不獲其身，只是見道理，不見自家。行其庭不見其人，只是見道理，不見箇人也。○又云：明道云，與其非外而是內，不若內外之兩忘也，說得最好，便是不獲其身，行其庭不見其人，不見有物，不見有我，只見所當止也。○問：伊川云，內欲不萌，外物不接，如是而止，乃得其正，似只說得靜中之止否？曰：然。此段分作兩截，「艮其背不獲其身」爲靜之止，「行其庭不見其人」爲動之止，總說則「艮其背」，是止之時當其所而止矣，所

以止時自「不獲其身」，行時自「不見其人」，此三句乃
「艮其背」之效驗。○問「艮其背不獲其身」。曰：不見
有身也。「行其庭不見其人」，曰：不見有人也。曰：不
見有身，不見有人，所見者何物？曰：只是此理。○陸氏
九淵曰：「艮其背，不獲其身」，無我。「行其庭不見其
人」，無物。○許氏衡曰：人平地行不困，沙行便困，為
其立處不穩故也。○蔡氏清曰：「艮其背」《本義》云，
背者止之所也。夫天有四時，多不用。地有四方，北不
用。人有四體，背不用。一理也。蓋體立而後用有以行，
此理若充得盡，卽是定之以中正仁義而主靜。○又曰：四
句只略對，「艮其背」一句是腦，故《象傳》中言「是以
不獲其身，行其庭不見其人」。此段功夫，全在「艮其
背」上，人多將行其庭對此句說，便不是了。「行其庭」
只輕帶過，緣「艮其背」了，則自然不見有己，也不見有
人，故云此四句只略對。○陳氏琛曰：背者北也。人之一
心，靜之所養有淺深，則發之所中有多寡，而於靜全無得
者一步不可行也。○吳氏曰愼曰：程子廓然而大公，物來
而順應，卽其義。蓋廓然大公，則忘我而不獲其身。物來
順應，則忘物而不見其人，動靜各止其所，斯能內外兩
忘。

【李鏡池】艮，講注意保護身體的衛生之道，醫學
知識之卦。「艮」從匕（比）目，集中視力注意之意。沒
有標題，是為了省文。等于以多見詞標題。內容和形式一
致。「艮其背不獲其身」，「獲」是護之訛，形近易訛。
《儀禮·大射》「獲之興」，鄭注：「古文獲皆作護。」

是其證。這是說，注意背部而不保護全身，卽只知局部而不知整體。"行其庭不見其人"是比喻語，只有一棟房子卻沒人住，是沒意義的，等于廢物。應該注意，艮的卦爻辭組織，卦辭說全身，爻辭說身體各部，應合看。說各部先要明白作者著重整體觀。其次，六爻組織分下中上三部，每部說生理也說心理或思想。這也應把每部連起來，不要孤立看一爻。六爻分敍身體各部，先要有整體觀，知道全身的互相聯繫，才合于醫療的道理。

【郭建勳】艮，卦名。下卦爲艮，上卦亦爲艮，詞義爲抑止、停止。○艮卦象徵抑止，就像抑止於背部，則不會隨任身體的本能慾望而妄行；在庭院中自如得體地行走，無須留意別人的評價，如同不見其人，沒有禍害。

【本書新解】[卦象]山山，艮卦。從卦象來看，上卦爲外、爲山，下卦爲內，亦爲山；山爲止，內外皆止，猶如內心想法及外在行爲皆知止守分，有艮止之象，故名艮卦。[語譯]抑止他的背部，不取身體的本能慾望及動作；在庭院中行走而不逾越圍牆，外人看不到他，如此則無災過。[義理]自我抑止，不聽任本能慾望驅使；在規範中行動，不逾越界限；像這樣知止守分，不逾越行事，就不會惹來災禍。[案例]從卦序觀察，革卦談「武王革除殷命」，鼎卦談「實施周朝新政」，震卦談「平定三監之亂」，艮卦在告誡臣民要「知止守分」。《尚書・周書・多方》記載：周公東征，掃平管、蔡、武庚及奄國等之作亂後，回到宗周，代表周成王對衆諸侯國及殷商舊臣重申告誡，其中提到周王朝取代殷商而承受天命，如果大家順

從天命，服從周的領導，勤勉於政務，治理好田地，朝廷會給予大的獎賞；如果違抗王命，甚至聽人教唆而犯上作亂，就會遭受朝廷重大的懲罰。此番告誡就是在提醒眾諸侯國及殷商舊臣，要自我約束，服從周的領導，切勿犯上作亂，做出逾越本分的事。簡而言之，就是要「知止守分，不逾越行事」。

艮卦第一爻

【周易原文】初六，艮其趾，无咎，利永貞。

【孔穎達】正義曰：「艮其趾，無咎」者，趾，足也，初處體下，故謂之足。居止之初，行無所適，止其足而不行，乃得無咎。故曰「艮其趾，無咎」也。「利永貞」者，靜止之初，不可以躁動，故利在「永貞」也。

【程頤】六在最下，趾之象。趾，動之先也。艮其趾，止於動之初也。事止於初，未至失正，故无咎也。以柔處下，當趾之時也，行則失其正矣，故止乃无咎。陰柔患其不能常也，不能固也，故方止之初，戒以利在常永貞固，則不失止之道也。

【朱熹】以陰柔居艮初，爲艮趾之象。占者如之，則无咎。而又以其陰柔，故又戒其利永貞也。

【楊萬里】象曰：艮其止，未失正也。止不善者必在初，止之於初，猶不能止之於末，而況肆之於初者乎？顏子之不遠復，止一己之不善於初者也。漢文即位之初，喜嗇夫之辯捷，而張釋之極言其害，止其君之不善於初者也。顏爲幾乎聖，而文爲七制之主，止於初之效也。艮，

止也，初六，止之初也，居腓之下偶而散，趾之象也。以六之柔而靜，此趾之止而不行者也。聖人猶有憂焉，曰：汝能止其初，猶宜止其終。曰利永貞者，止其終之謂也。然六止而初動，故但言未失正。

【來知德】艮綜震，震為足，趾之象也。初在下，亦趾之象也。咸卦亦以人身，以漸而上。初六陰柔，無可為之才，能止者也。又居初，卑下不得不止者也，以是而止，故有艮趾之象。占者如是，則不輕舉冒進，可以无咎而正矣。然又恐其正者不能永也，故又教占者以此。

【李光地】[本義]以陰柔居艮初，為艮趾之象，占者如之則无咎。而又以其陰柔，故又戒其利永貞也。[程傳]六在最下，趾之象。趾，動之先也。艮其趾，止於動之初也。事止於初，未至失正，故无咎也。以柔處下，當趾之時也，行則失其正矣，故止乃无咎。陰柔患其不能常也，不能固也，故方止之初，戒以利在常永貞固，則不失止之道也。[集說]○胡氏炳文曰：事當止者，當於其始而止之，乃可无咎。止於始，猶懼不能止於終，而況不能止於始者乎。初六陰柔，懼其始之不能終也，故戒以利永貞，欲常久而貞固也。

【李鏡池】六爻從下到上，說身體也從腳趾到額頭。初、二爻說身下部。腳趾最低最小，但也要注意保護。

【郭建勳】此爻居本卦最下位，腳趾亦人體最下者，故有艮其趾之象；然此爻柔弱，居位失正，難免不能長守正道，故誡其利永貞。○艮卦的初爻，象徵抑止於腳趾邁動之初，沒有禍害，長久守持貞正必將有利。

【本書新解】[爻象]初六：陰柔處下且居陽位，無應，有止於初始之象。[語譯]艮卦初爻，抑止他象徵起心動念之腳趾，沒有災過，宜永遠固守。[義理]以腳趾象徵起心動念卻未前行。對於不合乎天理而妄想妄為的事情，一開始起心動念就要自我抑止，如此知止守分，就不會有災禍，要永遠這樣堅持。[案例]紂王之子武庚受到管叔、蔡叔的慫恿，勾結殷商舊屬發動叛亂。武庚就是在起心動念時不知自我抑止，繼續往聯絡、布署等行動方向邁進，最後招引來大禍。

艮卦第二爻

【周易原文】六二，艮其腓，不拯其隨，其心不快。

【孔穎達】正義曰：「艮其腓，不拯其隨」者，腓，腸也。在足之上。腓體或屈或伸，躁動之物，腓動則足隨之，故謂足為隨。拯，舉也，今既施止於腓，腓不得動，則足無拯舉，故曰「艮其腓，不拯其隨」也。「其心不快」者，腓是躁動之物，而強止之，貪進而不得動，則情與質乖也，故曰「其心不快」。此爻明施止不得其所也。

【程頤】六二居中，得正得止之道者也。上无應援，不獲其君矣。三居下之上，成止之主。主乎止者也，乃剛而失中，不得止之宜。剛止於上，非能降而下求二，雖有中正之德，不能從也。二之行止，係乎所主，非得自由，故為腓之象。股動，則腓隨動，止在股而不在腓也。二既不得以中正之道，拯救三之不中，則必勉而隨之，不能拯而唯隨也。雖咎不在己，然豈其所欲哉。言不聽，道不行

也。故其心不快，不能行其志也。士之處高位，則有拯而无隨。在下位，則有當拯，有當隨，有拯之不得而後隨。

【朱熹】六二居中得正，既止其腓矣。三爲限，則腓所隨也，而過剛不中以止乎上。二雖中正，而體柔弱，不能往而拯之，是以其心不快也。此爻占在象中，下爻放此。

【楊萬里】象曰：不拯其隨，未退聽也。六二，一卦之大臣也，大臣者，以道事君不可則止。今則不然，居大臣之位，逢其上之剛，必有順柔之忠，而後可譬之一身。以己下九三，則猶腓也。九三在上，則猶背也，九三，陽也，六二，陰也，陽倡則陰必和，背動則腓必隨。以六二之柔，而欲止九三之剛，以六二之腓，而欲止九三之背，其能與否，已昭昭矣。然必觀其心，而後君子小人可判也。古之人於其上之不善，有拯而不隨者，有先隨而後拯者，有先拯而後隨者，有不拯而隨者，有不拯而隨其心不然者。龍逢、比干，拯而不隨也；楚靈王之問子革，先從而後拯也；伍被之答淮南，先拯而後隨也；蜚廉、惡來，不拯而隨也；君曰好色，亦曰大王好色，君曰好貨，亦曰公劉好貨，不拯而隨而心不然也。六二艮其腓，非不欲止其背之動也，而柔不勝剛，下不勝上，故曰不拯其隨，非樂隨也。外不得不隨，而中不得已也，故曰其心不快，言其不得已而隨也。又曰未退聽也，言其雖不得已而隨，亦未肯退聽其上之輕動也。九三非君也，而居六二之上也，六二不得不隨也。君子於艮之六二，察其跡而哀其心，六二居背之下，偶而立，腓之象。腓，脛肉也。六二中

正，故不快，故未退聽。

【來知德】腓者，足肚也，亦初震足之象。拯者救也，隨者從也。二比三，從三者也。不拯其隨者，不求拯于所隨之三也。凡陰柔資于陽剛者皆曰拯，渙卦初六用拯馬壯是也。二中正，八卦正位，艮在三，兩爻俱善，但當艮止之時，二艮止不求救于三，三艮止不退聽于二，所以二心不快。中爻坎爲加憂，爲心病，不快之象也。六二居中得正，比于其三，止于其腓矣。以陰柔之質，求三陽剛以助之可也。但艮性止，不求拯于隨，則其中正之德，無所施用矣，所以此心常不快也，故其占中之象如此。

【李光地】[本義]六二居中得正，既止其腓矣。三爲限，則腓所隨也。而過剛不中，以止乎上，二雖中正，而體柔弱，不能往而拯之，是以其心不快也。此爻占在象中，下爻放此。[程傳]六二居中得正，得止之道者也。上无應援，不獲其君矣。三居下之上，成止之主，主乎止者也，乃剛而失中，不得止之宜，剛止於上，非能降而下求。二雖有中正之德，不能從也。二之行止係乎所主，非得自由，故爲腓之象。股動則腓隨，動止在股而不在腓也。二既不得以中正之道，拯救三之不中，則必勉而隨之，不能拯而唯隨也。雖咎不在己，然豈其所欲哉。言不聽，道不行也，故其心不快，不得行其志也。士之處高位則有拯而无隨，在下位則有當拯，有當隨，有拯之不得而後隨。[集說]○楊氏簡曰：腓，隨上而動者也。上行而不見拯，不得不隨而動，故心不快。[案]此爻隨字與咸三同，咸三謂隨四，此爻謂隨三也。蓋咸、艮皆以人身取

象，凡人心屬陽，體屬陰，咸卦三陽居中。而九四尤中之中，故以四爲心也。此卦惟九三一陽居中，故以三爲心也。人心之動，則體隨之，而易例以相近之下位而隨，故咸三艮二皆言隨也。兩卦直心位者，皆德非中正，若一以隨爲道，則隨之者亦失其正矣，故咸三則執其隨而往吝，此爻則不拯其隨而不快。然六二有中正之德，本有以自守者，故以不能拯其隨爲不快於心，與咸三之志在隨人異矣。

【李鏡池】「腓」，腳肚子。「隨」同隋，肉也。腿肚子的肉是肥滿的。腓同肥相通。「拯」，《釋文》作承。承，增也。「不拯其隋」，腿肚子不長肉，是病態，心裡就不痛快。就是說腳部要注意保護，不要讓它有病。

【郭建勳】此爻居中得正，雖無正應而可與上承的九三前行，卻抑止於前行的小腿肚，不能承上而隨行，故心中不快。○艮卦的第二爻，象徵抑止小腿的行動，未能承上而隨行，以致心中感到不愉快。

【本書新解】[爻象]六二：陰柔在二階且居陰位，得中，無應，有柔中知止之象。[語譯]艮卦第二爻，抑止他象徵有所行動之小腿肚，不能救助跟隨的腳趾，心中感到不暢快。[義理]以小腿肚象徵有前進的動作。對於妄想妄爲或不守本分的事情，剛開始行動就自我抑止，雖然還沒有釀成災禍，卻由於有起心動念而頗感遺憾。[案例]紂王之子武庚受到管叔、蔡叔的慫恿，勾結殷商舊屬發動叛亂。如果在採取行動時就能幡然悔悟，自我抑止，或許就不會釀成大禍，最多只是悔恨誤聽讒言心生妄念，可能留

下不好的紀錄而心有不快。

艮卦第三爻

【周易原文】九三，艮其限，列其夤，厲薰心。

【孔穎達】正義曰：限，身之中，人帶之處，言三當兩象之中，故謂之限。施止於限，故曰「艮其限」也。夤，當中脊之肉也。薰，燒灼也。既止加其身之中，則上下不通之義也，是分列其夤。夤既分列，身將喪亡，故憂危之切，薰灼其心矣。然則君臣共治，大體若身，大體不通，則君臣不接，君臣不接，則上下離心，列夤則身亡，離心則國喪，故曰「列其夤，厲薰心」。

【程頤】限，分隔也。謂上下之際，三以剛居剛而不中，為成艮之主，決止之極也。已在下體之上而隔上下之限，皆為止義，故為艮其限，是確乎止而不復能進退者也。在人身如列其夤。夤，膂也，上下之際也。列絕其夤，則上下不相從屬，言止於下之堅也。止道貴乎得宜，行止不能以時而定於一，其堅強如此，則處世乖戾，與物暌絕，其危甚矣。人之固止一隅而舉世莫與宜者，則艱蹇忿畏焚撓其中，豈有安裕之理？厲薰心，謂不安之勢，薰爍其中也。

【朱熹】限，身上下之際，即腰胯也。夤，膂也。止于胕，則不進而已。九三，以過剛不中，當限之處，而艮其限，則不得屈伸，而上下判隔，如列其夤矣。危厲薰心，不安之甚也。

【楊萬里】象曰：艮其限，危薰心也。君子之學，

至於止其所而如山之不動，可以免矣。故初與四皆无咎，
五悔亡，上吉，二惟小不快而已。今九三曰厲、曰危、曰
薰心，何也？蓋三居物我之交，內外之際，而九三以陽處
陽，剛而進，躁而動者也。人有夜行而遇子都者，己先
焉，子都後焉，不惟子都不己見，己亦不子都見也。且而
一揖焉，則喜子都之美矣，喜生於見，見生於不相背也。
九三，下卦之背，所以背六四而面內者也，惟剛而進，躁
而動，則有時回面而外向矣。此內欲之所由出，而外邪之
所從入也。故聖人戒之曰：爾幸能艮其背矣，今而列其夤
之脊，自危其心，使之有定列而不亂行也。爾幸能行其
庭，不見其人矣，今宜艮其閾之限，自危其心，使之不
踰閑而不出戶庭也。昔也行其庭，今也不踰閾，則併與庭
而不行。昔也艮其背，今也列其夤，則併與背而不動。何
九三之能然也，亦九三剛而進之力也。惟其剛，故反躁而
靜，如百鍊之金而不可革；惟其進，故反動而止，如介然
之石而不可轉。九三之剛者，質之美也，九三之艮其限，
列其夤，厲薰心者，學之功也。然則學顧可少哉？故益不
以舜之聖而忘逸樂之戒，周公不以成之賢而廢遊田之規。
大哉學乎！夤，亦背也，厲，亦危也。危薰心者，操心至
危，若有薰蒸其心者。九三奇而橫，有門限之象，艮為門
闕。

【來知德】限者界限也，上身與下身相界限，即腰
也。夤者連也，腰之連屬不絕者也。腰之在身，正屈伸之
際，當動不當止，若艮其限，則上自上，下自下，不相連
屬矣。列者，列絕而上下不相連屬，判然其兩段也。薰與

熏同，火烟上也。熏心者，心不安也。中爻坎爲心病，所以六二不快。九三熏心，坎錯離，火烟之象也。止之爲道，惟其理之所在而已。九三位在腓之上，當限之處，正變動屈伸之際，不當艮者也。不當艮而艮，則不得屈伸，而上下判隔，列絕其相連矣，故危厲，而心常不安。占者之象如此。

【李光地】[本義]限，身上下之際，即腰胯也。夤，膂也。止於腓，則不進而已。九三以過剛不中，當限之處，而艮其限，則不得屈伸，而上下判隔，如列其夤矣。危厲熏心，不安之甚也。[程傳]限，分隔也，謂上下之際。三以剛居剛而不中，爲成艮之主，決止之極也。已在下體之上，而隔上下之限，皆爲止義，故爲艮其限，是確乎止而不復能進退者也。在人身如列其夤。夤，膂也，上下之際也。列絕其夤，則上下不相從屬，言止於下之堅也。止道貴乎得宜，行止不能以時而定於一，其堅強如此，則處世乖戾。與物睽絕，其危甚矣。人之固止一隅，而舉世莫與宜者，則艱蹇忿畏，焚撓其中，豈有安裕之理。厲熏心，謂不安之勢，熏爍其中也。[集說]○王氏宗傳曰：九三下體之終也，以上下二體觀之，則交際之地也，故曰限夫人之身。雖有體節程度，然其脈絡血氣，必也周流會通，曾無上下之間，故能屈伸俯仰，無不如意，而心得以夷然居中。今也艮其限，而有所止焉，則截然不相關屬。而所謂心者，其能獨寧乎，故曰「厲熏心」。○胡氏炳文曰：震所主在下初九，下之最下者也。九四雖亦震所主，而溺於四柔之中，有泥之象，故不如初之吉。艮

科學方法與周易
新解：運用科學方法破解周易謎團

所主在上，上九，上之最上者也。九三雖亦艮所主，然介乎四柔之中，有限之象，有列其夤之象，故不如上之吉。蓋寂然不動者心之體，如之何可以徇物，感而遂通者心之用，如之何可以絕物。三過剛不中，確乎止而不能進退，以至上下隔絕，是絕物者也，惟見其危厲薰心而已。○楊氏啟新曰：此爻是惡動以爲靜，而反至於動心者，蓋心之與物，本相聯屬，時止而止，時行而行，則事應於心，而心常泰然，有意絕物，則物終不可絕，而心終不可靜矣。[案]夤爲夾脊骨，正與心相對。列，崊也。崊其脊骨，而不得爲艮背之象者，蓋艮背者，能動而止也，如人之坐尸立齊，而揖讓俯仰之用則未嘗廢，此所以能行其庭，而與物酬酢也。此之列夤，由於艮限，則因腰之不能屈伸，而脊爲之崊，是不能動而止，如人之有戾疾者，安得不危而薰心哉。心猶火也，可揚而不可遏也。揚之則明，遏之則薰矣。危薰心者，言其堙鬱昏塞，無光明通泰之象也。震之九四，不當動而動，此爻則不當止而止。咸之九四，感之妄，此爻則止之偏，皆因失中正之德故如此。

【李鏡池】「限」，腰部。“夤”，馬融解爲夾脊肉，卽腰脇部。「列」，裂本字。「列其夤」，謂腰脇消瘦，卽有病。健康的人，背厚腰圓。腰脇瘦削是不健康的病態。病使人焦心。「厲」，病。「薰」同熏，熏心，心像燒灼一樣痛苦。

【郭建勳】此爻居全卦的中部，故有艮其限之象；此爻陽剛居下卦的上位，已過中，又陷於四個陰爻之間，猶抑止過於偏激粗暴，以致上下分裂、衆叛親離，故言裂

其夤；如此抑止不當，則必將危厲薰其心。○艮卦的第三
爻，象徵抑止腰部的運動過於偏激粗暴，以致眾叛親離如
同使背脊裂開，危險必將像火一樣薰灼它的心。

【本書新解】[爻象]九三：陽剛在三階且居陽位，無
應，有妄動而遭抑止之象。[語譯]艮卦第三爻，抑止他象
徵行動到一半的腰，撕裂了背脊肉，危險像火一樣燒灼他
的心。[義理]妄想妄爲或不安分的事已進行到一半，突然
受到制止而造成分裂，處境危險，令其憂心如焚。[案例]
本爻陽剛居陽位，是本卦中唯一陽剛過度之爻，有妄動躁
進之象。又九三爲陽爻，位於四陰爻之中，猶如上半身與
下半身的中間，屬於人體之腰部。人在行進中突然煞住腰
部，就好像玩「一二三木頭人」的遊戲，下半身雖然停止
了，上半身難免還會晃動；引申到紂王之子武庚作亂的
事，叛亂的行動已經進行到一半，突然遭到周公前來討伐
制止，叛亂團體內部有的要戰、有的要和而產生分裂，叛
亂首腦由於處境危險而憂心如焚。

艮卦第四爻

【周易原文】六四，艮其身，无咎。

【孔穎達】正義曰：「艮其身，無咎」者，「中上稱
身」。六四居止之時，已入上體，履得其位，止求諸身，
不陷於咎，故曰「艮其身，無咎」也。求，責也。諸，之
也。

【程頤】四大臣之位，止天下之當止者也。以陰柔而
不遇剛陽之君，故不能止物，唯自止其身，則可无咎。所

以能无咎者，以止於正也。言止其身，无咎，則見其不能
止物。施於政，則有咎矣。在上位而僅能善其身，无取之
甚也。

【朱熹】以陰居陰，時止而止，故爲艮其身之象，而
占得无咎也。

【楊萬里】象曰：艮其身，止諸躬也。六四居大臣
之任，上欲止其君之不善，下欲止天下之不善，惟不止諸
人，不咎諸人，而自止諸躬，則得之矣。楚莊王好獵，而
樊姬不食禽獸之肉，太宗喜武功，而魏徵不視七德之舞，
此其事也。王吉之賢，能疎昌邑之獵，楊綰之清，能減汾
陽之樂，此其效也。四居體之半，身之象也。

【來知德】艮其身者，安靜韜晦，鄉憐有鬪而閉戶，
括囊无咎之類是也。六四以陰居陰，純乎陰者也，故有艮
其身之象。既艮其身，則無所作爲矣。占者如是，故无
咎。

【李光地】[本義]以陰居陰，時止而止，故爲艮其身
之象，而占得无咎也。[程傳]四，大臣之位，止天下之當
止者也。以陰柔而不遇剛陽之君，故不能止物。唯自止其
身，則可无咎，所以能无咎者，以止於正也。言止其身无
咎，則見其不能止物，施於政則有咎矣。在上位而僅能善
其身，无取之甚也。[集說]○胡氏瑗曰：人之體，統而言
之，則謂之一身。分而言之，則腰足而上謂之身。六四出
下體之上，在上體之下，是身之象也。夫人患不能自止其
身，今能止之得其道，使四肢不妄動，故无咎也。○吳氏
曰慎曰：視聽言動，身之用也。非禮勿視聽言動，艮其身

也。時止而止，故无咎。若艮限則一於止，是猶絕視聽言動，而以寂滅爲道者矣。

【李鏡池】「身」指胸腹部（和卦辭之「身」不同）。古文身字像胸腹突出形，妊娠叫有身，指腹部鼓起來。三、四爻說注意保護腰脇、胸腹，如果有病，心裡感到痛苦。

【郭建勳】此爻已進入上卦，故有抑止人體上身之象，又柔居柔位得正，能止其所當止，自我控制而不妄動，故得無咎。○艮卦的第四爻，象徵能抑止上身而不妄動，沒有禍害。

【本書新解】[爻象]六四：陰柔在四階且居陰位，無應，有陰柔自抑之象。[語譯]艮卦第四爻，抑止他的身體而不妄動，沒有災過。[義理]自我抑止而不妄爲，如此就沒有災禍。[案例]社會上的情殺、財殺、仇殺案件，許多都是由於禁不住身心的誘惑或情緒失控所造成的。對於不合乎天理，也就是天理難容的事，我們能夠自我約束，不胡作非爲，自然就不會咎由自取，而能避免許多災禍。

艮卦第五爻

【周易原文】六五，艮其輔，言有序，悔亡。

【孔穎達】正義曰：輔，頰車也，能止於輔頰也。以處其中，故「口無擇言」也。言有倫序，能亡其悔，故曰「艮其輔，言有序，悔亡」。

【程頤】五，君位，艮之主也，主天下之止者也。而陰柔之才不足以當此義，故止以在上，取輔義言之，人

之所當慎。而止者，惟言行也。五在上，故以輔言。輔，言之所由出也。艮於輔，則不妄出而有序也。言輕發而无序，則有悔。止之於輔，則悔亡也。有序，中節有次序也。輔與頰舌，皆言所由出，而輔在中。艮其輔，謂止於中也。

【朱熹】六五當輔之處，故其象如此，而其占悔亡也。悔，謂以陰居陽。

【楊萬里】象曰：艮其輔，以中正也。六五，艮之君也，其言如絲之至微，其出如綍之至大。成王一言而天返風，景公一言而妖星退，可不謹哉？與其言而未善，寧止其輔頰而不言。止而不止，非不言也，審而後言也。審而後言者，是惟不言，言必有序矣，何悔之有？故高宗三年不言，一言而四海咸仰，威王三年不鳴，一鳴而齊國震驚。艮之六五，所以能艮其輔者，以其德之中正而已。所謂有德者，必有言也。五居上，而偶有口肱而不合之象，故爲輔頰。

【來知德】序者，倫序也。輔見咸卦註。艮錯兌，兌爲口舌，輔之象也，言之象也。艮其輔者，言不妄發也。言有序者，發必當理也。悔者，易則誕，煩則支，肆則忤，悖則違，皆悔也。咸卦多象人面，艮卦多象人背者，以文王卦辭，艮其背故也。六五，當輔出言之處，以陰居陽，未免有失言之悔。然以其得中，故又有艮其輔，言有序之象。而其占則悔亡也。

【李光地】[本義]六五當輔之處，故其象如此，而其占悔亡也。悔，謂以陰居陽。[程傳]五，君位，艮之主

也，主天下之止者也。而陰柔之才不足以當此義，故止以在上，取輔義言之，人之所當慎。而止者，惟言行也。五在上，故以輔言。輔，言之所由出也。艮於輔，則不妄出而有序也。言輕發而无序，則有悔。止之於輔，則悔亡也。有序，中節有次序也。輔與頰舌，皆言所由出，而輔在中。艮其輔，謂止於中也。[集說]○蘇氏軾曰：口欲止，言欲寡。○趙氏彥肅曰：能默故能言，非默而不言也。由言以推行，所謂艮者，亦如是而已。○龔氏煥曰：艮其輔，非不言也，言而有序，所以為艮也。○谷氏家杰曰：止在言前，非出口方思止也，然有序為止，止亦非緘默之謂也。

【李鏡池】「輔」，臉部。臉部要注意保護。臉部有張嘴，尤其要注意。說話要講得有倫有序，不能語無倫次。言為心聲，說話表現人的思想。如果這個人盡說壞話，不但是有病，而且就是個壞人。故注意嘴臉，更要注意思想的健康。這說明思想健康和身體健康有密切關係。

【郭建勳】此爻已近上位，故有艮其輔之象，又柔中而處尊位，猶能持中不偏，言語中肯有序而不妄，故悔亡。○艮卦的第五爻，象徵抑止其口，使言語有條理而不妄，悔恨必將消失。

【本書新解】[爻象]六五：陰柔處君位且居陽地，得中，無應，有言語柔中且自抑之象。[語譯]艮卦第五爻，抑止他象徵口舌言語之臉頰，講話有先後次序，有大小分寸，悔恨會消除。[義理]能辨明長幼尊卑而自我約束，避免沒大沒小搶著發言或說話沒有分寸，言語柔和而合乎中

道，不妄語、不妄議，就不會禍從口出而後悔莫及。[案例]不當言而言，則爲妄言；當言不言，則爲抑止過度。當言則言，不當言則不言，且言語柔和而不偏激，如此才合乎中道。除此之外，言語尙須注意長幼尊卑，避免搶著發言，或沒大沒小說話沒有分寸。在言語上能自我約束，就不會禍從口出而後悔莫及。

艮卦第六爻

【周易原文】上九，敦艮，吉。

【孔穎達】正義曰：敦，厚也。上九居艮之極，極止者也。在上能用敦厚以自止，不陷非妄，宜其吉也，故曰「敦艮吉」也。

【程頤】九以剛實居上，而又成艮之主。在艮之終，止之至堅篤者也。敦，篤實也。居止之極，故不過而爲敦。人之止，難於久終，故節或移於晚，守或失於終，事或廢於久，人之所同患也。上九能敦厚於終，止道之至善，所以吉也。六爻之德，唯此爲吉。

【朱熹】以陽剛居止之極，敦厚于止者也。

【楊萬里】象曰：敦艮之吉，以厚終也。上九以德之剛，居止之終，其高風勁節，剛健篤實，如泰山喬嶽之巔，其止豈可搖，其厚豈可移哉？此伊尹將告歸，仲尼不踰矩之事乎？敦厚也，上九亦背之象，故厚。

【來知德】敦與篤行之篤字同意。時止則止，貞固不變也。山有敦厚之象，故敦臨敦復，皆以土取象。上九以陽剛居艮極，自始至終，一止于理而不變，敦厚乎止者

也，故有此象。占者如是，則其道光明，何吉如之。

【李光地】[本義]以陽剛居止之極，敦厚於止者也。[程傳]九以剛實居上，而又成艮之主。在艮之終，止之至堅篤者也。敦，篤實也。居止之極，故不過而爲敦。人之止，難於久終，故節或移於晚，守或失於終，事或廢於久，人之所同患也。上九能敦厚於終，止道之至善，所以吉也。六爻之德，唯此爲吉。[集說]○項氏安世曰：上九與三相類，皆一卦之主也。然九三當上下之交，時不可止而止，故危。上九當全卦之極，時可止而止，故吉。○又曰：《象》曰「艮其背，不獲其身，行其庭不見其人，无咎」，惟六四一爻足以當之。《象》曰「兼山艮，君子以思不出其位」，惟上九一爻足以當之。○胡氏炳文曰：「敦臨」、「敦復」，皆取坤土象，艮山乃坤土而隆其上者也。其厚也彌固，故其象爲敦，其占曰吉，艮之在上體者凡八，而皆吉。[總論]《朱子語類》云：咸、艮皆以人身爲象，但艮卦又差一位。○項氏安世曰：咸、艮二卦取象相類，艮四爲背，故五爲輔。咸四爲心，故五爲背肉，上爲輔，又上兌爲口，則輔宜在上也。[案]咸、艮之象所以差一位者，咸以四爲心，故五爲背而上爲口。艮以三爲心，故四爲背而五爲口。其位皆緣心而變者也。二之腓兼股爲一象，故與咸三俱言隨。

【李鏡池】「敦」借爲耑，聲通。指額頭，卽頭的上部。《說文》：「耑，物生之題也。」段注：「耑猶頭也。」通言，耑爲頭；分言，耑爲額。五、上爻說注意保護頭部。

【郭建勳】此爻居艮卦之終，陽剛而敦厚，以自我抑止亢進盛行的慾望，故吉。〇艮卦的上爻，象徵敦厚地抑止亢進的慾望，吉祥。

【本書新解】[爻象]上九：陽剛處極地且居陰位，無應，有陽剛自抑之象。[語譯]艮卦上爻，老實本分地自我抑止，吉祥。[義理]老實本分地自我約束，不逾越行事，就不會引來災禍。[案例]周武王去世後，成王年幼尚無法親政，乃由叔父周公旦代為攝理政務。根據《今本竹書紀年》記載：七年後，周公還政於成王，由成王親自執政。由此可見，周公知止守分，不妄想，不妄為，規規矩矩地將王權移交給成王，最終獲得成王高度的信賴與尊敬。

新解與傳統解釋之比較，列表如下：

艮卦卦辭	有無觀象	有無義理	義理是否明確/合理	史事印證	備考
孔穎達	有	有	是	無	
程頤	無	有	是	無	
朱熹	有	有	是	無	
楊萬里	有	有	是	無	
來知德	有	有	義理未明	無	
李光地	有	有	是	無	
李鏡池	無	無	……	無	
郭建勳	無	有	是	無	
本書新解	有	有	是	有	

艮卦初爻	有無觀象	有無義理	義理是否明確/合理	史事印證	備考
孔穎達	有	有	是	無	
程頤	有	有	是	無	
朱熹	有	有	是	無	
楊萬里	有	有	是	有	
來知德	有	有	是	無	
李光地	有	有	是	無	
李鏡池	無	無	……	無	
郭建勳	有	有	是	無	
本書新解	有	有	是	有	

艮卦第二爻	有無觀象	有無義理	義理是否明確/合理	史事印證	備考
孔穎達	無	有	是	無	
程頤	有	有	感覺牽強	無	
朱熹	有	有	感覺牽強	無	
楊萬里	有	有	感覺牽強	有	
來知德	有	有	感覺牽強	無	
李光地	有	有	感覺牽強	無	
李鏡池	無	無	……	無	
郭建勳	有	有	感覺牽強	無	
本書新解	有	有	是	有	

艮卦 第三爻	有無 觀象	有無 義理	義理是否明確 /合理	史事 印證	備考
孔穎達	有	有	義理未明	無	
程頤	有	有	義理未明	無	
朱熹	有	有	義理未明	無	
楊萬里	有	有	義理未明	有	
來知德	有	有	義理未明	無	
李光地	有	有	義理未明	無	
李鏡池	無	無	……	無	
郭建勳	有	有	是	無	
本書新解	有	有	是	有	

艮卦 第四爻	有無 觀象	有無 義理	義理是否 明確/合理	史事 印證	備考
孔穎達	有	有	是	無	
程頤	有	有	是	無	
朱熹	有	有	是	無	
楊萬里	有	有	是	有	
來知德	有	有	是	無	
李光地	有	有	是	無	
李鏡池	無	無	……	無	
郭建勳	有	有	是	無	
本書新解	有	有	是	無	

艮卦第五爻	有無觀象	有無義理	義理是否明確/合理	史事印證	備考
孔穎達	無	有	是	無	
程頤	有	有	是	無	
朱熹	有	無	……	無	
楊萬里	有	有	是	有	
來知德	有	有	是	無	
李光地	有	有	是	無	
李鏡池	無	無	……	無	
郭建勳	有	有	是	無	
本書新解	有	有	是	無	

艮卦上爻	有無觀象	有無義理	義理是否明確/合理	史事印證	備考
孔穎達	有	有	是	無	
程頤	有	有	是	無	
朱熹	有	有	是	無	
楊萬里	有	有	是	有	
來知德	有	有	是	無	
李光地	有	有	是	無	
李鏡池	無	無	……	無	
郭建勳	有	有	是	無	
本書新解	有	有	是	有	

由以上表格，我們發現：

（1）除了李鏡池的版本未採取觀象之法，其餘八家均觀察卦象、爻象來解讀卦、爻辭。

（2）除了李鏡池的版本只作卦、爻辭字面的解釋而無卦、爻辭義理外，其餘八家大致都有卦、爻辭義理。

（3）除了本書新解及楊萬里的版本有史事印證外，其餘七家均無史事印證。

（4）楊萬里版本之史事印證偏向於以卦、爻辭義理來印證史事，而本書新解之史事印證則偏向於以商、周時期之歷史事件來佐證卦、爻辭。

（5）對於艮卦卦辭及第一、四、五、六爻爻辭的解釋，本書新解與傳統解讀大致相同；然而，對於艮卦第二、三爻爻辭的解釋則出現明顯的差異。本書新解運用「條件制約解易法」解讀出艮卦卦、爻辭義理如下：

「自我抑止，不聽任本能慾望驅使；在規範中行動，不逾越界限；像這樣知止守分，不逾越行事，就不會惹來災禍。」

艮卦六爻，取身體由下而上的部位來象徵不同方式的抑止：

①以「艮其趾」比喻，妄想妄為的事情，一開始起心動念就要自我抑止，如此知止守分，就不會有災禍。

②以「艮其腓」比喻，妄想妄為的事情，剛開始採取

行動就要自我抑止，雖然還沒有釀成災禍，卻因
為有起心動念而感覺遺憾。

③以「艮其限」比喻，妄想妄為的事已進行到一半，
突然受到制止而造成分裂，處境危險，令其憂心
如焚。

④以「艮其身」比喻，能自我抑止而不妄為，如此就
沒有災禍。

⑤以「艮其輔」比喻，能自我約束言語，就不會禍從
口出而後悔莫及。

⑥以「敦艮」比喻，能老實本分地自我約束，不逾越
行事，就不會引來災禍。

反觀傳統各家的解讀，對於艮卦第二爻爻辭的解釋令
人感覺相當牽強，對於第三爻爻辭義理的說明則令人感覺
含混不清，有必要進一步加以釐清。

以上完成《周易》屯卦、需卦、艮卦之卦、爻辭新解
與傳統解釋之比較。由於篇幅有限，其他二十四卦的比較
則不在此贅述，有興趣的讀者可自行比較分析。

在第七章及第八章中，我們運用「條件制約解易法」完成了包括需卦在內的二十七個卦的解讀；由於參考卦象、爻象、商周歷史及文體結構等附加條件而得到不少啟發，以至於在解讀卦、爻辭時有所突破，得出不同於傳統之解釋，名之爲新解。在第九章中，將新解與傳統解釋進行比較，發覺從卦序、卦象、卦辭、爻象、爻辭等整體來看，本書對於卦辭及爻辭的解釋相對較爲明晰而且貫通，並以商、周之史事佐證卦、爻辭的說法。因此，總結出第一項結論：「條件制約解易法」在解讀《周易》卦、爻辭上是一項有效的工具，將有助於逐步解開《周易》中之謎團，使《周易》之內容更容易爲世人所理解。

其次，根據本書已完成之卦、爻辭解讀，發覺《周易》內容包含：格物致知、誠意正心、修身、齊家、治國、平天下的道理，而這正是《禮記·大學》中所謂「格、致、誠、正、修、齊、治、平」理念之實質內容陳述。早在商、周時期，周人常自稱西土小國，想要革除殷商大邦取而代之，此事談何容易？沒有高明的策略是不可能辦得到的。令人好奇的是，周人長期經營的策略是什麼？個人認爲，或多或少就記錄在《周易》之中，而且從文王被拘禁在羑里時，似乎就開始有了具體的規劃。《周

易》是一部包含人生哲學及政治哲學的著作，除了造就周朝勢力的興起，更成功綿延政權近八百年，爲中國目前國祚持續最長的朝代。此外，《周易》一書更深深影響著後世，舉凡生活用語、處世態度、家庭觀念、治國方法等各方面都可以見到《周易》的影子。因此，總結出第二項結論：《周易》確實是一部值得研習的經典，小自個人修身、處事，中至擇偶、成家，大至治國、平天下，我們都可以從書中得到啟發而體悟出趨吉避凶的道理，進而使人生的道路走得更加順暢、通達。

最後，有關未來展望的部分：除了建議採用「條件制約解易法」繼續完成《周易》其餘諸卦之解讀，還可以考慮在卦、爻辭原意之基礎上，將義理作適度的延伸，以運用在更寬廣的領域。

參考資料

主要經傳部分（依朝代順序）

- 〔魏〕王弼：《周易略例》，《無求備齋易經集成》第149冊，臺北：成文出版社，1976年。
- 〔魏〕王弼：《周易注》，《無求備齋易經集成》第2冊，臺北：成文出版社，1976年。
- 〔唐〕孔穎達：《周易正義》，《無求備齋易經集成》第4冊，臺北：成文出版社，1976年。
- 〔唐〕李鼎祚：《周易集解》，《無求備齋易經集成》第9-10冊，臺北：成文出版社，1976年。
- 〔北宋〕程頤：《周易程氏傳》，北京市：中華書局出版，2011年第一版。
- 〔南宋〕楊萬里：《誠齋易傳》，《景印文淵閣四庫全書》第14冊，臺北市：臺灣商務印書館，1983年。
- 〔南宋〕項安世：《周易玩辭》，《無求備齋易經集成》第110-111冊，臺北：成文出版社，1976年。
- 〔南宋〕朱熹：《周易本義》，北京市：中華書局，2009年第一版。
- 〔元〕胡震：《周易衍義》，《景印文淵閣四庫全書》第23冊，臺北市：臺灣商務印書館，1983

年。

- 〔元〕吳澄：《易纂言》，《無求備齋易經集成》第35冊，臺北：成文出版社，1976年。

- 〔明〕來知德：《周易集註》，新北市：養正堂文化事業股份有限公司，2017年初版。

- 〔明〕釋智旭：《周易禪解》，《無求備齋易經集成》第67冊，臺北：成文出版社，1976年。

- 〔清〕王夫之：《船山易學》，北京：中央編譯出版社，2011年第一版。

- 〔清〕王夫之：《周易外傳》，《無求備齋易經集成》第116冊，臺北：成文出版社，1976年。

- 〔清〕李光地：《御纂周易折中》，《無求備齋易經集成》第79-82冊，臺北：成文出版社，1976年。

- 〔清〕惠棟：《周易述》，《無求備齋易經集成》第85-86冊，臺北：成文出版社，1976年。

- 〔清〕惠棟：《易漢學》，《無求備齋易經集成》第119冊，臺北：成文出版社，1976年。

- 〔清〕朱駿聲：《六十四卦經解》，《無求備齋易經集成》第95冊，臺北：成文出版社，1976年。

- 〔近代〕杭辛齋：《學易筆談》，《無求備齋易經集成》第137-138冊，臺北：成文出版社，1976年。

- 〔近代〕尚秉和：《周易尚氏學》，北京市：九州

出版社，2005年第一版。

- 〔近代〕李鏡池：《李鏡池周易著作全集》，北京市：中華書局出版，2019年3月第一版。
- 〔近代〕郭建勳：《新譯易經讀本》，臺北市：三民書局股份有限公司，2016年第二版。

其他書籍及影音（依資料性質及出版年代分類）

- 李漢三：《周易卦爻辭釋義》，臺北：中華叢書編審委員會出版，1969年。
- 歐陽修：《易童子問》，《無求備齋易經集成》第141冊，臺北：成文出版社，1976年。
- 曹端：《太極圖說述解》，臺北市：臺灣商務印書館，1983年。
- 李循絡：《奇門易經》，臺北：將門文物出版社，1985年6月初版。
- 朱高正：《周易六十四卦通解》，臺北市：臺灣商務印書館股份有限公司，1995年10月初版。
- 張善文：《易經初階》，臺北市：頂淵文化事業有限公司，1996年初版。
- 金景芳、呂紹綱：《周易講座》，中和市：韜略出版有限公司，1996年初版。
- 吳霖：《易卦象數易理》，臺北市：宋林出版社，1997年初版。
- 呂紹綱：《周易闡微》，中和市：韜略出版有限公

司，2003年第二版。

- 周鼎珩：《易經講話》，臺北：鼎珩先生文教基金會，2005年。
- 傅佩榮：《解讀易經》，臺北縣：立緒文化事業有限公司，2005年初版。
- 曾仕強：《大易管理》，臺北縣：百順資訊管理顧問有限公司，2006年1月第一版。
- 孫映逵、楊亦鳴：《易經啟示錄》，臺北市：滾石出版社，2008年11月修訂初版。
- 祖行：《圖解易經》，西安：陝西師範大學出版社，2010年1月第二版。
- 王擎天：《超譯易經》，新北：台灣出版中心，2014年12月二版。
- 廖名春：《周易經傳十五講/修訂版》，香港：中和出版有限公司，2017年10月第一版。
- 周世輔、周文湘：《周禮的政治思想》，台北市：東大圖書有限公司，1981年7月初版。
- 顧頡剛：《周易卦爻辭中的故事》，《民國期刊資料分類彙編·經史關係》，北京市：國家圖書館出版社，2009年第一版。
- 杜衍：《周易的時代背景與精神生產》，《民國期刊資料分類彙編·經史關係》，北京市：國家圖書館出版社，2009年第一版。
- 何炳棣、劉雨：《"夏商周斷代工程"基本思路

質疑：古本竹書紀年史料價值的再認識》，桂林市：廣西師範大學出版社，2014年第一版。

- 醉罷君山：《夏商周原來是這樣》，台北市：大地出版社，2018年2月第一版。
- 杜正勝：《周代城邦》，新北市：聯經出版事業股份有限公司，2018年4月二版。
- 馬持盈：《詩經今註今譯》，台北市：台灣商務印書館股份有限公司，2014年06月修訂二版。
- 林祥征：《詩經故事》，台北市：五南圖書出版股份有限公司，2015年1月初版。
- 鍾際華：《詩經：白話新解》，新北市：華威國際事業有限公司，2018年初版。
- 郭建勳：《新譯尚書讀本》，台北市：三民書局股份有限公司，2011年11月初版（修正）二刷。
- 李振興：《尚書---華夏的曙光》，台北市：時報文化出版企業股份有限公司，2012年7月五版。
- 孔穎達：《影印南宋官版尚書正義》，北京：北京大學出版社，2015年第一版。
- 戴逸、龔書鐸：《中國通史/彩圖版》，台北縣：中經社，2005年2月初版。
- 中國社科院：《中國通史》，網站：youtube影音，2013年。
- 韓兆琦：《新譯史記》，臺北市：三民書局，2018年增訂二版。

- 張其昀：《西周史》，《中華五千年史》第2冊，臺北市：中華文化大學出版部，1982年第七版。
- 許倬雲：《西周史》，臺北市：聯經出版事業公司，1998年第三版。
- 顧頡剛：《中國上古史研究講義》，臺北市：洪葉文化事業有限公司，1994年10月初版。
- 牛鴻恩：《新譯逸周書十卷》，臺北市：三民書局，2015年初版。
- 張忠（責任編輯）：《中華人民共和國分省地圖集》，成都：成都地圖出版社，2001年2月第一版。
- 朱伯崑：《易學哲學史》，北京市：華夏出版社，1995年1月第一版。
- 孫開泰、劉文雨、胡偉希：《中國哲學史》，臺北市：文津出版社，1995年12月初版。
- 布萊恩・麥奇：《西洋哲學史2500年》，新北市：野人文化股份有限公司，2017年12月初版。
- 白卓然、張漫凌：《中國歷代易學家與哲學家》，哈爾濱市：黑龍江人民出版社，2018年7月第一版。
- 欽定四庫全書（圖書館）中國哲學書電子化計劃 https://ctext.org/library.pl?if=gb&collection=4
- 維基文庫/四庫全書https://zh.m.wikisource.org/zh-hant/%E5%9B%9B%E5%BA%AB%E5%85

%A8%E6%9B%B8

- 台灣華文電子書庫https://taiwanebook.ncl.edu.tw/zh-tw
- 易學網https://www.eee-learning.com/ebooks
- 漢典https://www.zdic.net/

期刊及論文（依類別及年代順序）

- 黃沛榮：《周易卦序探微》，臺大中文學報，民國74年11月，第321-366頁。
- 池田知久：《《周易》研究的課題與方法》，儒教文化研究，2007年08月，第35-68頁。
- 謝尙榮：《書評—《卦序與解卦理路》李尙信‧著》，東方文化，2009年11月，第229-238頁。
- 吳國源：《《周易》本經解釋方法述論》，東方文化，2011年12月，第113-144頁。
- 林文彬：《《周易‧艮卦》義理衍析》，臺中市：2011經學與文化全國學術研討會第93-106頁，2011年。
- 江乾益：《項安世《周易玩辭》解經研究》，臺中市：2011經學與文化全國學術研討會第119-146頁，2011年。
- 林保全：《王弼與朱熹對於傳統解《易》條例的運用特色及其歧異——以承、乘、比、應爲觀察核心》，臺中市：2015經學與文化全國學術研討會

第139-168頁，2015年。

- 李皇穎：《王夫之《周易外傳》援史證《易》述要》，臺中市：2015經學與文化全國學術研討會第169-190頁，2015年。
- 陳煒舜：《試論序卦的目錄學功能》，華人文化研究，民國104年12月，第29-36頁。
- 楊宇謙：《坤卦卦辭「西南得朋，東北喪朋」解》，臺灣戲曲學院通識教育學報，民國107年12月，第83-101頁。

博碩士論文（依年代順序）

- 李慈恩：《李鏡池《易》學研究》，臺北市：國立臺灣師範大學國文學系博士論文，2007年。
- 黃惠香：《古史辨《周易》研究評議》，臺北市：國立臺灣師範大學中國文學系碩士論文，2007年。
- 陳威瑨：《《周易》卦爻辭同文現象研究》，臺北市：國立臺灣師範大學國文學系碩士論文，2007年。
- 鄭玉姍：《出土與今本《周易》六十四卦經文考釋》，臺北市：國立臺灣師範大學國文學系博士論文，2009年。
- 李凱雯：《翁方綱《易附記》研究》，臺北市：國立臺灣師範大學國文學系碩士論文，2011年。

- 陳洸銘：《項安世《易》學研究》，桃園市：國立中央大學中國文學系碩士論文，2015年。

國家圖書館出版品預行編目資料

科學方法與周易新解：運用科學方法破解周易謎
團／翁樂天著. --初版.--臺中市：白象文化事業
有限公司，2022.9
　　面；　公分.
ISBN 978-626-7151-27-3（平裝）

1.CST: 易經 2.CST: 研究考訂

121.17　　　　　　　　　　　　111007905

科學方法與周易新解：
運用科學方法破解周易謎團

作　　者　翁樂天
校　　對　翁樂天
發 行 人　張輝潭
出版發行　白象文化事業有限公司
　　　　　412台中市大里區科技路1號8樓之2（台中軟體園區）
　　　　　出版專線：（04）2496-5995　　傳眞：（04）2496-9901
　　　　　401台中市東區和平街228巷44號（經銷部）
　　　　　購書專線：（04）2220-8589　　傳眞：（04）2220-8505
專案主編　李婕
出版編印　林榮威、陳逸儒、黃麗穎、水邊、陳婷婷、李婕
設計創意　張禮南、何佳誼
經紀企劃　張輝潭、徐錦淳、廖書湘
經銷推廣　李莉吟、莊博亞、劉育姍、林政泓
行銷宣傳　黃姿虹、沈若瑜
營運管理　林金郎、曾千熏
印　　刷　基盛印刷工場
初版一刷　2022年9月
定　　價　420元

缺頁或破損請寄回更換
本書內容不代表出版單位立場，版權歸作者所有，內容權責由作者自負